百見不如一打
백견불여일타

이젠 프로젝트다!

초보자가 만들며 배우는

딥러닝 서비스

FastAPI, Streamlit, Open API 기반의
AWS 클라우드 머신러닝 파이프라인 서비스

百見不如一打 백견불여일타 딥러닝서비스 초보자가 만들며 배우는
FastAPI, Streamlit, Open API 기반의 AWS 클라우드 머신러닝 파이프라인 서비스

지은이 김효실, 황중원 **1쇄 발행일** 2023년 6월 13일

펴낸이 임성춘 **펴낸곳** 로드북 **편집** 홍원규 **디자인** 이호용(표지), 심용희(본문)

주소 서울시 동작구 동작대로 11길 96-5 401호

출판 등록 제 25100-2017-000015호(2011년 3월 22일)

전화 02)874-7883 **팩스** 02)6280-6901

정가 25,000원 **ISBN** 979-11-982686-7-9 93000

ⓒ 김효실, 황중원 & 로드북, 2023

책 내용에 대한 의견이나 문의는 출판사 이메일이나 블로그로 연락해 주십시오.
잘못 만들어진 책은 서점에서 교환해 드립니다.

이메일 chief@roadbook.co.kr **블로그** www.roadbook.co.kr

百見不如一打

코드를 한번 쳐보고 실행해보는 것이
프로그래밍을 익히는 으뜸 공부법이라는
철학을 담았습니다.

지은이의 글

"딥러닝을 배우려는 이들을 위한 이론과 실습의 조화"

빠르게 변화하는 기술 환경 속에서 딥러닝과 인공지능은 우리의 일상생활에 점차 더 큰 역할을 차지하고 있습니다. 많은 사람이 이러한 기술을 이해하고 활용하려는 요구가 증가하고 있으며, 이에 따라 쉽게 접근할 수 있는 학습자료의 필요성이 높아지고 있습니다.

이 책은 딥러닝 Open API를 이용한 고양이 종 분류 프로젝트를 주제로, 초보자를 위해 이론을 습득하고 실제로 코드를 작성하며 경험을 쌓을 수 있는 가이드를 제공합니다. Google Teachable Machine과 AWS 클라우드 서비스를 활용하여, 딥러닝 모델 학습과 그것을 활용한 딥러닝 서비스 구축의 기초를 단계별로 설명합니다. 이를 통해 독자는 기본적인 딥러닝 이론과 AWS 클라우드 사용법에 대한 이해를 쌓고, 이를 서비스를 할 수 있는 방법을 배울 수 있습니다.

또한 고양이 종 분류 프로젝트를 통해 초보자들이 딥러닝 기술을 더욱 쉽게 이해하고 접근할 수 있도록 구성하여 프로젝트를 진행하면서, 독자들은 데이터 수집, 데이터 전처리, 모델 구축 및 훈련, 그리고 모델 평가와 모델 서빙 과정을 경험할 수 있습니다.

아울러 이 책은 초보자를 위한 수준으로 작성해서 AI 서비스에 관한 개념을 간소화하여 설명합니다. 이로 인해 독자들이 쉽게 이해하고 따라갈 수 있습니다. 딥러닝과 인공지능을 활용한 서비스를 만드는 것에 관심이 있는 초보자에게 이 책은 첫걸음을 내딛는 데 도움이 될 것입니다.

이 책을 통해 독자들은 다음과 같은 내용을 배울 수 있습니다.

1. 딥러닝 및 인공지능의 기본 개념과 원리를 이해한다.
2. Google Teachable Machine으로 고양이 종 분류 모델 생성을 통해 데이터 수집, 전처리, 모델 훈련 및 평가 과정을 직접 경험한다.
3. AWS 클라우드 서비스를 활용하여 딥러닝 서비스를 구축한다.

이 책은 여러분의 딥러닝과 인공지능 학습 여정에 도움이 되고, 이 분야에서의 기본적인 지식과 경험을 쌓는 데 기여할 것이라 생각합니다. 또한 여러분의 아이디어를 실생활에 활용하고 서비스를 하는 데 도움이 될 것입니다.

여러분의 흥미진진한 딥러닝 서비스 구축 여정이 시작되기를 기원합니다.

2023년 6월
저자를 대표하여 김효실

감사의 글

본 책을 김효실님과 간행할 수 있도록 배려와 격려해준 사랑하는 아내에게 감사합니다.

2023년 6월
황중원

베타테스터의 글

"모델을 만들고 서비스해보고자 하는 독자에게 안성맞춤인 책"
"초보자가 쉽게 따라할 수 있는 딥러닝 서비스 만들기"
"군더더기를 쏙 뺀 딥러닝 실습 책"

〈파이썬 생활 밀착형 프로젝트〉라는 책의 인연으로 베타테스터에 지원하게 되었습니다. 이 책은 순수하게 딥러닝 실습에 중점을 두었기에 "내가 잘 따라갈 수 있을까?" 하는 걱정이 많았습니다. 그러나 걱정은 기우였습니다. 실습 전에 철저한 '사전 준비하기' 코너가 있어 특별한 어려움 없이 따라갈 수 있었습니다. 1장과 2장을 통해 만든 모델을 어떻게 웹으로 서비스할 수 있는지에 대한 개념이 3장에서 딱 잡혔는데, 신기한 경험이었던 것 같습니다. 정말 내용이 심플하면서 모델을 만들고 서비스를 해보고자 하는 독자에게 안성맞춤으로 구성되어 있습니다.

_이민영(비전공 대학생 3학년)

첫 장부터 딥러닝 얘기를 하지는 않아 조금은 당황했습니다. AWS 가입 방법부터 활용법을 아주 자세하게 시작하고 코랩에서 이미지를 읽어 들이는 아주 단순한 작업부터 시작합니다. 그러면서 딥러닝 개념이 조금씩 양념처럼 나오지만 개념이 지루하지 않고 또 바로 실습으로 이어집니다. 딥러닝 초보자라 따라하다가 안 되는 부분도 더러 있었는데, 저자와 소통하면서 초보자가 쉽게 이해할 수 있도록 책에 조금이나마 기여했다는 게 정말 뿌듯합니다. 실습해보면서, "아~~ 모델을 이렇게 만들고 이렇게 서비스하는구나" "모델 만드는 게 이런 의미구나" 등의 전체 숲을 볼 수 있었습니다.

_박상철(개발자 취업 준비생)

이 책은 아주 간단한 서비스같지만, 여기에서 좀 더 독자의 상상력과 노력이 더해진다면 정말 근사한 딥러닝 서비스를 만들 수 있으리라 생각합니다. 군더더기를 완전히 빼고 실습 위주로 깔끔해서 저에겐 안성맞춤이었습니다. 개념적으로는 뭔지 알겠는데, "그래서 뭘 어쩌라는거지?" 하며 힘들어 하는 분들에게 단비 같은 내용이 될 것 같습니다.

_김인수(2년차 주니어 웹 개발자)

간단한 것 같지만, 2장을 통해 학습하고 모델을 만들어내고 그 과정에서 알아야 할 내용들을 이후에 실습을 통해 정말 잘 전달해주신 것 같습니다. 이론적인 설명도 중간중간 곁들여 이해하는 데 많은 도움이 되었습니다.

_임영희(컴퓨터공학 전공 대학생 2학년)

마지막 장에서 백엔드 서비스와 프런트엔드 서비스를 종합한 AI/ML Pipeline을 AWS 클라우드에 직접 작성하고 테스트해 본 게 큰 도움이 되었습니다. 특히 파이프라인을 자동화하는 부분이 인상적이었습니다.

_이순철(AI 기업 신입 개발자)

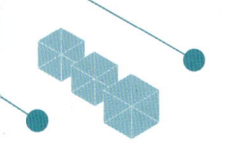

일러두기

1. 이 책의 학습 방법

- 가능하면 1장부터 학습할 것을 권합니다. 오픈 API를 활용한 딥러닝 서비스를 만들기 위해서는 먼저 선행되어야 할 것들이 많습니다. 클라우드 환경도 설정해야 하고 Open API 활용법도 배워야 하지요.

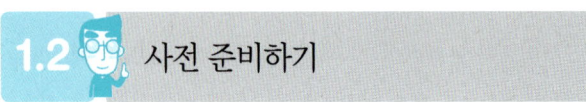

다음은 [강아지/고양이 종 분류 프로젝트]를 구현하기 위해 필요한 사전준비입니다.

1.2.1 AWS 클라우드 계정 생성
1.2.2 AWS 클라우드 액세스 키 발급
1.2.3 캐글 가입 및 데이터 다운로드
1.2.4 코랩 사용법

- 하나의 단계라도 생략하면 뒤의 작업들이 꼬일 수 있습니다. 꼼꼼하게 책에서 설명하는 부분을 따라하고 그것이 의미하는 바도 생각하면서 학습해보세요. 그러면 전체적인 그림이 그려지면서 개념적인 부분도 훨씬 이해하기 쉬울 겁니다.

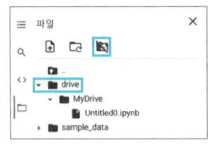

[그림 1-41] 드라이브 마운트

- 실습 단계마다 최종 결과를 확인해보세요. 결과가 다르게 나오더라도 당황하지 마시기 바랍니다. 딥러닝 서비스의 결과가 항상 똑같은 것은 아니거든요. 다만, 결과에 대해 꼭 생각해보는 시간을 가져보길 바랍니다.

- 마지막으로 "요약과 정리하기"를 통해 무엇을 배웠는지 정리하고 좀더 응용하여 확장할 수 있는 아이디어를 제시하기도 하고 다음 장에서 어떤 내용들을 추가하고 배울지에 대해서 살펴보기도 합니다.

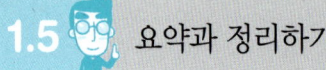

2. 이 책의 예제 다운로드와 표기법

- 이 책의 소스코드는 파이썬 3.7과 코랩(Google Colaborator) 기준으로 작성되었습니다.
- 예제소스는 로드북 사이트와 백견불여일타 네이버 카페에서 다운로드할 수 있습니다. 소스코드 내 README.md 파일에 책에 실려있는 참고용 url을 기재해두었습니다.

  ```
  https://roadbook.co.kr/299
  cafe.naver.com/codefirst
  ```

- 소스코드에는 행 번호를 붙였습니다. 결과 화면이 바로 나오고 그 아래에 행번호 기준으로 소스 코드 설명이 자세하게 나옵니다. 가능하면 설명을 먼저 읽지 말고 소스코드를 스스로 해석해보 도록 해보세요.

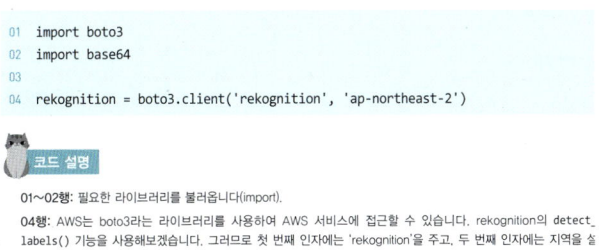

3. 백견불여일타 카페에서 함께 공부합시다.

백견불여일타 시리즈는 "만들어 보는 것만이 학습의 가장 빠른 지름길"이라는 콘셉트로 만들어진 실습 위주의 책입니다. HTML5와 안드로이드 앱 개발에서 없어서는 안 될 파이어베이스, C#, Vue.js 등의 다양한 주제로 많은 독자분들이 백견불여일타 카페에서 도움을 받고 있습니다. 외롭게 홀로 고군분투하며 어렵게 학습하는 입문자들에게 힘이 되는 공간으로 발전시켜나가도록 하겠습니다.

백견불여일타 네이버 카페 주소 : cafe.naver.com/codefirst

차례

지은이의 글   4
베타테스터의 글   6
일러두기   8

1장 딥러닝 Open API를 이용한 강아지/고양이 종 분류 프로젝트

1.1 학습목표   16
1.2 사전 준비하기   18
    1.2.1 AWS 클라우드 계정 생성   18
    1.2.2 AWS 클라우드 액세스 키 발급   23
    1.2.3 캐글 가입 및 데이터 다운로드   25
    1.2.4 코랩 사용법   28
1.3 사전지식 쌓기   38
    1.3.1 딥러닝   39
    1.3.2 딥러닝 서비스   41
    1.3.3 클라우드 서비스 API 정의와 클라우드 딥러닝 Open API 종류   42
1.4 구현하기   48
    1.4.1 [1단계] AWS 웹화면에서 테스트하기   48
    1.4.2 [2단계] AWS 딥러닝 서비스 API 테스트하기   50
1.5 요약과 정리하기   54

2장 지도학습으로 딥러닝 모델 만들기 - 고양이 종 분류 프로젝트

2.1 학습목표   56
2.2 사전 준비하기   56
    2.2.1 학습데이터 준비   57
    2.2.2 Google Teachable Machine 사용 준비   58

2.3	사전지식 쌓기	60
	2.3.1 왜, 커스텀 AI 분류 모델이 필요한가	60
	2.3.2 분류 문제란 무엇인가	62
	2.3.3 Google Teachable Machine 이해하기	65
	2.3.4 Google Teachable Machine 모델 생성 과정	66
2.4	구현하기	71
	2.4.1 [1단계] 각 데이터별로 학습시키기	71
	2.4.2 [2단계] 학습된 결과를 비교하기	77
	2.4.3 [3단계] AI모델을 추출하기	80
2.5	요약과 정리하기	82

3장 내 컴퓨터에서 AI/ML 서비스 구축하기

3.1	학습목표	84
3.2	사전 준비하기	87
	3.2.1 파이썬 설치하기	87
	3.2.2 FastAPI 설치하기	87
	3.2.3 Streamlit 설치하기	87
3.3	사전지식 쌓기	88
	3.3.1 딥러닝 모델을 서비스한다는 것의 의미	89
	3.3.2 웹서비스를 구성하는 세 가지 기본 요소	89
	3.3.3 RestAPI 이해하기	90
	3.3.4 FastAPI	92
	3.3.5 Streamlit	103
3.4	구현하기	117
	3.4.1 [1단계] 작업 파일 구성하기	117
	3.4.2 [2단계] 프로토타입 설계하기	118
	3.4.3 [3단계] 백엔드 만들기(FastAPI)	119
	3.4.4 [4단계] 프런트엔드 만들기(Streamlit)	121
3.5	요약과 정리하기	123

4장 AWS 클라우드에서 AI/ML 서비스 구축하기

4.1 학습목표 — 126

4.2 사전 준비하기 — 126
    4.2.1 AWS 콘솔 로그인 — 126
    4.2.2 소스코드 다운로드 — 127

4.3 사전지식 쌓기 — 128
    4.3.1 AWS EC2 — 129
    4.3.2 AWS S3 — 145

4.4 구현하기 — 152
    4.4.1 [1단계] S3에 모델 아티펙트 업로드하기 — 153
    4.4.2 [2단계] 생성한 EC2에 서빙 서버 구축하기 — 154
    4.4.3 [3단계] 연동 테스트하기 — 156

4.5 요약과 정리하기 — 160

5장 AI/ML Pipeline

5.1 학습목표 — 162

5.2 AI/ML Pipeline의 정의 — 162

5.3 AI/ML Pipeline의 필요성 — 165

5.4 AI/ML Pipeline의 구성요소 — 167

5.5 AWS SageMaker 스튜디오에서의 AI/ML Pipeline — 170
    5.5.1 SageMaker 프로젝트 — 172
    5.5.2 SageMaker 프로젝트의 사용 시기 — 173
    5.5.3 SageMaker 파이프라인 — 173
    5.5.4 SageMaker 파이프라인 구조 — 175
    5.5.5 IAM 액세스 관리 — 176
    5.5.6 Pipeline 매개변수 — 177
    5.5.7 Pipeline 스텝 — 179
    5.5.8 Pipeline 정의하기 — 179

5.6 요약과 정리하기 — 202

6장 종합 프로젝트

6.1 학습목표	204
6.2 사전 준비하기	204
6.2.1 SageMaker 파이프라인 스텝 설계	204
6.2.2 소스코드 다운로드	205
6.2.3 AWS S3에 데이터 구성	206
6.3 사전지식 쌓기	206
6.3.1 ResNet18	206
6.3.2 전이 학습	208
6.3.3 온디맨드 인스턴스 및 요금(또는 제약사항)	208
6.4 구현하기	210
6.4.1 데이터 수집	212
6.4.2 데이터 검증	212
6.4.3 SageMaker 파이프라인 정의	217
6.4.4 API 테스트	237
6.4.5 서빙 서버 모니터링	238
6.4.6 서비스 사용을 위한 프런트엔드 애플리케이션과의 연동(interface)	240
6.5 요약과 정리하기	242

부록 A Anaconda의 설치 및 실행 방법

A.1 윈도우즈 버전	244
A.2 MacOS 버전	248

초보자가 만들며 배우는
딥러닝 서비스

FastAPI, Streamlit, Open API 기반의
AWS 클라우드 머신러닝 파이프라인 서비스

1장

딥러닝 Open API를 이용한 강아지/고양이 종 분류 프로젝트

 학습순서

1. 학습목표
2. 사전 준비하기
3. 사전지식 쌓기
4. 구현하기
5. 요약과 정리하기

1.1 학습목표

강아지와 고양이의 종(breed)을 분류하는 서비스를 만든다고 한다면, 어떤 것부터 해야 할까요?

단어만 보더라도 딥러닝으로 학습한 모델과 서비스를 위한 환경이 필요할 것 같네요. 그럼 딥러닝으로 학습한 모델을 만들려면 어떻게 해야 할까요? 데이터도 필요하고, 목적에 맞는 딥러닝 알고리즘도 선택해야 하고, 예측을 잘 하는 모델을 만들기 위해 초매개변수(Hyperparameter)[1]도 튜닝해야 합니다.

처음부터 무턱대고 딥러닝 서비스를 바로 만들려고 시도한다면, 도중에 포기할 가능성이 높습니다. 전체 딥러닝 서비스를 "내가 다 만들겠어!"라는 접근보다는 "이미 만들어진 것으로 조립해서 만들겠어!"로 접근하면 재미있고, 빠르게 만들 수 있습니다.

[그림 1-1] 블록을 맞추듯 서비스 완성하기

즉, 기존에 딥러닝으로 학습한 모델이 없다면, 이미 만들어진 딥러닝 모델을 사용하고, 서비스를 위한 환경이 없다면, 다른 사람이 만들어놓은 서비스 환경을 사용하는 방법입니다.

이렇게 다른 사람이 만들어 놓은 것을 블록처럼 조합해서 만들면 개발시간이 단축됩니다. 사용하다 보면, 보완하고 싶은 부분이 있을 거예요. 그럼 그때 가서 직접 만들면 됩니다.

이 장에서는 이미 만들어진 서비스 환경들을 조합해서 사용해보려고 합니다.

---

1 https://en.m.wikipedia.org/wiki/Hyperparameter

- 파이썬 환경
- 딥러닝 Open API[2]

이미 만들어진 '딥러닝 Open API'를 사용해 나만의 딥러닝 서비스를 만들어 보겠습니다. 그런데 이미 만들어진 딥러닝 Open API를 어디서 찾을 수 있을까요? 이미 많은 플랫폼 회사에서 무료/유료로 제공하는 딥러닝 Open API가 있습니다.

이 장에서는 AWS Cloud에서 제공하는 딥러닝 Open API를 이용하여 강아지와 고양이를 분류하는 프로젝트를 진행하겠습니다.

구현순서

딥러닝 Open API를 이용하여 [강아지/고양이 종 분류 프로젝트]의 구현순서는 아래와 같습니다.

[그림 1-2] [강아지/고양이 종 분류 프로젝트] 구현순서

최종결과

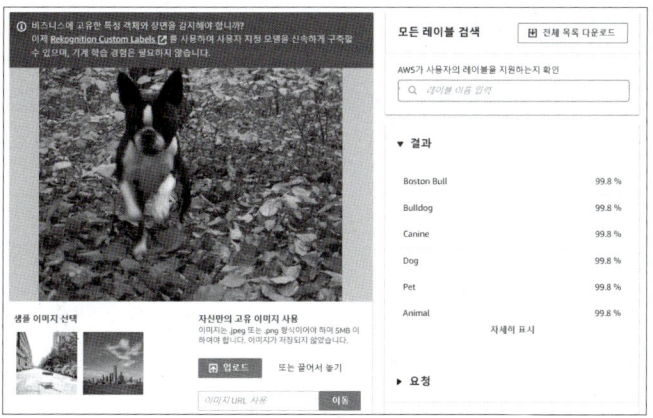

[그림 1-3] [강아지/고양이 종 분류 프로젝트]의 최종결과

---

2 Open API 또는 공개 API라고 하며, 개발자라면 누구나 사용할 수 있도록 공개된 API입니다. 개발자에게 소프트웨어나 웹 서비스의 프로그래밍적인 사유 권한을 제공합니다(출처: 위키백과).

언어 및 환경(IDE)

Google Colaboratory(colab)[3]

프로젝트 리소스 및 소스코드

aws_vision_api.py: AWS Vision API 테스팅을 위한 코드

> **여기서 잠깐**
>
> **프로젝트 경로 구성**
>
> 프로젝트에 필요한 리소스 및 소스코드의 경로 구성은 자유롭게 설정하면 됩니다. 그러나 본문에서 설명한 대로 소스코드를 구현하고 경로와 파일명을 구성한다면 별도의 수정 없이 바로 실행할 수 있습니다.

1.2 사전 준비하기

다음은 [강아지/고양이 종 분류 프로젝트]를 구현하기 위해 필요한 사전준비입니다.

1.2.1 AWS 클라우드 계정 생성
1.2.2 AWS 클라우드 액세스 키 발급
1.2.3 캐글 가입 및 데이터 다운로드
1.2.4 코랩 사용법

1.2.1 AWS 클라우드 계정 생성

딥러닝 Open API를 사용하기 위해 AWS 클라우드_{AWS Cloud} 서비스에 가입을 해보겠습니다. 딥러닝 Open API를 AWS에서만 제공하느냐? 그렇진 않습니다. 딥러닝 Open API를 제공하는 서비스는 많습니다. 더 자세한 사항은 '1.3. 사전지식 쌓기'에서 학습해보겠습니다.

---

3 https://colab.research.google.com/notebooks/welcome.ipynb?hl=ko

AWS에서 제공하는 딥러닝 Open API를 사용하기 위해서는 AWS 클라우드에 가입해야 합니다. 계정이 있는 분은 다음 단계로 넘어가도 됩니다.

> **여기서 잠깐**
>
> **신용카드를 준비해주세요**
> AWS 클라우드 계정을 생성하기 위해서는 신용카드가 필요합니다. 신용카드는 가입 시 개인 식별 정보로 사용됩니다. 향후 AWS 클라우드에서 제공하는 서비스를 이용할 때 결제 수단이 되기도 합니다. AWS 서비스를 사용할 경우에는 꼭 요금제[4]를 확인해 주세요.

1. https://aws.amazon.com/ko/로 접속합니다.

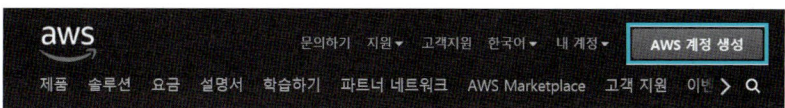

[그림 1-4] AWS에 접속

2. 오른쪽 상단에 있는 [AWS 계정 생성] 버튼을 클릭합니다.

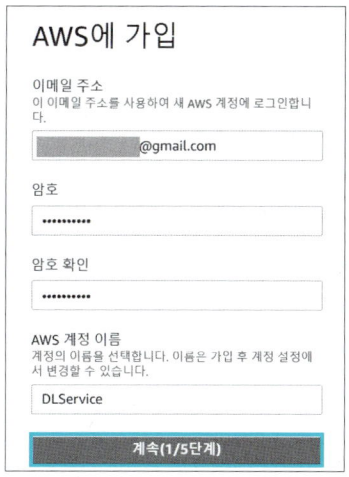

[그림 1-5] 계정 생성

3. 이메일 주소와 암호를 설정합니다. 'AWS 계정 이름'은 자유롭게 설정하면 됩니다. 여기서는 DLService라는 이름을 사용했습니다. [계속(1/5단계)] 버튼을 클릭합니다.

---

4 https://aws.amazon.com/ko/pricing/

[그림 1-6] 계정 설정

4. 필수 정보를 작성하고 [계속] 버튼을 클릭합니다. 유효한 신용카드의 정보를 입력합니다.

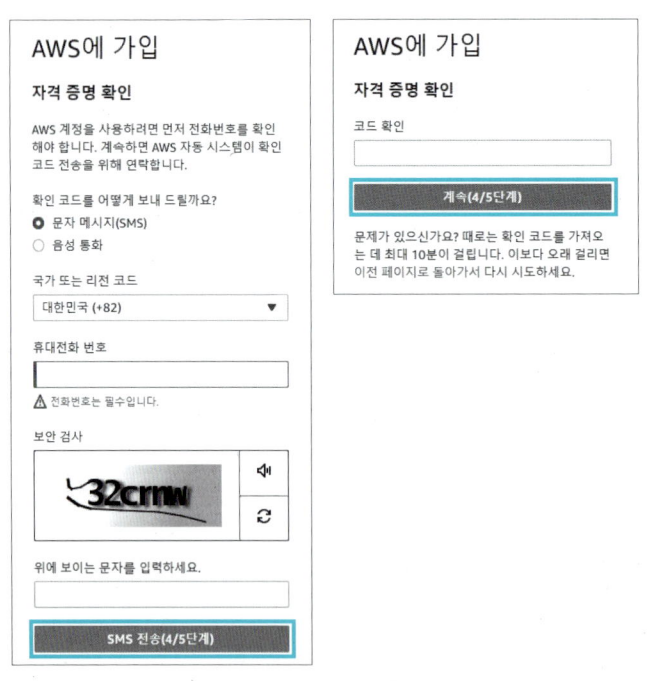

[그림 1-7] 필수 정보 입력

5. 자격 증명을 확인하기 위해 휴대폰 번호를 입력합니다. SMS로 전송된 코드를 입력하세요.

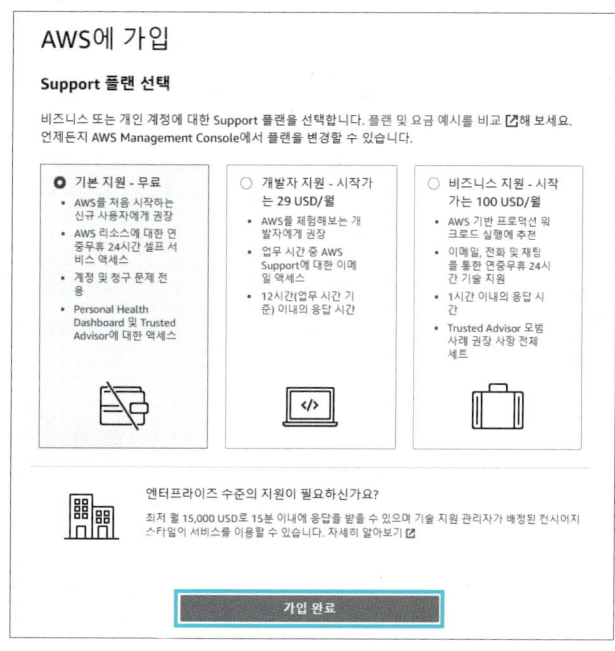

[그림 1-8] 자격 증명

6. '기본 지원-무료'를 선택하고 [가입 완료] 버튼을 클릭합니다.

[그림 1-9] AWS 계정 생성 완료

AWS Management Console(AWS 관리 콘솔)이란, 아마존 웹 서비스Amazon Web Services 관리를 위한 광범위한 서비스 콘솔 모음을 구성하고 참조하는 웹 애플리케이션입니다. 처음 로그인하면 콘솔 홈페이지가 나타납니다. 홈페이지에서는 각 서비스 콘솔에 대한 액세스 권한과 탐색을 위한 직관적인 사용자 인터페이스를 제공합니다. [AWS Management Console로 이동] 버튼을 클릭하여, 로그인 화면으로 이동합니다.

7. '루트 사용자'를 선택하고, 가입한 이메일과 비밀번호를 입력해 로그인합니다.

[그림 1-10] AWS 관리 콘솔 로그인

8. 'AWS 관리 콘솔' 화면이 나옵니다. 오른쪽 상단에서 지역 선택을 '아시아 태평양(서울)'로 합니다.

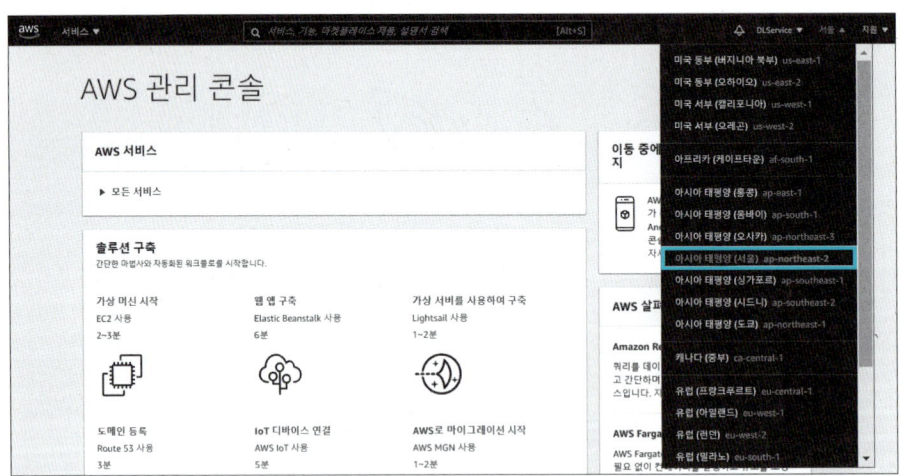

[그림 1-11] 지역 변경

AWS 클라우드의 계정을 생성하고 생성된 계정으로 로그인을 해보았습니다.

1.2.2 AWS 클라우드 액세스 키 발급

AWS에서 제공하는 서비스를 사용하기 위해서는 접근(액세스, Acess)을 할 수 있는 권한이 있어야 합니다. 접근 권한을 받기 위해서 액세스 키Access Key를 발급받아 서비스를 사용할 때 해당 정보를 전달하면 됩니다. 자세한 사용법은 '1.4 구현하기'에서 확인하고, 여기서는 액세스 키를 발급받는 방법에 대해서만 살펴보겠습니다.

1. AWS에 로그인하여 콘솔 화면에서 오른쪽 상단에 있는 프로젝트명을 클릭합니다. 그리고 '내 보안 자격 증명'을 클릭합니다. '액세스 키(액세스 키 ID 및 비밀 액세스 키)'를 클릭한 후 [새 액세스 키 만들기] 버튼을 클릭합니다.

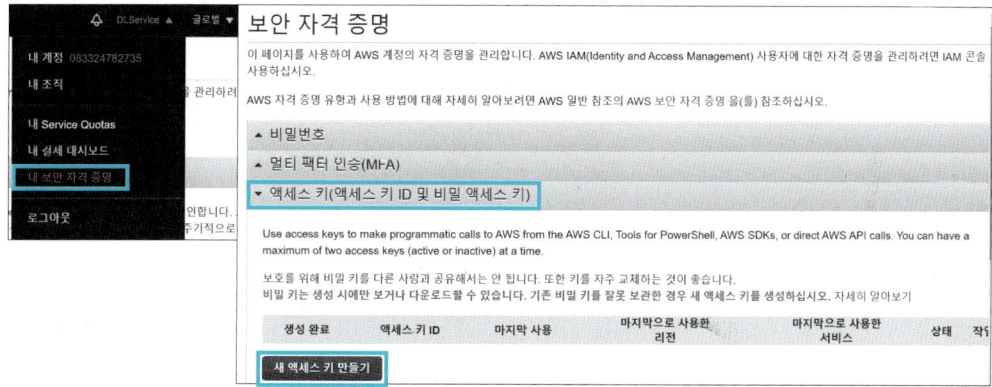

[그림 1-12] 액세스 키 발급 과정

2. [키 파일 다운로드] 버튼을 클릭해서 rootkey.csv 파일을 다운받습니다.

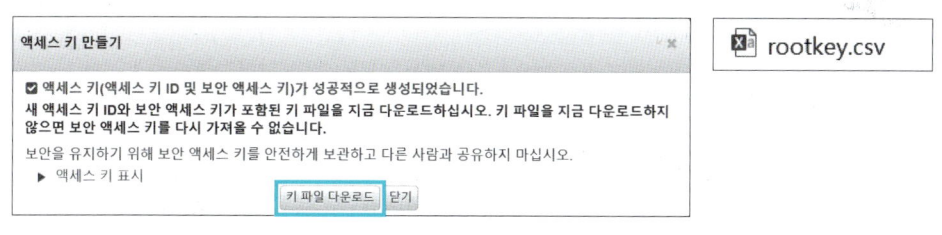

[그림 1-13] 액세스 키 다운로드

이 정보는 이후에 편리하게 사용하기 위해 텍스트(text) 파일로 만들어 두면 좋습니다.

3. 아래 URL로 접속합니다.

   〉 https://docs.aws.amazon.com/ko_kr/ses/latest/DeveloperGuide/create-shared-credentials-file.html[5]

4. 그러면 아래의 내용이 나옵니다.

[그림 1-14] 관리 포맷 복사

5. 오른쪽 상단 이미지를 클릭해서 내용을 복사하여, 메모장에 붙여 넣습니다.

[그림 1-15] 메모장에 붙여넣기

6. 다운받았던 rootkey.csv 파일을 엽니다.

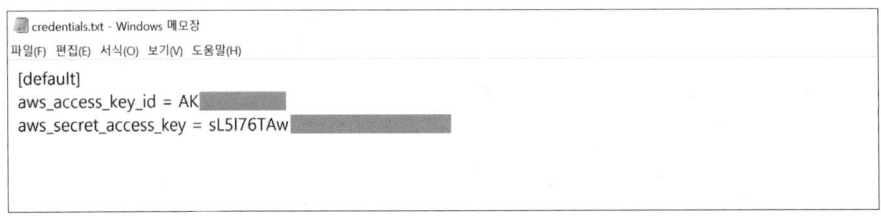

[그림 1-16] rootkey.csv 정보 복사하여 붙여넣기

7. 그 후 각각의 해당 값을 메모장에 복사하고, credentials.txt로 파일을 저장합니다.

나중에 코랩colab을 배워보고, 코랩에서 credentials.txt를 복사하면 AWS Vision API를 사용할 수 있습니다.

---

5 단축 URL인 https://url.kr/b286mg로도 접속 할 수 있습니다.

1.2.3 캐글 가입 및 데이터 다운로드

딥러닝 모델을 만들거나 테스트를 하려면 데이터가 필요합니다. 강아지, 고양이 사진과 그 종(breed)을 알 수 있는 데이터를 어떻게 모을 수 있을까요?

캐글Kaggle에서 오픈된 데이터를 받을 수 있습니다. '캐글'은 2010년 4월에 설립된 공공 및 기업 데이터를 활용하여 문제를 해결하는 머신러닝 경진대회 플랫폼입니다. 다양한 기업의 데이터가 있어서 데이터 과학자들이 선호하는 사이트이기도 합니다.

캐글을 통해 강아지, 고양이 사진과 그 종을 알 수 있는 데이터를 다운받은 후 테스트에 사용해 보려고 합니다. 캐글에 가입하고, 제공하는 데이터를 다운받겠습니다.

1. 주소로 캐글 사이트에 접속합니다. 그리고 오른쪽 상단에 있는 [Regoster] 버튼을 클릭합니다.

   〉 https://www.kaggle.com/

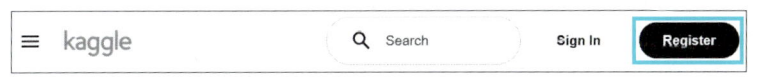

[그림 1-17] 캐글(Kaggle) 접속 후 Register 버튼 클릭

2. 타 사이트에서 가입한 이메일을 사용하여 등록을 진행합니다. 이 장에서의 예시는 구글 계정을 사용하여 가입하였습니다. 사이트에서 요청하는 정보를 입력하고, [I agree] 버튼을 클릭하여 가입을 완료합니다.

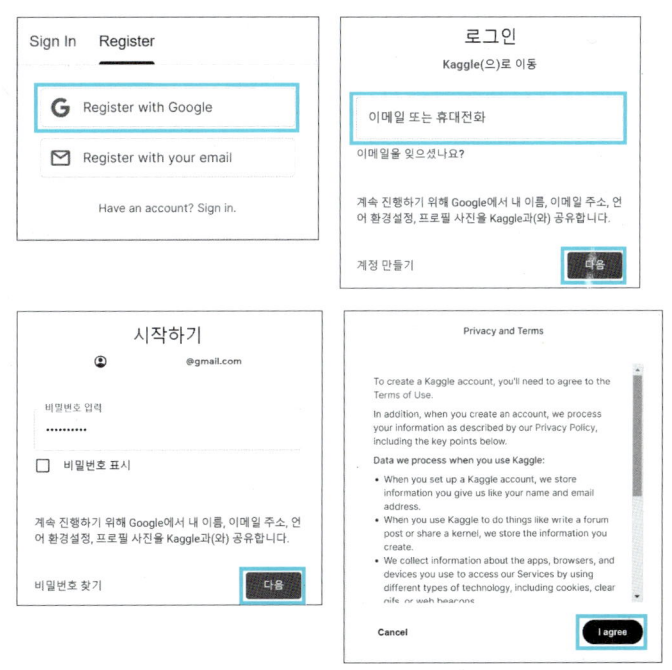

[그림 1-18] 캐글 가입

이제 데이터를 다운받아 볼까요?

1.2.3.1 강아지 데이터 다운로드

1. 강아지 데이터를 다운받기 위해서 아래 사이트에 접속합니다.

   〉https://www.kaggle.com/c/dog-breed-identification/data

   사이트에 접속하면 아래와 같은 데이터를 볼 수 있습니다. 각각에 해당하는 데이터에는 강아지 사진과 각 사진별로 종에 대한 정보가 담겨 있습니다. 화면 하단에 있는 [Download All] 버튼을 클릭합니다. dog-breed-identification.zip 파일이 다운되었습니다.

[그림 1-19] 강아지 데이터 다운로드

2. 다운받은 파일의 압축을 풀어 데이터를 살펴봅니다.

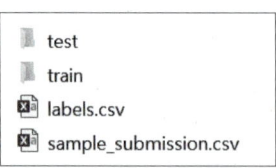

[그림 1-20] 데이터 확인

[test]와 [train] 폴더에는 귀여운 강아지 사진이 담겨 있습니다. labels.csv 파일을 열어보면, 아래와 같이 id(파일명)와 breed(종)가 적혀 있습니다. 이 파일은 매우 중요한데, 그 이유는 나중에 설명하겠습니다.

[그림 1-21] train/000bec180cb18c7604dcecc8fe0dba07.jpg 이미지

[그림 1-22] labels.csv 파일 내용

[그림 1-21]의 이미지는 boston_bull이라는 종입니다. 너무 귀엽습니다.

1.2.3.2 고양이 데이터 다운로드

이제 고양이 사진을 다운받을 차례입니다.

1. 강아지 사진을 받을 때처럼 다음 사이트에 접속합니다. 사이트에서 [Download (2GB)] 버튼을 클릭합니다. 그러면 archive.zip 파일이 다운됩니다.

   > https://www.kaggle.com/ma7555/cat-breeds-dataset

[그림 1-23] 고양이 데이터 다운로드

2. 다운된 파일의 압축을 풀어 데이터를 살펴봅니다.

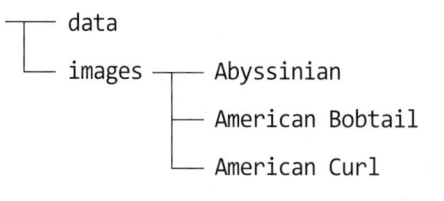

[그림 1-24] 고양이 데이터 확인

[images] 폴더 아래에 고양이 종 이름으로 폴더명이 생성되어 있습니다. 그리고 그 하위에 고양이 사진이 있네요.

이제 강아지/고양이 이미지 데이터를 비롯하여, 종 정보를 알 수 있는 데이터가 준비되었습니다.

1.2.4 코랩 사용법

딥러닝 Open API를 사용하려면 조금의 코딩이 필요한데, 코딩을 하려면 파이썬이 설치된 환경이 필요합니다. 여러분이 사용하는 컴퓨터의 사양과 환경 등이 다르기 때문에 파이썬 설치에 실패할 확률이 높고, 설치할 때 오류가 나면 설치를 포기하고 싶은 마음이 저절로 듭니다. 실패 확률을 최소화하고, 목표에 맞는 학습을 위해 사전에 설명한 대로 이미 만들어진 환경을 이용해보겠습니다.

바로, 구글이 만들어 놓은 코랩을 사용하면 파이썬으로 코딩을 할 수 있습니다. 좀더 자세한 내용은 아래 사이트로 접속해서 확인할 수 있습니다.

〉 https://colab.research.google.com/notebooks/welcome.ipynb?hl=ko

[그림 1-25] 코랩 로고

코랩을 사용하는 방법은 간단합니다.

> ❶ www.google.co.kr로 접속하기
> ❷ https://colab.research.google.com/notebooks/intro.ipynb에서 코랩 자료 다운받기[6]

1. www.google.co.kr로 접속합니다. 구글 계정으로 로그인을 하면, 계정 정보 옆에 네모 표시가 나타납니다. 그리고 하위 메뉴에서 [드라이브]를 클릭합니다.

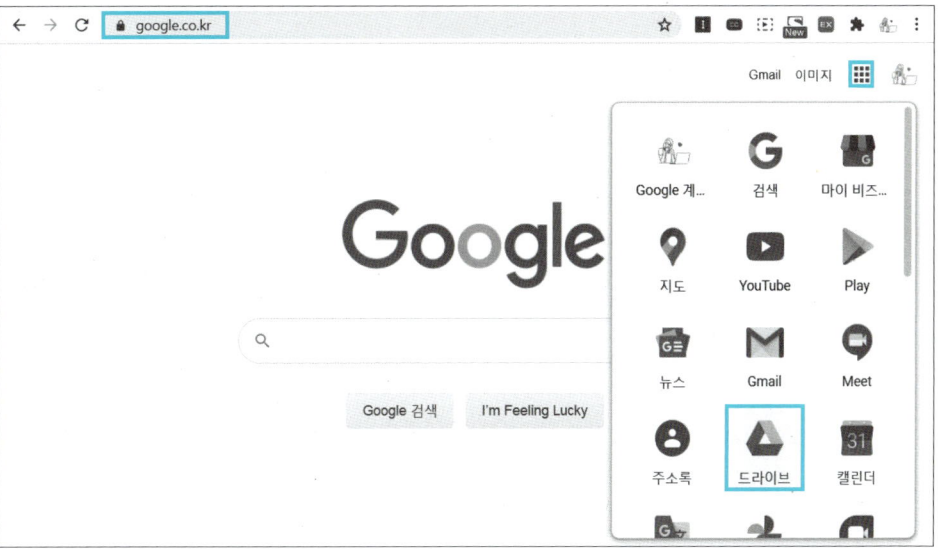

[그림 1-26] 구글에 접속한 후 구글 드라이브 클릭

2. 드라이브 왼쪽 상단에 [+새로 만들기] 버튼을 누르면, 드라이브에서 사용할 수 있는 기능이 나오는데, [더보기] 버튼을 눌러 [Google Colaboratory]를 클릭합니다. 만약, [Google Colaboratory] 메뉴가 보이지 않으면 이 앱을 추가해야 합니다. [+ 연결할 앱 더보기] 버튼을 클릭합니다.

---

6 더 자세한 사항은 코랩 문서 URL을 통해 확인합니다.

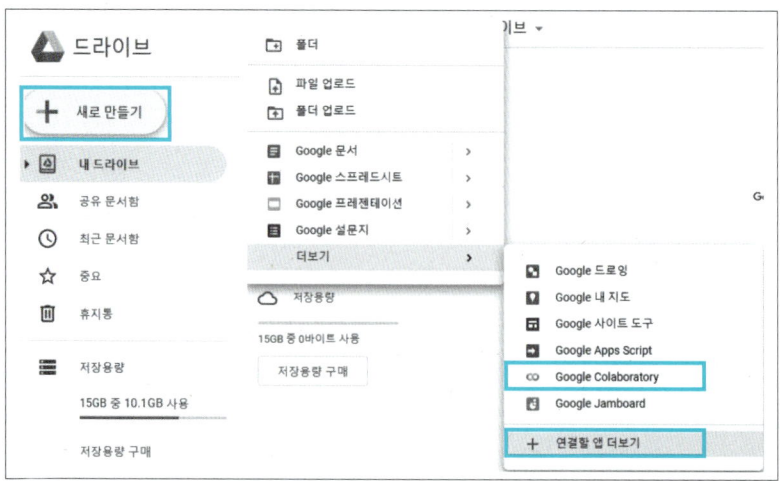

[그림 1-27] [새로 만들기] → [더보기] → [Google Colaboratory] 버튼 클릭

> **여기서 잠깐**
>
> 이후부터는 [Google Colaboratory] 메뉴가 없는 경우에 해당하는 설명입니다. [Google Colaboratory] 메뉴가 보인다면 '1.2.4.1 hello world! 출력하기'로 이동합니다.

3. 검색창에 'Colaboratory'를 입력하고, 검색결과로 나온 부분을 클릭합니다. 그 후 [설치] 버튼을 클릭합니다.

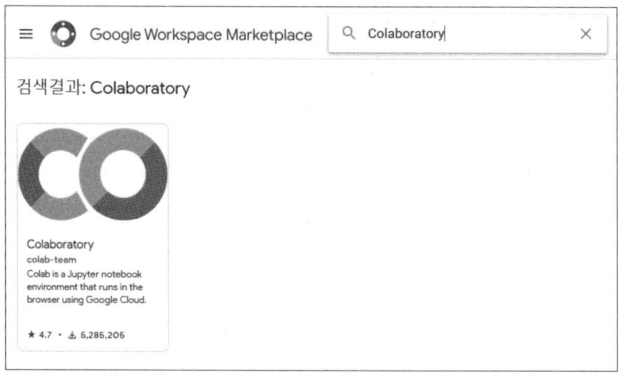

[그림 1-28] Colaboratory 검색

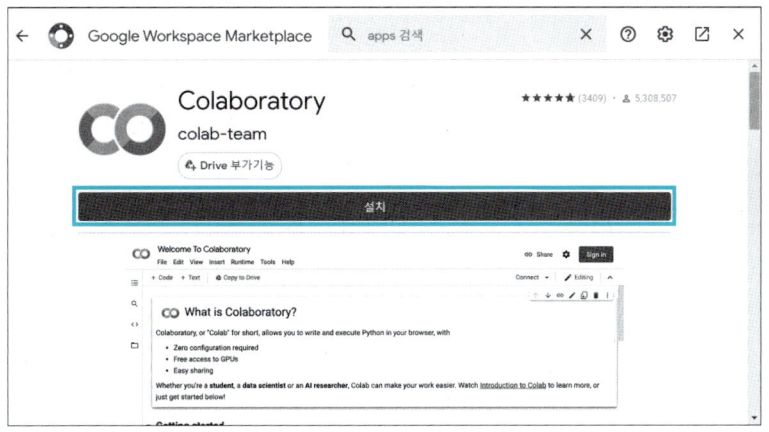

[그림 1-29] Colaboratory 설치

4. 권한을 부여해주기 위해 [계속] 버튼을 클릭합니다.

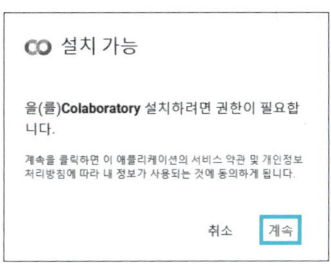

[그림 1-30] Colaboratory 설치 과정

5. 그러면 아래와 같은 창이 나옵니다. 이제는 파이썬 코드를 작성해서 실행할 수 있는 환경이 마련되었습니다. 너무 편하죠? 클릭 몇번으로 파이썬을 실행할 수 있는 환경이 마련되었습니다.

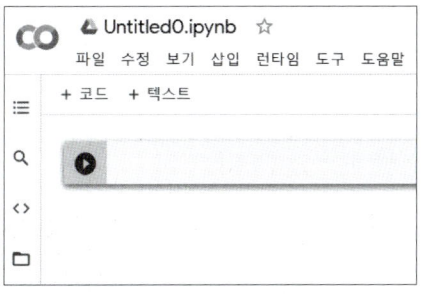

[그림 1-31] 코랩 초기 화면

여러분의 컴퓨터에 파이썬이 설치된 것은 아니지만, 파이썬을 사용할 수 있는 '앱(Application)'라고 생각하면 됩니다. 즉, 내 컴퓨터(로컬 환경)에 설치된 파이썬이 아니라, 가상공간에 파이썬을 설치하고, 사용권한을 받은 것입니다. 이제 간단하게 코랩의 사용법을 익혀보겠습니다.

1.2.4.1 hello world! 출력하기

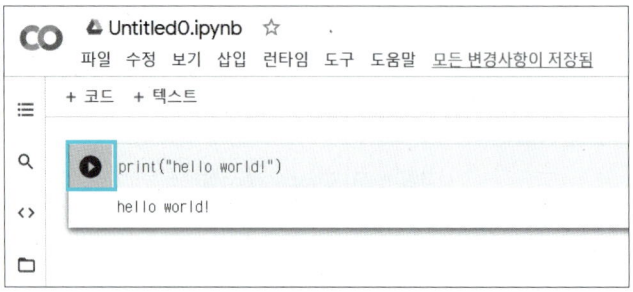

[그림 1-32] 코랩에서 파이썬 문법 실행

회색 창에 아래와 같이 소스코드를 입력하고 시작 버튼처럼 생긴 삼각형 버튼을 누르면 실행이 되어 결과가 나옵니다.[7]

```
01  print("hello world")
```

정말 신기하죠? 5분도 안 되어 파이썬 환경을 만들고, 파이썬으로 코딩하여 그 결과를 확인해보았습니다.

1.2.4.2 파이썬 버전 확인

이제 코랩의 파이썬 버전을 확인해봅시다. python 앞에 !(느낌표)를 붙이면, 명령 프롬프트에서 시스템 명령어를 실행하는 것과 동일합니다.

[그림 1-33] 코랩에서 시스템 명령어를 실행한 경우(왼쪽)와 명령 프롬프트에서 시스템 명령어를 실행한 경우(오른쪽)

---

7 [시작] 버튼을 누르거나, 〈Shift〉+〈Enter〉를 동시에 눌러 실행할 수 있습니다.

1.2.4.3 라이브러리 설치

라이브러리를 설치할 때는 어떻게 하면 될까요? `pip install` 명령어를 사용하면 됩니다. 그럼 코랩 환경에서 requests 라이브러리를 설치하려고 한다면 어떻게 하면 될까요?

```
!pip install requests
```

명령어 앞에 !를 추가하여 명령어를 실행하면 됩니다. 설치 결과를 보니 코랩 환경에 requests 라이브러리는 이미 설치되어 있네요.

```
Requirement already satisfied: requests in /usr/local/lib/python3.7/dist-packages (2.23.0)
Requirement already satisfied: certifi>=2017.4.17 in /usr/local/lib/python3.7/dist-packages (from requests) (2021.5.30)
Requirement already satisfied: idna<3,>=2.5 in /usr/local/lib/python3.7/dist-packages (from requests) (2.10)
Requirement already satisfied: chardet<4,>=3.0.2 in /usr/local/lib/python3.7/dist-packages (from requests) (3.0.4)
Requirement already satisfied: urllib3!=1.25.0,!=1.25.1,<1.26,>=1.21.1 in /usr/local/lib/python3.7/dist-packages (from requests) (1.24.3)
```

[그림 1-34] 코랩에서 확인한 requests 라이브러리 설치 결과

AWS Vision API를 테스트하려면 두 가지 라이브러리가 필요합니다. 앞선 방법으로 미리 설치해두 겠습니다.

```
01  !pip install boto3
02  !pip install base64
```

boto3는 AWS에서 제공하는 파이썬용 SDK(Software Development Kit)로 AWS 클라우드 서비스를 제어할 수 있는 라이브러리입니다. base64[8]는 base64 기반의 인코딩과 디코딩 함수를 제공하는 라이브러리입니다.

1.2.4.4 코랩 리소스 확인

코랩에서 사용 중인 리소스도 확인할 수 있습니다.

1. 오른쪽 상단에 'RAM' '디스크'라고 씌여진 곳 옆의 삼각형 버튼을 클릭하고 [리소스 보기] 버튼을 클릭합니다.

---

8 https://ko.wikipedia.org/wiki/베이스64

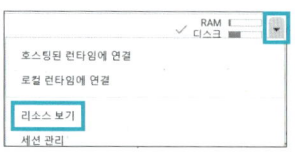

[그림 1-35] 코랩 리소스 확인

2. 오른쪽 화면의 하단에서 [런타임 유형 변경] 버튼을 클릭합니다.

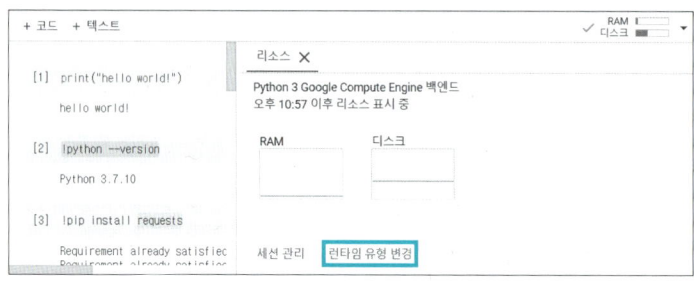

[그림 1-36] 런타임 유형 변경

3. 하드웨어 가속기로 'None' 'GPU' 'TPU'를 선택할 수 있습니다.

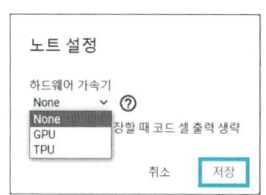

[그림 1-37] 하드웨어 가속기 설정

None은 CPU를 사용한다는 의미입니다. 딥러닝은 행렬연산이 많으므로 행렬연산을 빠르게 하기 위해 하드웨어 가속기가 필요한데, 이때 GPU, TPU를 이용할 수 있습니다. GPU는 12시간 이내에서 무료로 사용할 수 있습니다.[9] 여기서는 API만 호출하므로 None으로 설정합니다.

1.2.4.5 테스트 이미지 업로드

코랩 환경은 내 컴퓨터에 파이썬이 설치된 것이 아니라, 구글에서 운영하는 공간에 파이썬을 설치하고, 사용 권한을 받은 것입니다. 그러므로 로컬에 있는 이미지를 코랩에서 테스트하려면 이미지를 업로드해야 합니다.

---

9 아쉽게도 사용시간에 대한 제한 사항이 있습니다(2023년 3월 기준).
   참고: https://research.google.com/colaboratory/faq.html#idle-timeouts

1. 왼쪽 세로 상태바에 있는 폴더 모양을 클릭하면, 가상환경에서 액세스할 수 있는 폴더가 나옵니다. 세 가지 모드를 지원하는데, 테스트를 해야 할 데이터가 많으므로 '구글 드라이브'에 이미지를 올려두고, 코랩에서 액세스하겠습니다. 가장 오른쪽에 있는 모양을 클릭하면, 아래와 같이 구글 드라이브에 액세스할 수 있는 팝업 창이 열립니다.

[그림 1-38] 구글 드라이브 액세스

2. [Google Drive에 연결] 버튼을 클릭합니다.

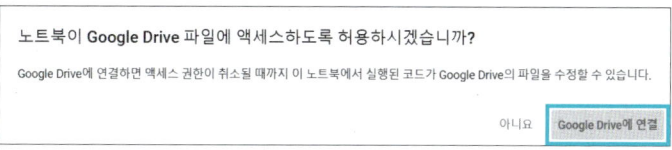

[그림 1-39] 구글 드라이브 연결 과정

3. 구글 계정을 선택합니다. 그러면 구글 드라이브가 연결(마운트)되면서 이미지가 변경되고, drive 폴더가 추가된 것을 확인할 수 있습니다.

[그림 1-40] 구글 드라이브 연결 과정

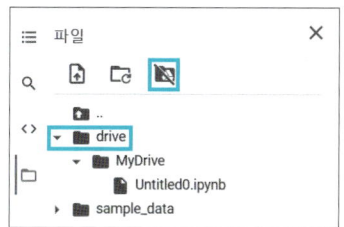

[그림 1-41] 드라이브 마운트

4. 이제 구글 드라이브에 파일을 업로드하고, 코랩에서 보이는지 확인하겠습니다. 여기서는 앞서 다운받은 'dog-breed-identification\train\000bec180eb18c7604dcecc8fe0dba07.jpg' 파일을 업로드합니다.

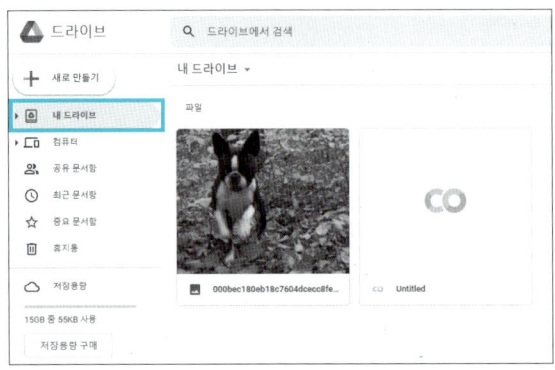

[그림 1-42] 내 드라이브 → 이미지 파일 업로드

5. '내 드라이브'로 이동하여, 강아지 파일을 '드래그 앤 드롭Drag&Drop' 방법으로 업로드합니다.

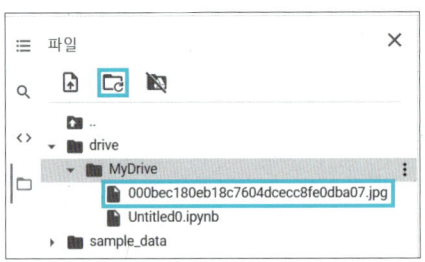

[그림 1-43] 드라이브에 올린 파일 확인

6. 코랩으로 이동해서 [새로고침] 버튼을 클릭하면, 방금 구글 드라이브에 업로드한 이미지 파일이 추가된 것을 확인할 수 있습니다.

1.2.4.6 구글 드라이브 마운트: 파이썬 코드

몇 번의 클릭으로 구글 드라이브를 마운트했는데, 이보다 더 쉽게 마운트할 수 있는 방법이 있습니다. 다음처럼 소스코드 두 줄을 추가해서 실행하면 됩니다. 마운트 경로는 /content/drive로 했습니다.

```
01  from google.colab import drive
02  drive.mount('/content/drive')
```

1.2.4.7 이미지 읽기

구글 드라이브가 마운트되었으니, 코랩에서 이미지를 읽고 화면에 출력해 보겠습니다. 이때 이미지 경로를 잘 확인해야 합니다.

```
01  %matplotlib inline
02  import matplotlib.pyplot as plt
03  img = plt.imread('/content/drive/MyDrive/000bec180eb18c7604dcecc8fe0dba07.jpg')
04  plt.imshow(img)
```

해당 코드를 실행합니다.

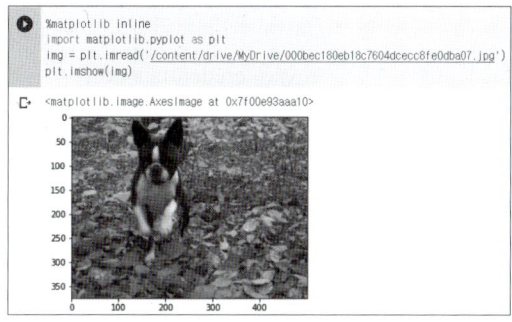

[그림 1-44] 코랩 이미지 출력결과

실행결과가 멋지게 출력되었습니다.

1.2.4.8 '자격증명 파일' 복사

마운트한 드라이브에 '드래그 앤 드롭' 방식으로도 파일을 업로드할 수 있습니다. 이번에는 '1.2.2 AWS 클라우드 액세스 키 발급'에서 만들어 둔 credentials.txt 파일을 '드래그 앤 드롭'으로 업로드해 봅니다.

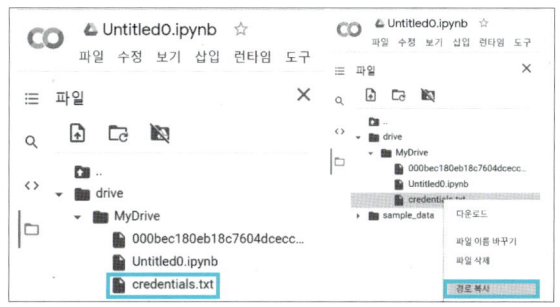

[그림 1-45] credentials.txt 파일 업로드 및 경로 복사

업로드한 credentials.txt 파일에 오른쪽 마우스를 클릭하여 [경로 복사] 버튼을 클릭합니다. 그리고 코랩에서 해당 내용을 실행합니다.

```
!mkdir -p ~/.aws &&\
cp [경로 복사 붙여넣기] ~/.aws/credentials
```

↓

예
```
!mkdir -p ~/.aws &&\
cp /content/drive/MyDrive/credentials.txt ~/.aws/credentials
```

mkdir -p ~/.aws는 코랩 가상 환경에 ~/.aws 폴더를 만들고, cp [경로 복사 붙여넣기] ~/.aws/credentials는 ~/.aws/credentials에 만들어 놓은 credentials.txt를 복사한다는 의미입니다.

중간에 있는 &&는, command 1 && command 2라고 한다면, command 1을 실행하고, command 2를 실행하라는 의미입니다. \는 줄바꿈을 의미하며 긴 명령어가 있을 때 여러 줄로 나누어 작성할 수 있어서 가독성을 높여줍니다.

드디어 사전 준비가 완료되었습니다.

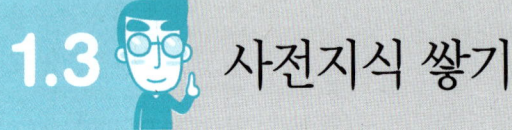

1.3 사전지식 쌓기

다음은 [강아지/고양이 종 분류 프로젝트]를 진행하는 데 도움이 되는 사전지식입니다.

1.3.1 딥러닝
1.3.2 딥러닝 서비스
1.3.3 Open API 정의와 클라우드 딥러닝 Open API 종류

1.3.1 딥러닝

먼저 딥러닝의 정의에 대해서 알아보겠습니다. 주변에서 딥러닝, 인공지능(AI, Artificial Intelligence), 머신러닝Machine Learning이라는 용어를 자주 들어봤을텐데요. 이 용어의 정확한 차이는 무엇일까요? 각 용어의 포함 관계를 나타낸 아래 그림을 보면 쉽게 이해할 수 있습니다.

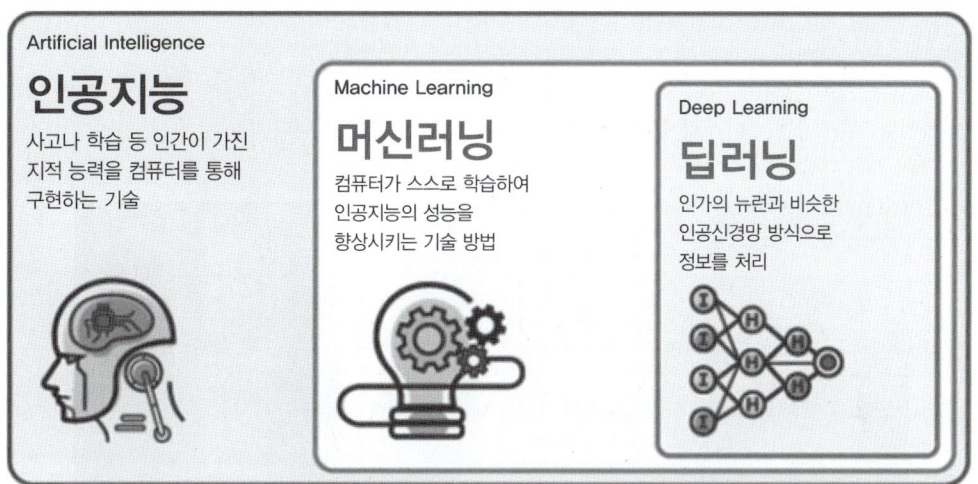

[그림 1-46] 인공지능, 머신러닝, 딥러닝의 정의와 포함관계

범위가 제일 넓은 개념은 인공지능인데, 간단히 AI라고 부릅니다. AI를 설명하는 글을 보면 주로 '똑똑한 기계' '생각하는 기계'라는 뜻이 담겨 있습니다.

[그림 1-47] AI를 개념화한 그림[10]

---

10 출처: https://live.lge.co.kr/live_with_ai_01/

AI(Artificial Intelligence)는 단어 뜻 그대로 '인공지능'입니다. 사람이 아닌 기계가 사람처럼 학습과정을 통해 지능을 만들어 내는 것을 의미합니다. 기계가 학습한다는 의미로 머신러닝Machine Learning이라는 용어를 사용하기도 합니다. 머신러닝의 다양한 방법론(알고리즘) 중 인간 뇌신경의 학습 동작 방식을 모사하여 알고리즘으로 만든 것이 인공신경망이고, 이것이 발전하여 딥러닝Deep Learning이 나오게 되었습니다. 요약하면, 세 단어 모두 '기계'가 '학습'한다는 의미이지만, "학습하는 방법론 중 하나가 딥러닝이다"라고 볼 수 있습니다.

기계의 학습(train) 과정은 인간의 방법과 동일하게 진행됩니다. 유아들이 단어를 '학습'하는 모습을 상상해봅시다. 부모님들은 아래와 같은 사진을 보여주고 단어를 알려줍니다.

[그림 1-48] 학습을 위한 강아지, 고양이 사진

"이건 강아지이고, 저건 고양이야"를 반복해서 말해줍니다. 여러 번 반복하죠. 이런 과정을 '학습'이라고 합니다. 학습이 완료되었다고 생각하면 그 다음에는 비슷한 그림을 보여주면서 "이건 뭐야?"라고 물어봅니다.

[그림 1-49] 추론을 위한 강아지 사진

이때 아이는 '강아지' 또는 '고양이'라고 추측(inference)한 대답을 합니다. 엄마는 정답 여부에 따라 맞으면 칭찬하고, 틀리면 다시 알려줍니다.

AI도 동일한 과정을 거칩니다. 먼저 '학습(train)'을 합니다. 강아지 이미지를 준비하고, 강아지라고 알려줍니다. 고양이도 마찬가지입니다. 반복문을 사용하여 여러 차례 알려줍니다. 그리고 어느 정도 학습이 되었다고 여겨지면, '강아지'와 '고양이'를 분류할 수 있는지 물어봅니다. 이런 과정을 '추론(inference)'이라고 합니다. 그리고 학습이 완료된 기억 메모리를 '모델model'이라고 합니다.

유아의 학습과정과 AI의 학습과정이 동일하죠? 그래서 강아지/고양이 분류 알고리즘을 만든다고 할 때는 다양한 강아지/고양이 이미지와 그 정답(라벨링)이 적힌 정보가 있어야 합니다. 캐글에서 다운받은 강아지 데이터셋을 보면, 학습을 위해 필요한 요소로 구성되어 있음을 알 수 있습니다.

[그림 1-50] 캐글 데이터 구성

test와 train이라는 폴더에는 강아지 사진이 가득합니다. train 이미지와 라벨링된 정보로 함께 학습시키고, test 이미지로 학습이 잘 되었는지를 판단합니다. 이제 딥러닝이 무엇이고, 학습과 추론, 그리고 딥러닝을 하려면 어떤 준비가 필요한지 느낌이 왔으리라 생각합니다.

1.3.2 딥러닝 서비스

딥러닝 알고리즘으로 학습을 완료한 모델을 서비스하고 싶다고 합시다. 즉, 강아지/고양이를 분류할 수 있는 모델을 만들었고, 앱/웹으로 서비스를 만들고 싶은 상황입니다. 그럼 어떤 과정을 거쳐야 할까요?

사용자에게 보이는 화면(프런트엔드, Front-end)뿐만 아니라, 요청이 들어오면 처리할 수 있는 시스템(백엔드, Back-end)도 필요합니다.

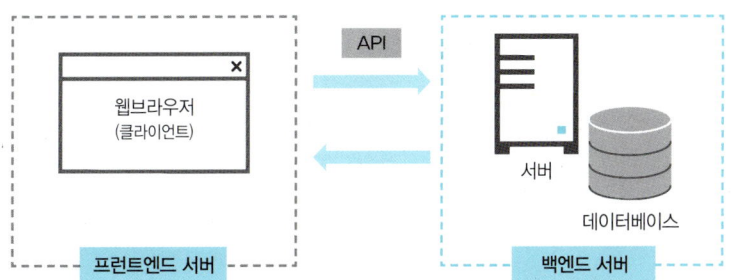

[그림 1-51] 서비스 구성요소

휴대폰에서 사용하는 앱이나 PC를 통해 보는 웹처럼 하나의 서비스를 제공하기 위해 필요한 구성요소를 간단하게 세 가지로 볼 수 있습니다.

❶ 프런트엔드 서버
❷ 백엔드 서버
❸ 프런트엔드 서버와 백엔드 서버 간의 인터페이스

프런트엔드는 화면 구성을 처리하고, 백엔드는 화면에 보여줄 정보를 처리합니다. 예를 들어, [강아지/고양이 종 분류 프로젝트]라고 하면, 프런트엔드는 사용자에게 이미지를 업로드할 수 있는 웹 화면을 보여주고 백엔드는 현재 사용자가 업로드한 이미지를 전송 받고, 모델을 통해 추론한 후 그 결과를 다시 프런트엔드에 전달하게 됩니다. 또 프런트엔드와 백엔드가 정보를 주고받을 수 있도록 특정 규칙을 약속하고, 그 약속에 맞게 동작하는 API(Application Programming Interface)를 설계하고 생성합니다. 듣기만 해도 복잡하죠? 이런 복잡한 시스템을 만들기 위해 인적자원, 인프라 등이 필요하고, 다양한 기술이 접목됩니다.

그런데 우리의 학습목표가 무엇이었나요? "다른 사람이 만들어 놓은 것을 잘 활용하자"였습니다. 그것이 바로 Open API를 활용하는 방법입니다.

1.3.3 클라우드 서비스 API 정의와 클라우드 딥러닝 Open API 종류

1.3.3.1 Open API

다른 사람이 이미 만들어 놓은 백엔드 시스템을 사용하고, 제공해주는 API(Open API)만 사용하면 복잡한 과정을 생략하고, 프런트엔드만 작업하면 됩니다. 그런데, 누가 이런 것을 만들어 제공할까요? 보통 국가기관(기상청, 우체국 등)에서처럼 일기예보 조회 API, 우편번호 API 등을 무료로 제공해주는 곳도 있지만, 딥러닝 서비스 API는 아마존, 구글, 카카오, 네이버 등의 다양한 기업에서 이미 클라우드 상(클라우드 서비스 API)에서 무료로 제공하거나 일정 사용 횟수 등 한도가 넘으면 유료로 제공하고 있습니다.

즉, 클라우스 서비스 API는 제공처(아마존, 구글, 카카오, 네이버 등)에서 백엔드를 만들어 놓고, 그 백엔드를 이용하는 방법을 제공하고 있습니다. 그래서 클라우스 서비스 API 사용자는 백엔드 주소와 사용 규칙만 알고 있으면 백엔드의 자원을 사용할 수 있습니다. 즉, 우리는 프런트엔드만 개발하면 된다는 의미입니다.

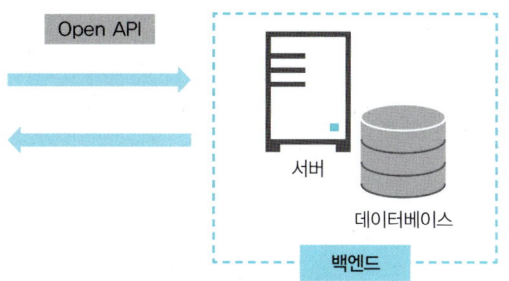

[그림 1-52] 백엔드 이용 방법

그렇지만 클라우스 서비스 API를 제공하는 제공처에서도 해당 시스템을 만들기 위해서는 인적/물적 자원이 들어갑니다. 그래서 이러한 기능을 사용할 때 약간의 제한사항이 생깁니다. 즉, 특정 사용량 또는 특정 기능까지만 무료로 제공하고, 나머지는 유료로 제공합니다. 유료라고 해서 너무 비싸지 않으니 걱정하지 않아도 됩니다. 프로젝트를 만들 정도의 기능은 무료로 제공하고 있습니다. 그리고 이렇게 편리한 시스템을 만들어 주었다면, 지갑을 여는 것에 아까워하지 마세요. 직접 만들면 더 많은 돈과 시간이 필요할테니까요.

1.3.3.2 딥러닝 클라우스 서비스 API 비교 및 사용료

딥러닝 관련 클라우스 서비스 API를 제공하는 서비스는 많습니다. 대표적으로 아마존, 구글, 카카오, 네이버가 있는데, 여기서는 아마존과 구글의 클라우스 서비스 API에서 지원하는 기능과 사용료를 간단히 살펴보겠습니다.

> **여기서 잠깐**
>
> [강아지/고양이 종 분류 프로젝트]를 진행하므로, 이미지 분류 클라우드 서비스 API에 국한해서 비교해보겠습니다. 다른 서비스를 사용할 경우에는 차이가 있을 수 있으니 참고하세요.

1.3.3.3 아마존 AWS

아마존은 AWS 클라우드 서비스를 제공하고 있으며, 다양한 딥러닝 클라우스 서비스 API를 지원하고 있습니다. 이미지 인식과 관련해서는 https://aws.amazon.com/ko/rekognition에 접속해서 확인합니다.

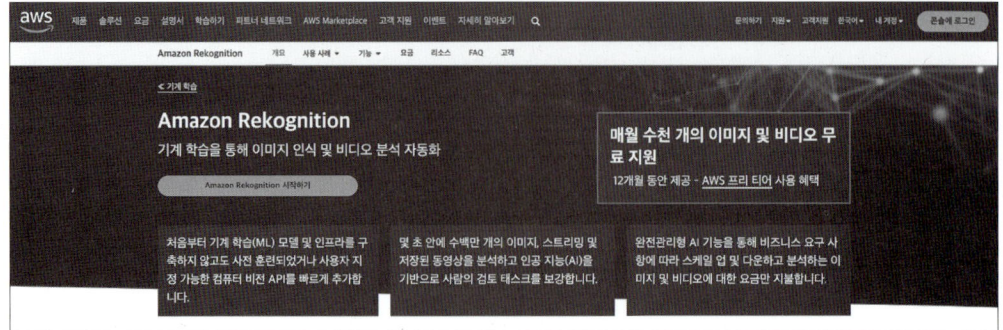

[그림 1-53] AWS Rekognition API

'AWS 프리 티어'는 AWS 신규 고객에게만 제공되며 자세한 사항은 아래 링크를 확인해주세요.

> https://aws.amazon.com/ko/rekognition/pricing/?loc=ft#Free_Tier

간단한 이미지 테스트를 해보겠습니다. AWS 콘솔에 로그인한 후 아래 링크로 접속해주세요.

> https://lnkd.in/gQh7zJkw

[그림 1-54] AWS Rekognition 데모 체험

[데모 체험] 버튼을 클릭한 후 강아지 사진을 업로드하여 테스트하겠습니다.

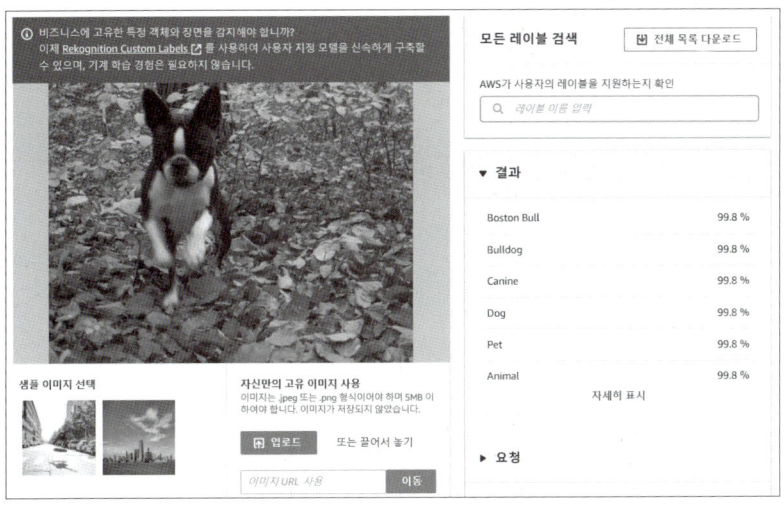

[그림 1-55] AWS 강아지 분류 테스트 결과

'Boston Bull' 'Bulldog'로 강아지 종(breed)을 99.8%로 예측했고, Dog라고 인식했습니다. 훌륭합니다. 이번에는 고양이를 해볼까요? 동일하게 고양이 사진을 업로드합니다.

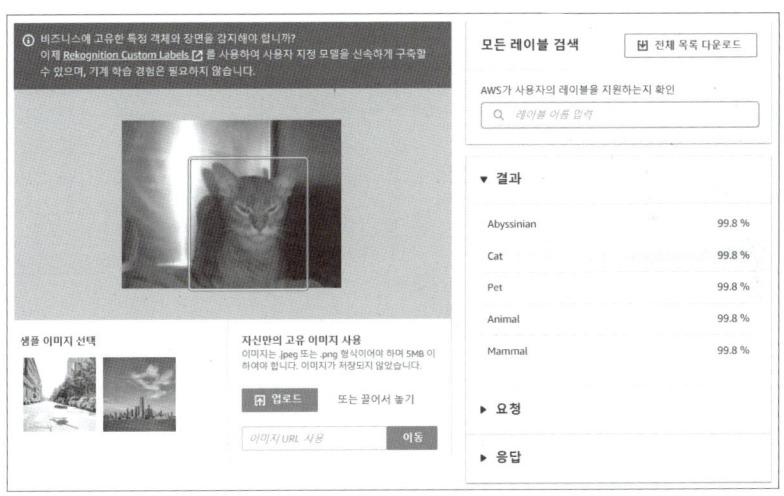

[그림 1-56] AWS 고양이 분류 테스트 결과

'Abyssinian'으로 고양이 종을 99.8%로 예측했고, Cat으로 인식했습니다. [강아지/고양이 종 분류 프로젝트]에 적합한 클라우드 서비스 API로 보입니다.

1.3.3.4 구글 GCP(Google Cloud Platform)

이제 구글의 클라우드 서비스 API를 알아보겠습니다. https://cloud.google.com/vision?hl=ko로 접속합니다.

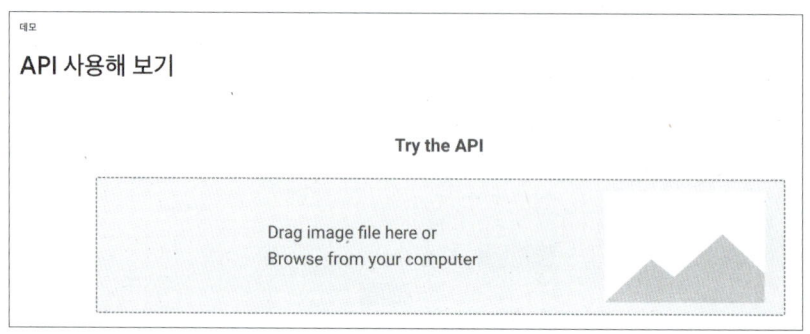

[그림 1-57] 구글 vision API

간단한 설명과 함께, 이미지를 올려서 테스트할 수 있습니다.

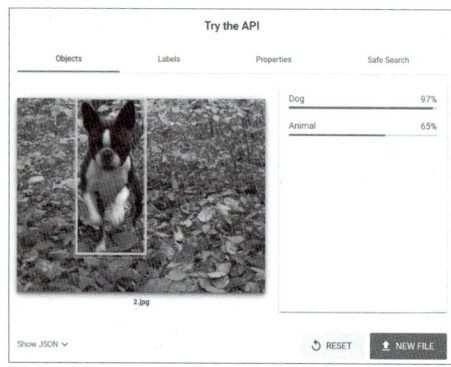
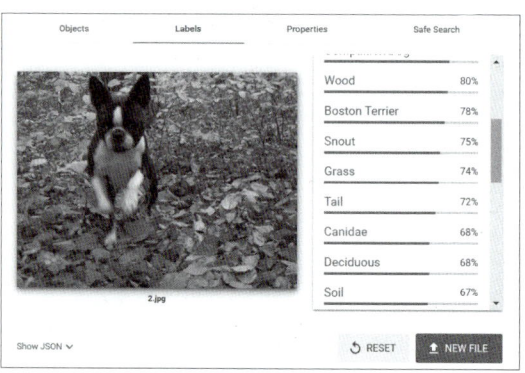

[그림 1-58] 구글에서 진행한 강아지 분류 테스트 결과

강아지 사진을 업로드하니, [Objects] 탭에는 Dog라고 97%로 확신하네요. [Labels] 탭에는 'Boston Terrier'라고 강아지 종을 78% 확률로 예측했습니다. 이번에는 고양이 사진을 올려볼까요?

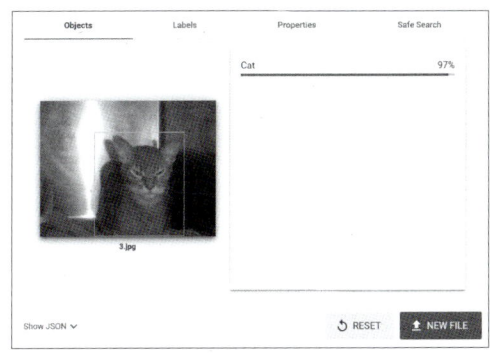 

[그림 1-59] 구글에서 진행한 고양이 분류 테스트 결과

'Cat'임은 잘 예측했지만, 고양이 종을 예측하진 못했네요. 목표로 한 프로젝트가 종 분류인데, 고양이 종을 예측하지 못한 구글 클라우드 서비스 API는 우리가 진행하는 프로젝트에 적합하지 않습니다.

우리는 강아지/고양이 분류뿐만 아니라 그 종도 분리해야 합니다. 그래서 아마존(AWS)에서 제공하는 클라우드 서비스 API가 적합합니다. 그러므로 '1.4 구현하기'에서는 아마존(AWS)에서 제공하는 클라우드 서비스 API로 실습을 하겠습니다.

이제까지 살펴본 것처럼 다양한 클라우드 서비스 API를 제공하는 기업은 많고, 그 서비스마다 지원 여부/사용료가 다릅니다. 따라서 구성하는 프로젝트 목적에 적합한 서비스를 선택하면 됩니다.

> **여기서 잠깐**
>
> 구글 이용료는 아래 링크로 확인할 수 있습니다.
> 〉 https://cloud.google.com/vision?hl=ko#pricing

1.4 구현하기

AWS 클라우드 서비스 API를 이용하여 [강아지/고양이 종 분류 프로젝트]를 구현해 보겠습니다.

구현순서
- [1단계] AWS 웹화면에서 테스트하기
- [2단계] AWS Vision API 테스트하기

1.4.1 [1단계] AWS 웹화면에서 테스트하기

AWS 콘솔 로그인 후 Amazon Rekognition 〉 Demos 〉 Label detection[11]에 접속합니다.

> **여기서 잠깐**
> 여기서는 '1.3.3.3 아마존 AWS'에서 간단하게 테스트했던 내용을 기반으로 진행합니다. 만약, 테스트를 하지 않았다면 먼저 테스트를 진행해주세요.

 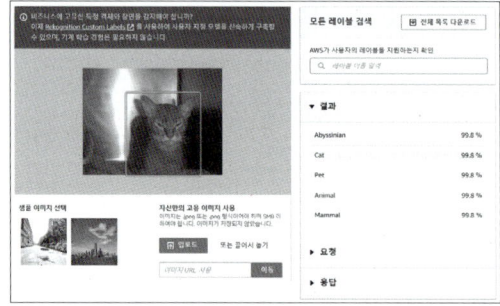

[그림 1-60] AWS 강아지/고양이 분류 테스트 결과

위 그림은 앞선 결과 화면입니다. 이번에는 이 화면에서 [응답] 버튼을 클릭해서 어떤 정보를 전달 받는지 확인해보겠습니다.

---

11 단축 URL – https://lnkd.in/gQh7zJkw

실행결과

```
{
    "Labels": [
        {
            "Name": "Boston Bull",
            "Confidence": 99.86550903320312,
            "Instances": [],
            "Parents": [
                {
                    "Name": "Bulldog"
                },
                {
                    "Name": "Dog"
                },
                {
                    "Name": "Pet"
                },
                {
                    "Name": "Canine"
                },
                {
                    "Name": "Animal"
                },
                {
                    "Name": "Mammal"
                }
            ]
        },
        {
            "Name": "Bulldog",
            "Confidence": 99.86550903320312,
            "Instances": [],
            "Parents": [
                {
                    "Name": "Dog"
                },
                {
                    "Name": "Pet"
                },
                {
                    "Name": "Canine"
                },
```

```
            {
                "Name": "Animal"
            },
            {
                "Name": "Mammal"
            }
        ]
    },
    ... 생략 ...
    "LabelModelVersion": "2.0"
}
```

이 내용은 레이블 감지 결과이며, json 형태로 전달됩니다. 분류명(Name)과 확률(confidence) 정보가 기재되어 있습니다.

1.4.2 [2단계] AWS 딥러닝 서비스 API 테스트하기

AWS에서 제공하는 Vision API 사용 방법을 확인하고, 요청/응답을 코랩 파이썬 환경에서 테스트해 보겠습니다. 여기서는 '1.2.4 코랩 사용법'에서 다룬 아래의 세 가지 사항을 완료해야 합니다.

1. 라이브러리 설치
2. 테스트 이미지 업로드
3. "자격증명 파일" 복사

이제 아래 사이트에 소개된 API 문서를 보면서 코드를 작성해봅니다. 친절하게 설명이 되어 있으니, 천천히 따라가면 됩니다.

> [API 문서 링크]
> - https://boto3.amazonaws.com/v1/documentation/api/1.9.42/reference/services/rekognition.html[12]
> - https://docs.aws.amazon.com/rekognition/latest/dg/API_DetectLabels.html[13]

---

12 단축 URL – https://lnkd.in/gCUV26Xs

13 단축 URL – https://lnkd.in/gJDMcPCp

```
class Rekognition.Client
A low-level client representing Amazon Rekognition:

    import boto3

    client = boto3.client('rekognition')

These are the available methods:

  • can_paginate()
  • compare_faces()
  • create_collection()
  • create_stream_processor()
  • delete_collection()
  • delete_faces()
  • delete_stream_processor()
  • describe_collection()
  • describe_stream_processor()
  • detect_faces()
  • detect_labels()
  • detect_moderation_labels()
  • detect_text()
  • generate_presigned_url()
```

[그림 1-61] AWS Rekognition API 문서

강아지 이미지를 먼저 테스트해보겠습니다. 제공된 코드에서 [이미지 파일 경로]를 수정하여 테스트해봅니다.

```
01  import boto3
02  import base64
03
04  rekognition = boto3.client('rekognition', 'ap-northeast-2')
05
06  # [이미지 파일 경로] 예시
    => '/content/drive/MyDrive/000bec180eb18c7604dcecc8fe0dba07.jpg'
07  with open([이미지 파일 경로], "rb") as cf:
08          base64_image=base64.b64encode(cf.read())
09          base_64_binary = base64.decodebytes(base64_image)
10          print("file open!")
11
12  response = rekognition.detect_labels(Image={'Bytes': base_64_binary})
13  response
```

실행결과

```
{'LabelModelVersion': '2.0',
 'Labels': [{'Confidence': 99.86550903320312,
   'Instances': [],
   'Name': 'Boston Bull',
   'Parents': [{'Name': 'Bulldog'},
    {'Name': 'Dog'},
    {'Name': 'Pet'},
    {'Name': 'Canine'},
    {'Name': 'Animal'},
    {'Name': 'Mammal'}]},
  {'Confidence': 99.86550903320312,
   'Instances': [],
   'Name': 'Bulldog',
   'Parents': [{'Name': 'Dog'},
    {'Name': 'Pet'},
    {'Name': 'Canine'},
    {'Name': 'Animal'},
    {'Name': 'Mammal'}]},
  {'Confidence': 99.86550903320312,
   'Instances': [],
   'Name': 'Canine',
   'Parents': [{'Name': 'Mammal'}, {'Name': 'Animal'}]},
  {'Confidence': 99.86550903320312,
   'Instances': [],
   'Name': 'Dog',
   'Parents': [{'Name': 'Pet'},
    {'Name': 'Canine'},
    {'Name': 'Animal'},
    {'Name': 'Mammal'}]},
  {'Confidence': 99.86550903320312,
   'Instances': [],
   'Name': 'Pet',
   'Parents': [{'Name': 'Animal'}]},
  {'Confidence': 99.86550903320312,
   'Instances': [],
   'Name': 'Animal',
   'Parents': []},
  {'Confidence': 99.86550903320312,
   'Instances': [],
   'Name': 'Mammal',
   'Parents': [{'Name': 'Animal'}]},
  {'Confidence': 63.17926788330078,
   'Instances': [],
   'Name': 'French Bulldog',
   'Parents': [{'Name': 'Bulldog'},
    {'Name': 'Dog'},
    {'Name': 'Pet'},
```

```
        {'Name': 'Canine'},
        {'Name': 'Animal'},
        {'Name': 'Mammal'}]}],
 'ResponseMetadata': {'HTTPHeaders': {'connection': 'keep-alive',
   'content-length': '1086',
   'content-type': 'application/x-amz-json-1.1',
   'date': 'Sun, 11 Jul 2021 04:32:51 GMT',
   'x-amzn-requestid': '54260f76-f1c0-44e7-99dc-6900c1a06129'},
  'HTTPStatusCode': 200,
  'RequestId': '54260f76-f1c0-44e7-99dc-6900c1a06129',
  'RetryAttempts': 0}}
```

'Boston Bulldog'이 99.8%로 예측되었네요. [1단계]에서 확인한 응답 결과와 동일하게 나왔습니다.

 코드 설명

01~02행: 필요한 라이브러리를 불러옵니다(import).

04행: AWS는 boto3라는 라이브러리를 사용하여 AWS 서비스에 접근할 수 있습니다. rekognition의 `detect_labels()` 기능을 사용해보겠습니다. 그러므로 첫 번째 인자에는 'rekognition'을 주고, 두 번째 인자에는 지역을 설정합니다. 대한민국은 'ap-northeast-2'입니다.

07~10행: 이미지 파일을 읽습니다. 이미지 파일 경로를 복사했던 방법으로 진행하면 됩니다. 7행에 복사한 이미지 파일 경로로 대체합니다.

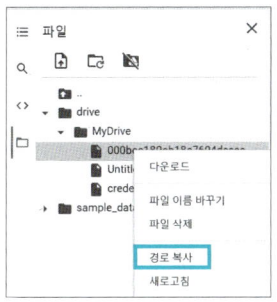

[그림 1-62] 코랩에서 파일 경로 복사 방법

12행: rekognition의 `detect_labels()` 기능을 사용을 위해 해당 API를 호출합니다.

13행: API 호출 결과를 확인합니다.

강아지 이미지만 테스트해보았는데, 고양이 이미지는 직접 업로드하고 테스트해보기 바랍니다.

1.5 요약과 정리하기

이 장에서는 [강아지/고양이 종 분류 프로젝트]를 진행해보았습니다. 한 번에 딥러닝 서비스를 만들기는 복잡하고 어려우니 이미 만들어진 서비스들을 이용하는 방법으로 학습해보았습니다.

다음 장부터는 고양이 종 데이터셋을 활용하여 나만의 딥러닝 모델을 학습시키고, 백엔드 시스템과 API를 점진적으로 만들어 보겠습니다.

2장

지도학습으로 딥러닝 모델 만들기
- 고양이 종 분류 프로젝트

 학습순서

1. 학습목표
2. 사전 준비하기
3. 사전지식 쌓기
4. 구현하기
5. 요약과 정리하기

2.1 학습목표

이 장에서는 사용자 정의 분류기준을 AI모델에 추가하는 방법을 알아봅니다. 1장에서는 클라우드 서비스 API를 이용하여 손쉽게 서비스를 만들 수 있었습니다. 사용하기 편리한 클라우드 서비스 API이지만 한계도 명확합니다. 사용자가 원하는 기능이 없을 수도 있기 때문입니다.

특히 이 책에서 주로 다루고 있는 지도학습(Supervised Learning)[1]을 통한 분류 문제를 푼다고 가정했을 때, 필요로 하는 클래스에 대한 분류기준을 제공해 주지 않으면 클라우드 서비스 API를 그대로 사용할 수 없습니다. 예를 들어, 클라우드 서비스 API를 제공하는 측(AWS, 구글 등)에 새로운 분류 클래스를 추가해 달라고 요청을 할 수는 있지만, 해당 기능을 추가해줄지도 미지수이고, 추가해주기까지는 긴 시간이 걸릴 수도 있습니다.

따라서 우리는 새로운 AI모델을 학습시킬 필요가 생깁니다. 이 외에도 여러 이유로 자신만의 AI모델을 만들어야 할 수 있습니다.

실습 순서

먼저 AWS Rekognition에서 [고양이 이미지 분류 테스트]를 합니다. 우리가 가진 데이터는 기준이 세세하여 원하는 클래스명을 AWS Rekognition이 보여주지 못함을 확인합니다. 그리고 Google Teachable Machine에 대해 알아보고 AI모델을 학습시켜 본 후 결과를 살펴봅니다.

2.2 사전 준비하기

2.2.1 학습데이터 준비
2.2.2 Google Teachable Machine 사용 준비

---

1 https://ko.m.wikipedia.org/wiki/지도_학습

2.2.1 학습데이터 준비

1장에서 다운받은 데이터셋dataset에서 고양이 이미지만 일부 추출하여 해당 경로에 올려두었습니다. 이 장에서는 이를 활용하여 AI모델을 학습시키게 됩니다. 먼저 필요한 데이터를 다운받습니다.

- 소스코드 경로: https://github.com/roadbookgit/DLService

브라우저에서 위 소스코드 경로의 페이지를 열어 [code] 버튼을 누르면 'Download' 항목을 통해 전체 소스코드를 다운받을 수 있습니다.

- 데이터셋 경로: DLservice/data

이 데이터를 학습데이터로 사용하려고 합니다. 2장에서 소개할 개념을 익히기 위해 1장에서 다운받은 전체 데이터셋을 사용하지 않고, 일부 이미지만 추출하여 사용했습니다.

압축을 풀어 폴더와 데이터를 확인합니다. 구성은 [그림 2-1]과 같습니다. Case1, Case2, Case3 폴더에 고양이 이미지가 있지만 여기서는 Case3의 데이터는 사용하지 않아 생략했습니다.

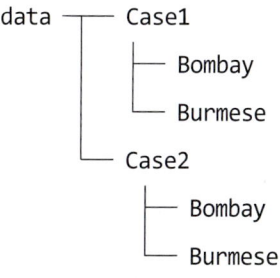

[그림 2-1] 데이터셋 구성

Case1의 학습데이터는 Bombay 폴더에 이미지 100장, Burmese 폴더에 이미지 10장이 들어 있습니다. Case2의 학습데이터는 Bombay 폴더와 Burmese 폴더에 각 100장의 이미지로 구성되어 있습니다. 그렇지만 Burmese 폴더 100장의 이미지 중 20장은 Bombay 고양이 그림이 섞여 있습니다.

2.2.2 Google Teachable Machine 사용 준비

1. 아래의 Google Teachable Machine 사이트에 접속해서 [시작하기] 버튼을 누릅니다.

   〉 https://teachablemachine.withgoogle.com/

[그림 2-2] Google Teachable Machine 사이트에서 [시작하기] 버튼 클릭

2. '이미지 프로젝트'를 선택합니다.

[그림 2-3] '이미지 프로젝트' 선택하기

3. 이 장에서는 기본 사양의 AI모델을 만들기 위해 '표준 이미지 모델'을 선택합니다.

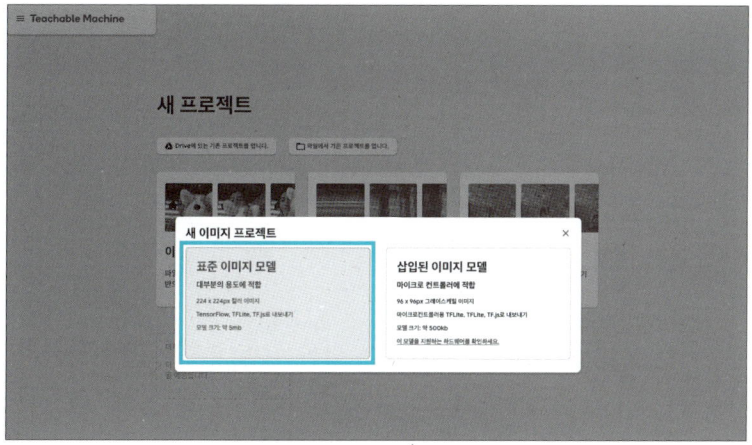

[그림 2-4] 표준 이미지 모델 선택

4. 그 후 다음과 같은 화면이 나오면 모델을 학습시킬 준비는 완료된 상태입니다.

[그림 2-5] 학습 사전준비 완료 상태

2.3 사전지식 쌓기

Google Teachable Machine을 이용해 나만의 AI 분류모델을 만들기 위한 순서는 다음과 같습니다.

- 2.3.1 왜, 커스텀 AI 분류 모델이 필요한가
- 2.3.2 분류 문제란 무엇인가
- 2.3.3 Google Teachable Machine 이해하기
- 2.3.4 Google Teachable Machine 모델 생성 과정

2.3.1 왜, 커스텀 AI 분류 모델이 필요한가

1장에서 강아지 사진을 사용하여 AWS에서 제공하는 클라우드 서비스 API에 추론하는 실습을 해보았습니다. 실습에 사용한 데이터셋의 구성요소로 강아지/고양이 이미지가 있고 해당 이미지가 포함된 폴더명을 보면 각 이미지가 어떤 분류에 속하는지를 확인할 수 있습니다. 이를 머신러닝 분야에서는 '클래스'라고 합니다. 1장에서 이미지에 대한 분류를 요청하였을 때, 높은 정확도의 결과로 응답해줬으나, 고양이 사진은 사용자가 원하는 커스텀 클래스명을 출력하지 못하는 것을 확인했습니다.

AWS에서 제공하는 클라우드 서비스 API는 우리가 원하는 결과를 추론해줄까요? 이를 확인하기 위해서 우선 AWS 콘솔에 접속하여 사이트에서 제공하는 검색 창을 통해 Rekognition 서비스를 검색한 후 이 서비스를 엽니다.

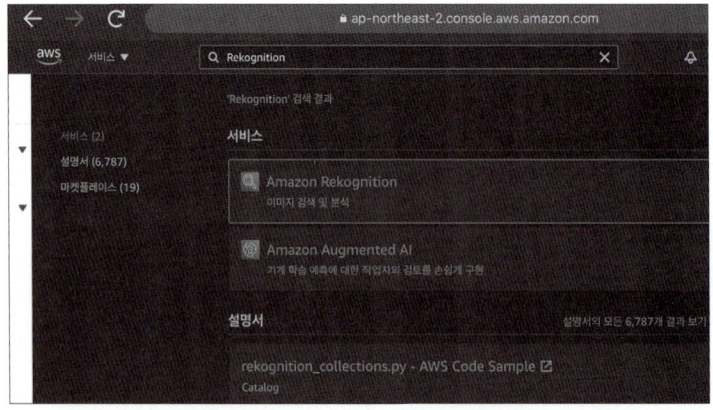

[그림 2-6] AWS Rekognition 열기

1장에서 다운받은, 고양이가 들어 있는, 압축해제된 폴더에서 마음에 드는 고양이 사진을 고르고 [업로드] 버튼을 눌러 Rekognition 서비스에 응답을 요청합니다. 여기서 예제로 업로드한 고양이 이미지의 클래스는 'Domestic Short Hair'입니다.

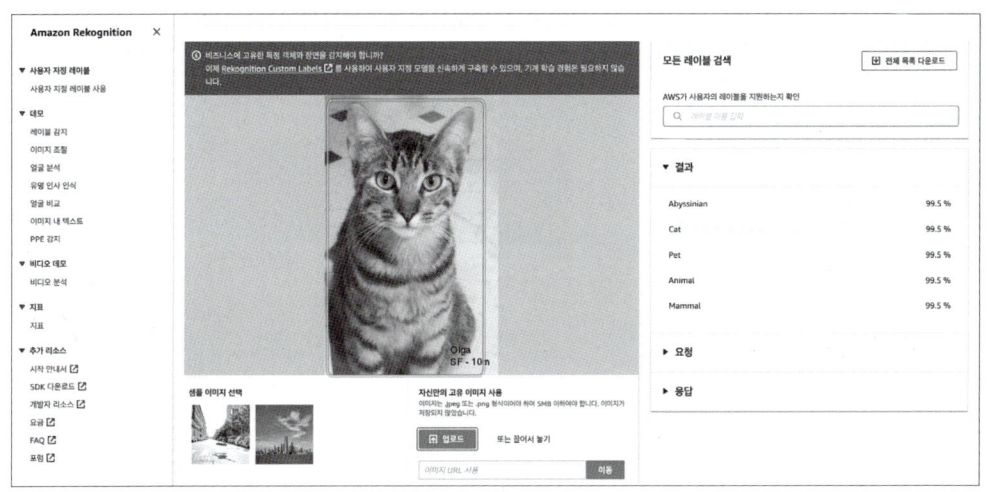

[그림 2-7] 이미지 업로드 후 추론[2] 요청

화면 오른쪽 '결과' 영역에 나오는 목록이 추론 결과입니다. 살펴보면 분류된 클래스와 확률이 나열되어 있는데, 이번 추론에서는 1위가 'Abyssinian'이고, 2위가 'Cat' 순서로 보여주고 있네요. 당연하게도 'Domestic Short Hair'라고 응답하지 못하는 모습을 볼 수 있습니다. 이처럼 AWS Rekognition 서비스는 강아지 이미지의 경우는 높은 정확도 결과를 응답으로 주었으나, 고양이 이미지의 경우는 그렇지 않습니다.

이렇게 커스텀 결과를 원하는 경우에는 클라우드 서비스 API를 대체할 수 있도록 커스텀 AI모델을 만들어야 합니다. 이를 위한 방법은 여러 가지가 있으며 AWS Rekognition 서비스의 사용자 지정 레이블 기능을 통해 해결할 수도 있지만, 이 장에서는 Google의 Teachable Machine[3]을 이용해서 개발자들이 다룰 수 있는 AI모델 파일을 직접 학습시켜 보겠습니다. Teachable Machine은 사전에 데이터만 준비되어 있다면, 웹 사이트나 모바일 앱 등에서 사용할 수 있는 머신러닝 모델을 쉽고 빠르게 만들 수 있습 니다.

[그림 2-8]과 같이 현재 Teachable Machine에서 제공하는 머신러닝 작업은 '이미지' 분류, '사운드' 분류, '자세' 인식이 있습니다. 또한 다음 장에서 다룰 딥러닝 프레임워크 사용에 비해 전문지식이나 코딩 노력이 상대적으로 요구되지 않지만 품질 좋은 머신러닝 모델을 생성할 수 있습니다. 그럼 이

---

2 https://ko.m.wikipedia.org/wiki/추론

3 https://teachablemachine.withgoogle.com/

제 Google Teachable Machine을 사용해서 나만의 커스텀 AI 분류 모델을 생성하는 방법을 알아봅시다.

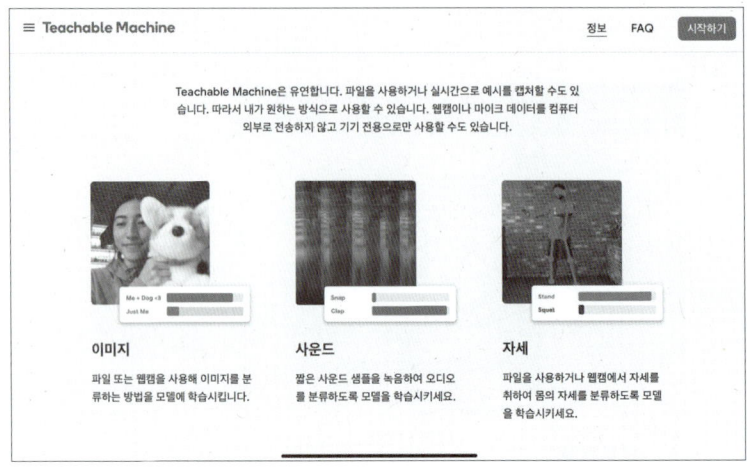

[그림 2-8] Google Teachable Machine에서 제공하는 AI모델 생성작업 종류들

2.3.2 분류 문제란 무엇인가

데이터가 어떤 카테고리에 속하게 되는지를 식별하는 문제입니다. 식별해야 할 클래스가 명확하고 샘플 데이터가 충분히 존재할 경우, 주로 지도학습(Supervised Learning)으로 해결합니다. 식별하고 싶은 가짓수에 따라 이진(Binary) 분류와 다중(Multi-Class) 분류로 나눕니다. 예를 들어, 식별하려는 고양이 종이 버마Burmese 고양이와 봄베이Bombay 고양이 두 종류가 있을 때, 이는 이진 분류 문제(Classification Problem)에 속하게 됩니다.

[그림 2-9]를 보면 학습데이터를 위해 각 클래스별로 100장의 이미지 샘플을 사용하였고, 오른쪽 '미리보기' 부분은 검증데이터 한 장에 대한 추론 결과입니다.

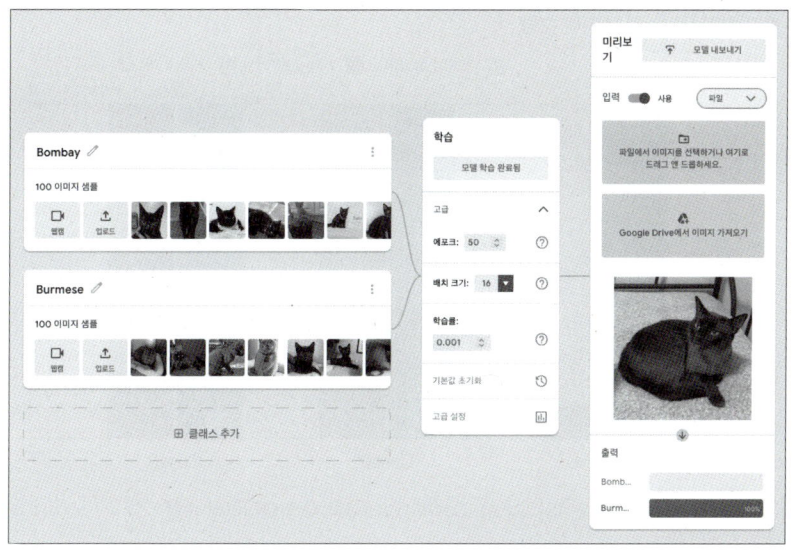

[그림 2-9] 봄베이 고양이와 버마 고양이로 예시를 든 이진 분류 문제

이렇게 AI모델을 학습시키려면 사전에 데이터들을 전처리해야 합니다. 전처리하는 방법은 목적별로 다양하며, 이미지 분류의 경우 보통은 입력 크기를 동일하게 변경한 후 모델이 잘 학습할 수 있도록 0~255 사이의 값을 0~1 사이나 −1~1 사이 정도로 변경하며, 경우에 따라 데이터 증강(Data Augmentation)을 하게 됩니다. 지금은 조금 생소할 수도 있지만, Google Teachable Machine에서는 (우리가 직접 확인할 순 없지만) 이런 과정 중 일부를 내부에서 자동으로 해주고 있으니 '이런 과정이 필요하다'라는 정도로만 기억하면 됩니다.

그렇지만 Google Teachable Machine을 활용할 때, 주의해야 할 사항이 몇 가지 있습니다. [그림 2-10]은 각 Case별 학습데이터 수량을 보여주고 있습니다. 먼저, 학습데이터 폴더 Case1과 같이 학습데이터의 각 클래스별 데이터의 수량 차이가 많이 나면 학습이 올바로 되지 않습니다. 이를 일반적인 지도학습 분류 문제에서 나타나는 데이터 불균형 문제(Imbalanced Data Problem)라고 합니다. 데이터 불균형 문제가 있는 학습데이터로 학습시킨 AI모델은 추론 시에 어떤 클래스의 데이터가 들어오던 학습데이터가 많은 클래스 쪽으로 예측을 하게 되어 문제가 됩니다. 그러므로 [그림 2-10]의 Case3과 같이 각 클래스별로 올바른 데이터를 포함해줘야 합니다.

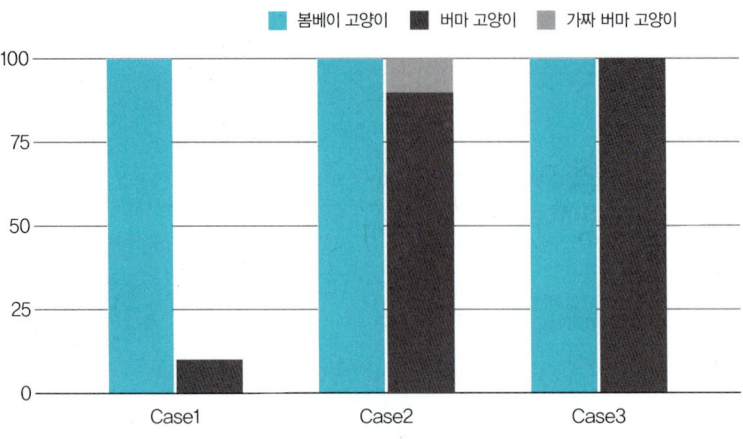

[그림 2-10] Case1, Case2, Case3의 각 학습데이터 수량

학습데이터 폴더 Case2처럼 실수로라도 데이터가 잘못된 클래스에 들어가게 되면, AI모델 성능에 악영향을 끼치게 됩니다. 특히 분류 문제에서는 데이터들을 학습시키면 AI모델 내부적으로 특정 공간에 데이터들을 사상(Mapping)하게 되는데 [그림 2-11]처럼 이 공간에서 각기 다른 클래스들을 분류할 수 있는 가상의 선이 그어지게 됩니다. 잘못된 클래스로 레이블된(Labeled) 데이터가 많아지게 되면 분류 기준이 모호하게 되어 올바른 예측을 하지 못하게 됩니다.

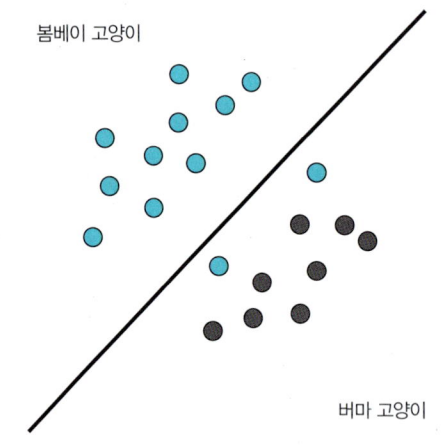

[그림 2-11] 데이터가 잘못된 클래스에 들어가 있는 경우

학습데이터 폴더 Case3처럼 각 클래스별 수량을 유사하게 맞춰주고, 잘못 분류된 데이터가 없는지 확인한 후 AI모델을 학습시켜 성능을 보고, 기준에 미달할 경우 학습데이터를 추가로 모으는 과정을 반복하게 되면 원하는 수준까지 도달하게 될 것입니다.

2.3.3 Google Teachable Machine 이해하기

[그림 2-12] Google Teachable Machine 홈페이지[4]

먼저, Google Teachable Machine의 단어를 하나씩 확인하겠습니다.

- Google: 구글에서 만든
- Teachable: 가르치는/잘 배우는
- Machine: 기계

즉, '구글에서 만든 가르치는 기계'라는 의미입니다. 그러므로 Google Teachable Machine에서 제공하는 문서를 보고 사용해 보면 느끼겠지만, 직관적으로 구성되어 있어 금방 적응할 수 있습니다. [그림 2-13]을 보면 사용 방법은 3가지 단계로 이루어지는 것을 알 수 있습니다.

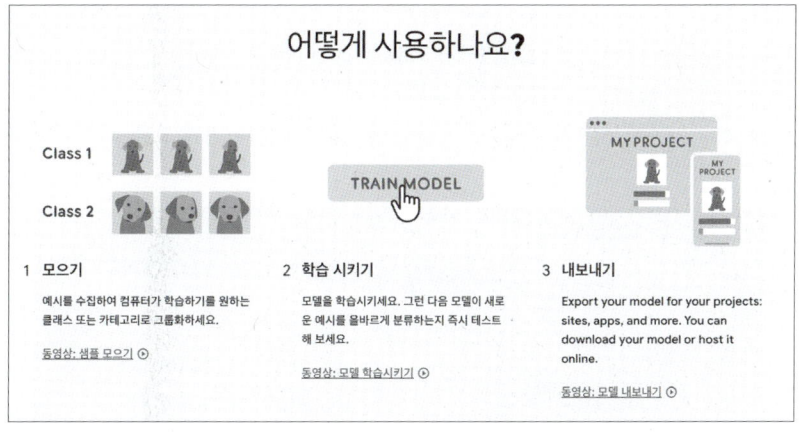

[그림 2-13] Google Teachable Machine의 사용 방법의 단순 버전

---

4 https://teachablemachine.withgoogle.com/

- [1단계] 데이터 모으기(Gather) – 컴퓨터가 학습을 위해 데이터를 모읍니다.
- [2단계] 학습시키기(Train) – 컴퓨터가 학습을 합니다.
- [3단계] 내보내기(Export) – 학습을 마친 후 모델을 내보냅니다.

2.3.4 Google Teachable Machine 모델 생성 과정

이제 Google Teachable Machine의 학습 실행과정을 살펴볼 차례입니다. 홈페이지에 나온 가이드를 읽어보면서 학습(train) 실행 절차를 이해해보겠습니다.

공식 홈페이지(https://teachablemachine.withgoogle.com/)에 접속하여 [시작하기] 버튼을 클릭하면, [그림 2-14]와 같이 이미지, 오디오(음성), 포즈(자세)를 지원하고 있음을 알 수 있습니다. [이미지 프로젝트]를 선택하여 실행하겠습니다.

[그림 2-14] Image Project 선택

'새 이미지 프로젝트' 항목에서는 일반적으로 사용할 수 있는 '표준 이미지 모델'을 선택했습니다.

[그림 2-15] '표준 이미지 모델' 항목 선택

모델 생성을 위해서 3가지 단계로 진행되며, 1단계에서는 데이터를 업로드하고, 2단계에서는 학습을, 3단계에서는 생성된 모델을 내보낼 수 있습니다(Export).

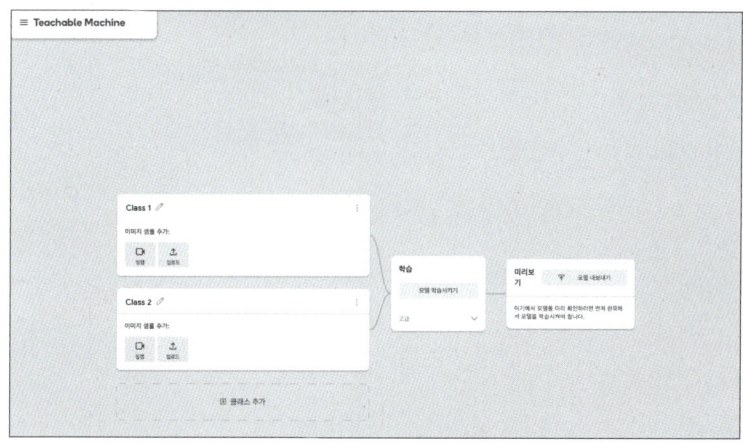

[그림 2-16] 모델 만들기 순서

2.3.4.1 [1단계] 데이터 모으기(Gather)

'Class 1'이라는 클래스명 옆의 연필모양 아이콘을 눌러 클래스명을 변경할 수 있습니다.

[그림 2-17] 클래스명 입력

참고로 이미지는 두 가지 방법으로 모을 수 있습니다. 웹캠Webcam으로 직접 촬영한 이미지를 사용하거나 이미 만들어진 이미지 파일을 업로드할 수도 있습니다. 아래는 이미지를 업로드하는 방법을 설명하고 있습니다.

[업로드] 버튼을 누르면, 내 컴퓨터나 구글 드라이브에 저장된 이미지를 업로드할 수 있습니다.

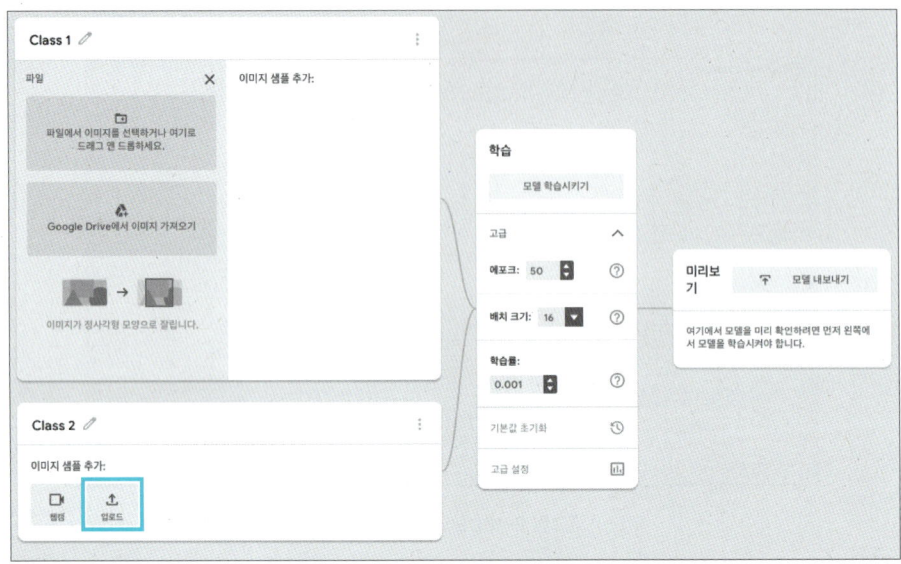

[그림 2-18] [업로드 버튼] 클릭

2.3.4.2 [2단계] 학습시키기(Train)

[학습] 버튼을 누르면 학습(Train)이 시작됩니다.

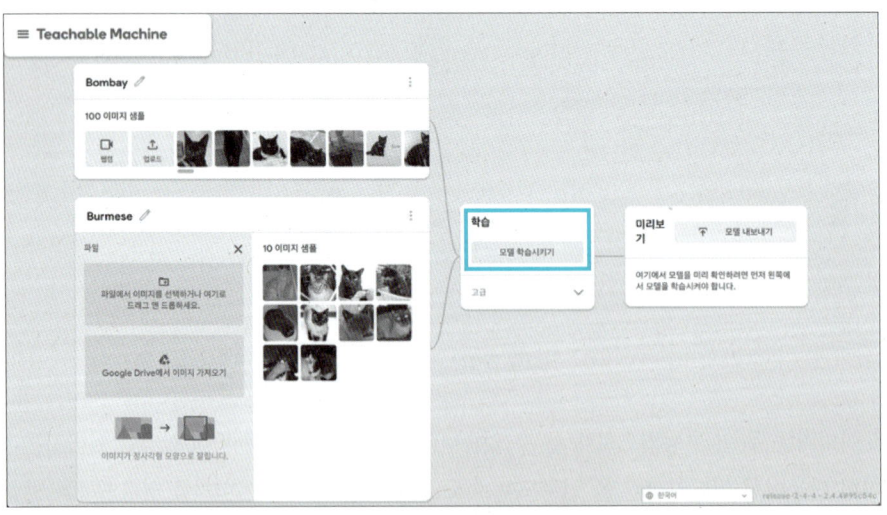

[그림 2-19] [모델 학습시키기] 버튼 클릭

학습을 시작하게 되면 다음과 같이 진행 정도가 표시됩니다.

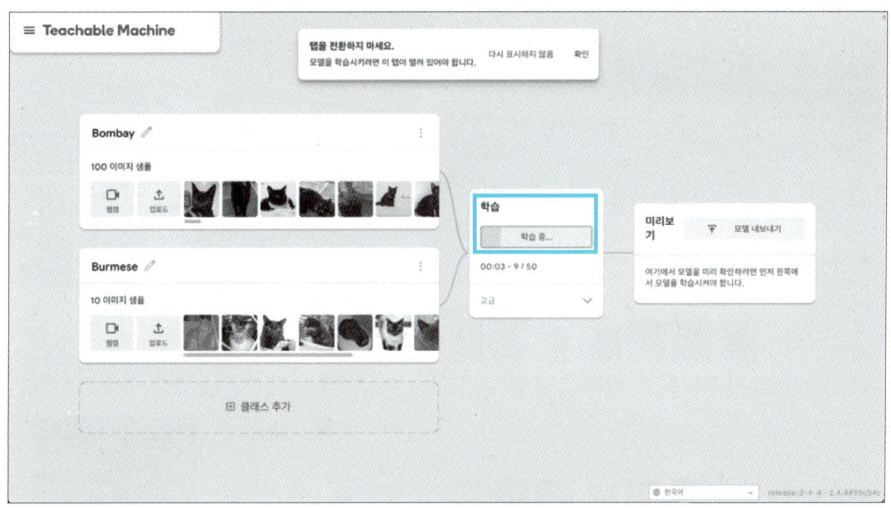

[그림 2-20] 학습 진행 중

학습이 완료되면 미리보기를 통해 추론(inference) 결과를 미리 확인해 볼 수 있습니다. 추론 결과가 'Bombay'로 나왔네요.

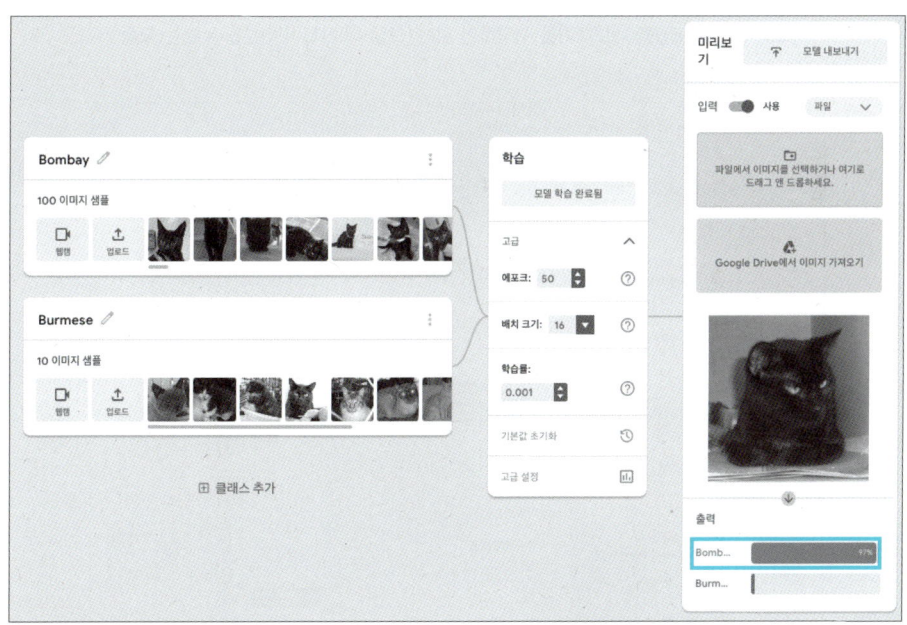

[그림 2-21] 추론하기: Bombay 클래스로 분류되고 있는 모습

2.3.4.3 [3단계] 내보내기(Export)

추론 결과가 만족스럽다면, 모델을 사용하기 위해서 [모델 내보내기] 버튼을 눌러 모델 파일을 다운받는 과정입니다.

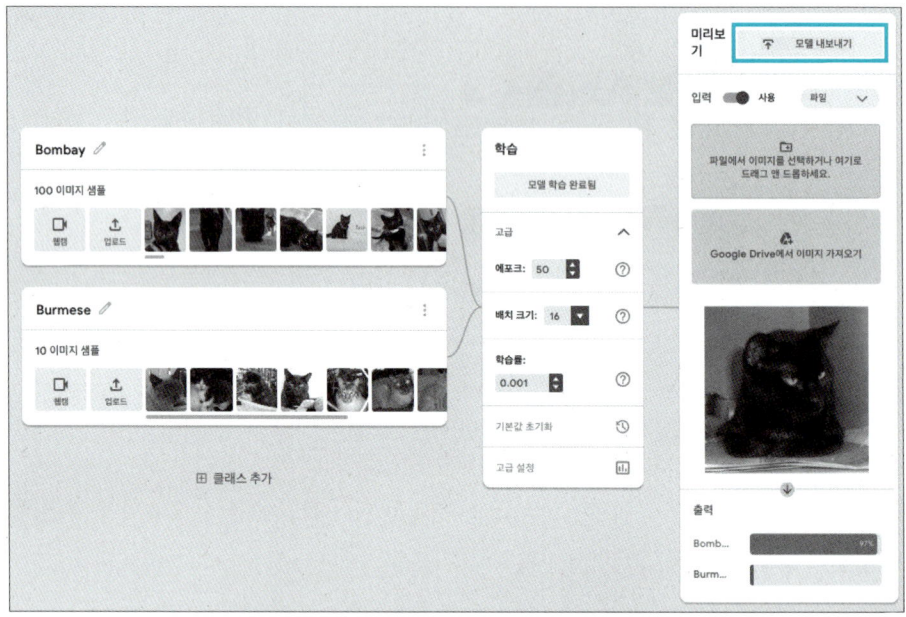

[그림 2-22] 모델을 내보내기를 시작하기 위해 [모델 내보내기] 버튼을 누르는 모습

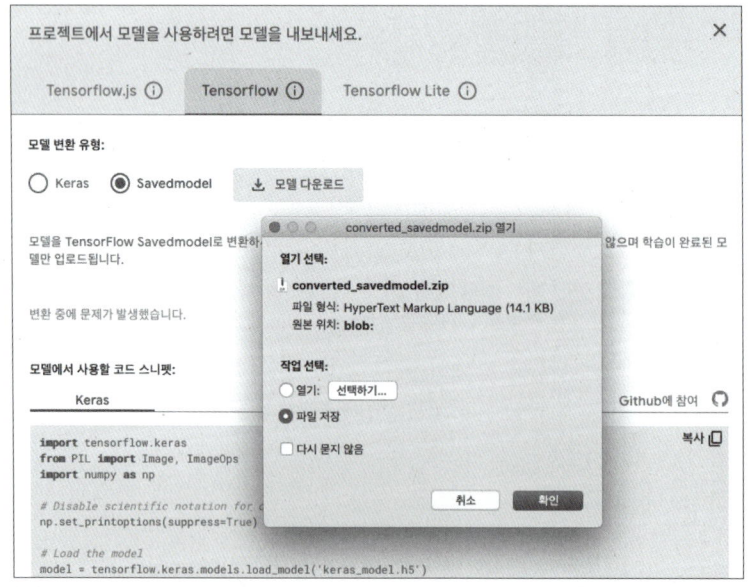

[그림 2-23] [모델 다운로드] 버튼을 눌러 모델 파일을 다운받는 모습

이렇듯 Google Teachable Machine은 몇 번의 클릭만으로 모델을 생성할 수 있습니다. 이제 고양이 이미지로 커스텀 모델을 만들어보겠습니다.

2.4 구현하기

Google Teachable Machine을 사용해서 고양이를 분류하는 AI모델을 생성해 보겠습니다.

실습 순서는 다음과 같습니다. 먼저 '2.2 사전 준비하기'에서 다운받은 학습데이터 Case1, Case2, Case3의 모델을 순서대로 학습시키고, 결과를 비교해봅니다. 마지막으로 다음 장의 실습을 위해서 Case3 데이터로 학습시킨 모델을 자신의 컴퓨터에 내보냅니다(Export).

구현순서
- [1단계] 각 데이터별로 학습시키기
- [2단계] 학습된 결과를 비교하기
- [3단계] AI모델을 추출하기

2.4.1 [1단계] 각 데이터별로 학습시키기

Google Teachable Machine 사이트[5]에 접속한 후 [시작하기] 버튼을 클릭합니다. 그리고 [이미지 프로젝트] [표준 이미지 모델] 순으로 클릭해서 [그림 2-24] 화면까지 이동합니다.

먼저 Case1 폴더에 들어 있는 데이터를 확인합니다. 폴더에는 Bombay와 Burmese, 두 종류의 하위 폴더가 있습니다. 각각은 고양이의 종을 나타냅니다. Bombay종은 100장, Burmese종은 10장의 이미지로 데이터가 불균형하게 구성되어 있습니다.

---

5 https://teachablemachine.withgoogle.com/

[그림 2-24] Teachable Machine 학습 페이지 접속

데이터가 불균형하게 구성되어 있는 Case1로 AI모델을 생성해 보겠습니다.

먼저 좀 전에 띄워놓은 Google Teachable Machine 사이트에서 클래스명을 수정합니다.

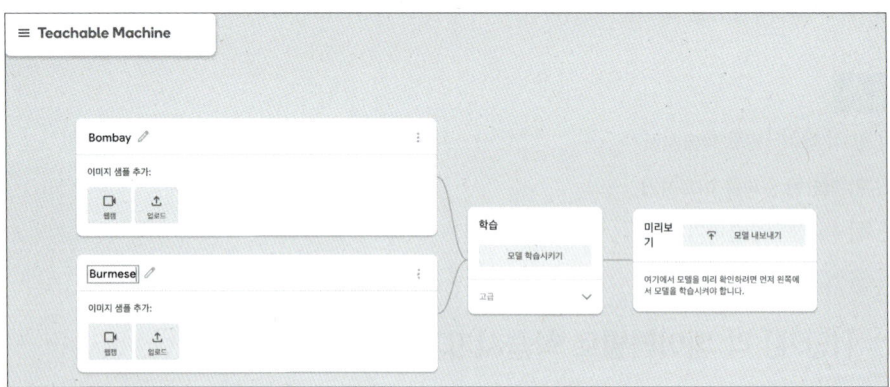

[그림 2-25] Bombay, Burmese로 클래스명 수정

그다음 각 클래스별로 [업로드] 버튼을 눌러 데이터를 불러옵니다. 데이터를 불러올 때는 각 폴더에 있는 이미지 전체를 업로드합니다. Bombay 폴더에는 100장, Burmese폴더에는 10장의 이미지가 있습니다.

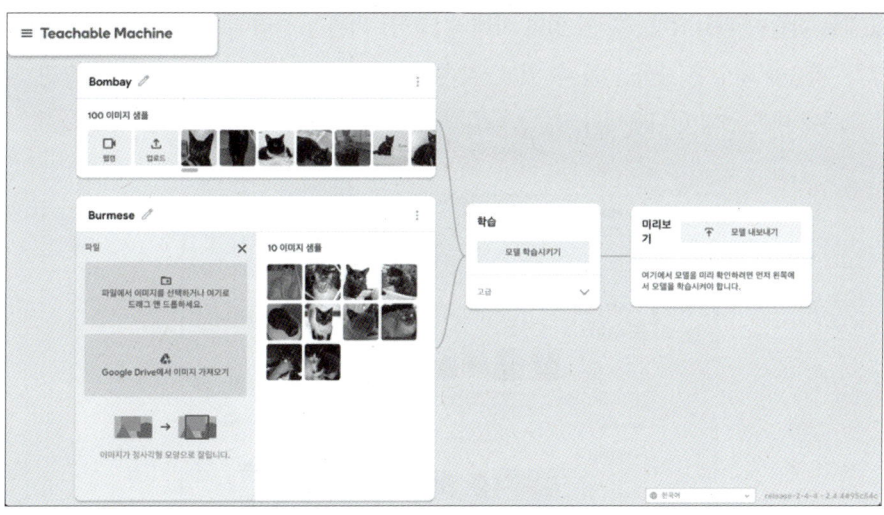

[그림 2-26] 각 클래스별 데이터 업로드

이제 학습 영역의 [모델 학습시키기] 버튼을 눌러 AI모델을 학습시킵니다.

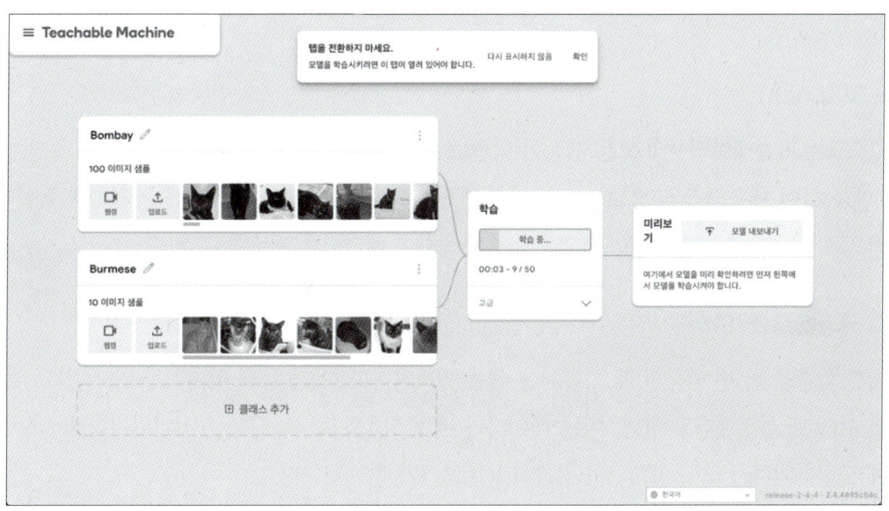

[그림 2-27] AI모델 학습 중

모델 학습이 되는 동안 브라우저의 새로운 탭을 열어서 Case2, Case3도 동일한 방법으로 학습시켜 줍니다.

이로써 각 케이스별 학습이 완료되었습니다. 머신러닝에서 주로 사용하는 용어인 '에포크' '배치 크기' '학습률' 등의 용어를 이미 알고 있다면, '[2단계] 학습된 결과를 비교하기'로 넘어가도 무방합니다.

각 Case별로 학습이 완료되면, '학습' 영역 아래의 [고급] 버튼을 눌러 추가 정보를 봅니다. '에포크' '배치 크기' '학습률'과 같은 항목을 볼 수 있고, 각 항목 옆의 '?' 부분에 마우스를 올려놓으면, 다음과 같이 각 항목에 대한 설명이 나옵니다.

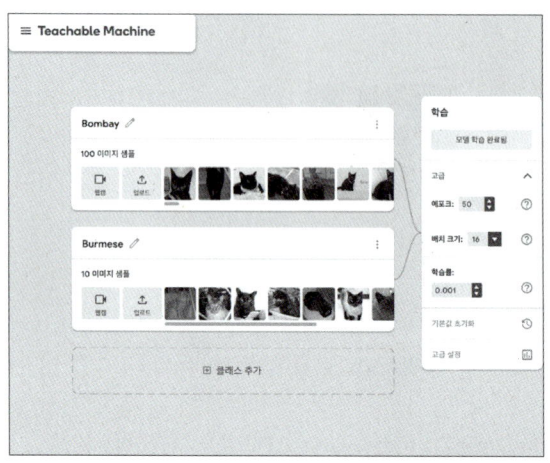

[그림 2-28] '학습' 영역의 [고급] 버튼을 클릭했을 때 확장되는 영역

- **에포크(Epoch)**

  1 에포크는 학습데이터셋의 모든 샘플이 학습 모델을 통해 적어도 한 번은 입력되었음을 의미합니다. 예를 들어 에포크가 50으로 설정되어 있다면 전체 학습데이터셋을 50번 학습하게 됩니다. 일반적으로 숫자가 클수록 모델이 효과적으로 학습하여 데이터를 예측할 수 있습니다.

- **배치 크기(Batch Size)**

  배치란 학습을 한 번 반복할 때 사용되는 샘플 세트입니다. 예를 들어 이미지가 80개 있고 배치 크기를 16으로 설정했다고 하면, 이는 데이터가 배치 5번으로 나눠진다는 의미입니다(80/16=5). 모델에 5번의 배치가 모두 피드되면 정확히 1 에포크가 완료됩니다.

- **학습률(Learning Rate)**

  매 에포크마다 계산된 학습데이터와 예측결과의 오차를 모델에 반영하는 비율입니다. 신중하게 숫자를 변경해야 합니다. 작은 차이도 모델이 학습하는 데 큰 영향을 줄 수 있습니다.

이번 실습에서는 기본 설정인 에포크 50, 배치 크기 16, 학습률 0.001로 학습했음을 볼 수 있습니다. 전체 데이터 100% 중 85%만 실제 학습에 사용하는 이유는 학습 성능을 테스트하기 위한 검증 데이터 셋 15%를 남겨두기 때문입니다. 실습에서는 배치 크기가 16이므로, Bombay 클래스 100장 중 85% 인 85장을 사용해서 대략 6개의 샘플 세트로 나눠지게 되고(100/16=대략 6번), Burmese 클래스는 10 장의 이미지 중 85% 정도인 8장을 사용했기 때문에 8장 정도의 이미지가 매 에포크마다 반복적으로 학습에 사용되게 됩니다.

[그림 2-29]와 같이 각 샘플에 대한 설명과 '과소적합' '과적합' '에포크'에 대한 설명이 있습니다.

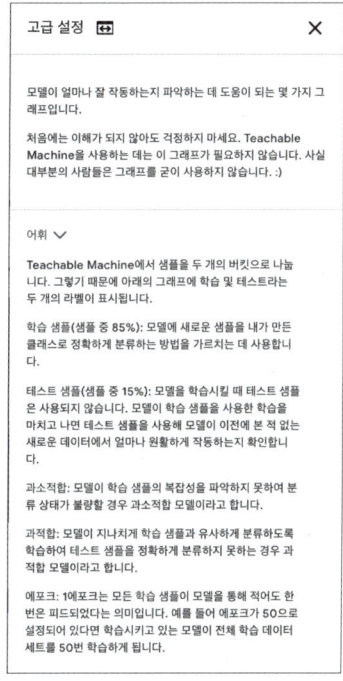

[그림 2-29] 각 샘플에 대한 설명

이제 '학습' 영역의 제일 아래 있는 [고급 설정] 버튼을 눌러봅시다. 다음과 같은 화면을 볼 수 있습니다.

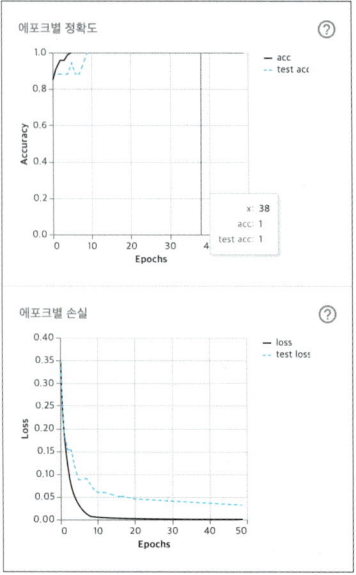

[그림 2-30] [고급 설정] 버튼을 누르면 화면 오른쪽에 확장되는 화면[6]

- **고급 설정**

'클래스별 정확도' '혼동 행렬' '에포크별 정확도' '에포크별 손실' 항목이 있습니다. 이러한 항목은 AI모델을 만들기 위해 필요한 기본적인 항목이지만 외우기보다는 계속 보면서 익숙해지는 것이 좋습니다. 그리고 Google Teachable Machine에서 사용되는 데이터 샘플은 두 개의 버킷(그룹)으로 나뉩니다. 하나는 학습데이터 샘플, 다른 하나는 테스트데이터 샘플입니다. 그래프에 학습은 검은 실선, 테스트는 파란 점선으로 표시됩니다.

- **클래스별 정확도**

테스트 샘플을 사용해 계산됩니다. 테스트 샘플은 해당 클래스 전체 데이터의 15% 정도를 차지합니다. 해당 클래스의 테스트 샘플 전체 예측 결과가 몇 개나 정답과 같은지를 비율로 나타냅니다. 우리가 공부한 뒤 시험을 치고, 평가점수를 받는 것처럼 AI모델도 학습 → 테스트 → 평가과정을 반복적으로 거치게 됩니다.

- **혼동 행렬**

모델의 예측이 얼마나 정확한지 요약하는 행렬입니다. 이 행렬을 사용해 모델이 어떤 클래스에서 혼동을 일으키는지 파악할 수 있습니다. Y축 Class는 샘플의 클래스를 나타냅니다. X축 Prediction은 학습이 완료된 후 모델에서 샘플이 속할 것이라고 예상하는 클래스를 나타냅니다.

---

6 실제는 왼쪽/오른쪽 그림이 하나로 이어져 있고 선 색상도 파랑과 주황입니다.

샘플의 클래스가 'Bombay'인데 예측이 'Burmese'라면 모델이 데이터를 학습한 뒤 Bombay 샘플을 Burmese로 잘못 분류한 것입니다. 이는 보통 이 두 개의 클래스가 모델이 인식할 수 있는 특성을 나타내며, 이 Bombay 샘플이 Burmese 샘플과 더 유사했다는 의미입니다.

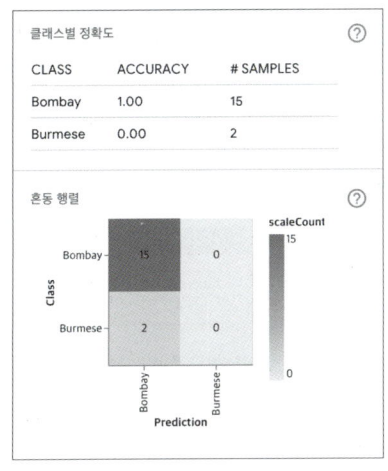

[그림 2-31] 클래스별 정확도와 혼동 행렬

- **에포크별 정확도**

    모델이 학습 과정에서 정확하게 분류한 비율입니다. 모델이 총 100개 샘플 중 70개를 정확하게 분류했다면 정확도는 0.7(70/100=0.7)이 됩니다. 모델의 예측이 완벽하다면 정확도는 1입니다. 그렇지 않은 경우 정확도가 1보다 낮습니다.

- **에포크별 손실**

    모델이 주어진 샘플 세트의 분류를 얼마나 정확히 예측하도록 학습했는지 보여주는 측정 항목입니다. 모델의 예측이 완벽하다면 손실은 0입니다. 예측이 불완전하다면 손실이 0보다 커집니다.

2.4.2 [2단계] 학습된 결과를 비교하기

먼저 Case1의 학습결과를 살펴봅시다. 언뜻 보기에는 학습이 잘된 것처럼 보입니다. 수치상으로 '클래스별 정확도'나 '혼동 행렬'을 보면 정확도가 1(100%)로 나와 있고, '에포크별 정확도'는 높아지고, '에포크별 손실'은 낮아집니다. 그러나 잊으면 안 될 것이 있습니다. Case1의 경우 학습데이터가 Bombay:Burmese 100:10으로 구성이 되어 있다는 것을요. 실제로 테스트 데이터를 넣어볼까요?

[그림 2-32] Case1 데이터셋으로 학습한 모델로 예측한 결과

Burmese 테스트 이미지로 예측했을 때 결과가 Bombay로 나오는 경우입니다. 역시나 학습된 모델이 실제 데이터를 잘 반영하지 못하는 것을 알 수 있습니다. 여기에서 집고 넘어가야 할 부분은 보통 분류 모델을 학습시킬 때, 각 클래스별 데이터 수의 균형이 맞아야 한다는 점입니다. 데이터 균형이 맞지 않으면 위와 같은 잘못된 모델이 언제든지 만들어질 수 있으며 이는 학습/테스트 데이터셋 외에 학습데이터로 사용하지 않은 데이터셋이 필수로 필요한 이유입니다.

이번에는 새로운 데이터셋인 Case2로 AI모델을 생성해보겠습니다. Case2 데이터셋은 클래스별 데이터 수가 동일합니다. 즉, Bombay:Burmese를 100:100으로 동일하게 맞춰주었습니다. 다만 원래 Bombay 고양이 그림 20장이 Burmese에 추가로 섞여 있습니다. Burmese 클래스에 총 100장의 이미지가 모두 Burmese 고양이 그림이어야만 하지만, Case2에서 잘못된 Bombay 고양이 그림 20장이 섞여있는 것입니다. 지금은 잘못된 케이스에 대한 테스트를 위해 일부러 섞어놓은 것이지만, 실제 업무를 하다보면 특정 클래스에 잘못된 데이터가 섞여 들어가는 경우가 종종 발생하곤 합니다. Case2의 학습결과는 데이터가 제대로 정제되지 않았을 때, 어떤 현상이 발생할 수 있는지를 보여줍니다. '그래도 학습은 잘 될 수도 있지 않을까?'라는 생각이 들 수도 있습니다. Case1에서 진행했던 순서와 동일하게 학습을 한 후 테스트를 진행해봅시다.

[그림 2-33] Case2 데이터셋으로 학습한 모델로 예측한 결과

테스트용 Burmese 고양이 그림으로 예측했을 때, 결과가 Bobay로 나오는 경우입니다. 확률은 Burmese 클래스 쪽이 조금 늘어나긴 했지만, 여전히 Bombay로 예측합니다. 이렇게 각 클래스에 잘못된 데이터들이 들어가면 학습이 제대로 되지 않게 됩니다.

그렇다면 각 클래스에 데이터들을 올바르게 넣어주게 되면 어떻게 될까요? 데이터를 올바르게 구성한 Case3의 학습된 모델에 대해서 한번 더 테스트 이미지를 예측시켜 봅시다.

[그림 2-34] Case3 데이터셋으로 학습한 모델로 예측한 결과

Burmese 테스트 이미지로 예측했을 때 결과가 Burmese로 나오는 경우입니다. 이제 "올바른 클래스로 예측을 하네요. 이처럼 딥러닝에서 데이터가 차지하는 중요도는 매우 큽니다. 데이터가 처음과 끝이다"라고 해도 과언이 아닙니다. Case1, Case2처럼 사용자의 실수를 최소화하고 데이터와 모델의 흐름을 자연스럽게 결합하고 자동화하는 것을 '머신러닝 파이프라인Machine Learning Pipe Line'이라고 합니다.

2.4.3 [3단계] AI모델을 추출하기

이제 다음 장에서 사용할 모델을 추출해봅시다. 추출할 모델은 올바른 데이터로 구성된 Case3 데이터셋으로 학습한 모델입니다. [그림 2-35]에서와 같이 '미리보기' 영역의 [모델 내보내기] 버튼을 눌러 [Tensorflow] 탭을 선택한 다음, [그림 2-36]과 같이 모델 변환 유형에서 'Keras'를 선택하여 [모델 다운로드] 버튼을 눌러 모델을 다운받습니다. 또한 창을 닫기 전에 모델을 사용하기 위해 필요한 코드 스니펫을 복사해서 주로 사용하는 텍스트 편집기를 통해 저장해 놓으면 추출은 끝나게 됩니다.

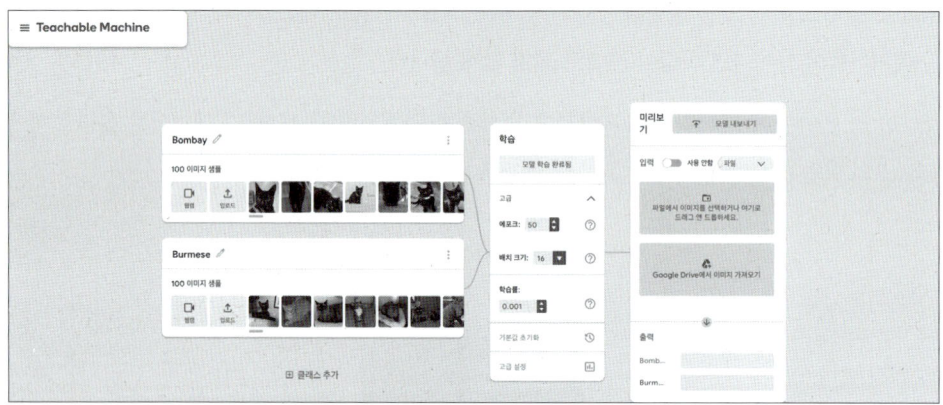

[그림 2-35] '미리보기' 영역에서 [모델 내보내기] 버튼 클릭

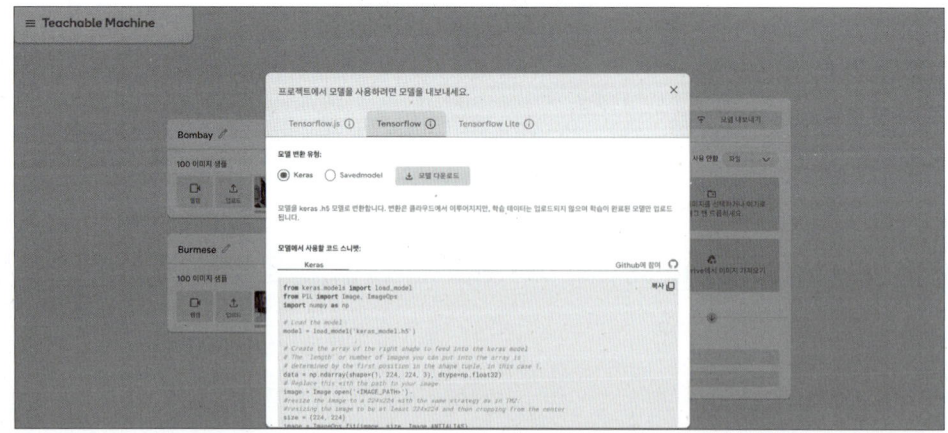

[그림 2-36] 모델 변환 유형에서 'Keras'를 선택한 후 [모델 다운로드] 버튼 클릭

추출한 모델을 간단히 테스트해보려면 저장한 코드 스니펫에 있는 코드를 조금 수정하면 됩니다. 수정할 부분은 Keras 모델 위치와 테스트해 볼 이미지 파일의 경로입니다. 먼저 브라우저에서 구글 코랩Google Colab의 새 노트북을 엽니다. 그 후 스니펫을 붙여 넣습니다. 그리고 왼쪽 메뉴에서 폴더 모양의 아이콘으로 되어있는 [Files] 항목을 클릭하여 /content 폴더 밑에 'keras_model.h5' 파일과 테스트할 이미지(예제에서는 18111689_1260.jpg 파일)를 업로드합니다.

```
01  from tensorflow.keras.models import load_modelfrom PIL import Image, ImageOps
02  import numpy as np
03
04  # 다운받은 Keras 모델 로드
05  model = load_model('keras_model.h5')
06
07  # 케라스 모델에서 입력으로 받을 수 있는 변수 형식
08  # shape 매개변수가 (1, 224, 224, 3)으로 입력되는 이유는
09  # 컬러 이미지를 로드하면 보통 (높이, 넓이, RGB채널 수)의 행렬을 가지게 되는데,
10  # Keras에서 사용하기 위해 배치 크기를 default로 넣어줘야하고,
11  # 최종 크기는 (배치 크기, 높이, 넓이, 채널수)가 됩니다.
12  data = np.ndarray(shape=(1, 224, 224, 3), dtype=np.float32)
13  # 예측에 사용할 이미지 경로
14  image = Image.open('18111689_1260.jpg')
15  # 실제 로드할 이미지 크기는 좀더 크지만 모델의 입력으로 넣어주기 위해 리사이즈합니다.
16  size = (224, 224)
17  image = ImageOps.fit(image, size, Image.ANTIALIAS)
18
19  # 이미지 데이터를 numpy array 형식으로 변경
20  image_array = np.asarray(image)
21  # 모델에 맞는 정규화 실행
22  normalized_image_array = (image_array.astype(np.float32) / 127.0) - 1
23  # array에 이미지 로드
24  data[0] = normalized_image_array
25
26  # 예측(inference) 실행
27  prediction = model.predict(data)
28  print(prediction)
```

그 후 05행과 14행의 모델 경로와 이미지 파일 경로를 변경하고, 코드 셀을 실행하면 다음과 같은 결과를 볼 수 있습니다(수치는 달라질 수 있습니다).

> **실행결과**

```
[[9.9962413e-01 3.7582550e-04]]
```

위 리스트에서 첫 번째 요소는 Bombay일 확률을 의미하고, 두 번째 요소는 Burmese일 확률을 의미합니다. Bombay라고 99.9%로 예측했습니다.

2.5 요약과 정리하기

이 장에서는 커스텀 모델을 만들어 보았습니다. 클라우드 서비스 API를 사용하는 것은 간편할 수 있지만 원하는 기능이 없을 수도 있습니다. 이를 해결하기 위해 Google Teachable Machine을 사용해서 커스텀 AI모델을 생성해 보았습니다. 이는 AI서비스를 하기 위해 기본적으로 필요한 단계로 클라우드 서비스 API에서 제공해주지 못하는 나만의 AI서비스에 가치를 만들어 주는 작업이 될 것입니다. 이어지는 장에서 생성된 AI모델을 사용해서 AI서비스를 만들어 보겠습니다.

3장

내 컴퓨터에서 AI/ML 서비스 구축하기

 학습순서

1. 학습목표
2. 사전 준비하기
3. 사전지식 쌓기
4. 구현하기
5. 요약과 정리하기

3.1 학습목표

3장의 목표는 '내 컴퓨터에서 AI/ML 서비스 구축하기'입니다. 1장에서는 이미 만들어진 클라우드 서비스 API를 사용하여 강아지, 고양이 분류를 테스트했고, 2장에서는 Google Teachable Machine을 사용하여 커스텀Custom 딥러닝 모델을 만들었습니다. 3장에서는 2장에서 만든 커스텀 딥러닝 모델을 사용하여, API를 직접 만들어 보려고 합니다. 클라우드에서 딥러닝 서비스를 구축하기에 앞서 내 컴퓨터(local, 이하 로컬) 환경에서 백엔드 서버Backend Server와 프런트엔드 서버Frontend Server를 구축해 보겠습니다.

파이썬Python 언어로 다룰 수 있는 FastAPI와 Streamlit을 사용하여, FastAPI는 커스텀 딥러닝 모델의 결과를 전달해주는 백엔드 서버로, Streamlit은 이미지를 업로드하여 그 결과를 확인할 수 있는 프런트엔드 서버로 구축하고자 합니다.

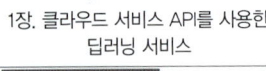

| 1장. 클라우드 서비스 API를 사용한 딥러닝 서비스 | 2장. 커스텀 모델 만들기 | 3장. 내 컴퓨터에서 동작하는 백엔드 서버와 프런트엔드 서버 |

  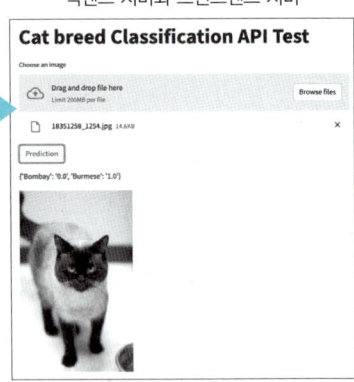

[그림 3-1] 1~3장 학습 흐름

구현순서: 모델간 인터페이스 구성도

프런트엔드 서버   백엔드 서버   커스텀 딥러닝 모델

[그림 3-2] 구현순서

최종결과

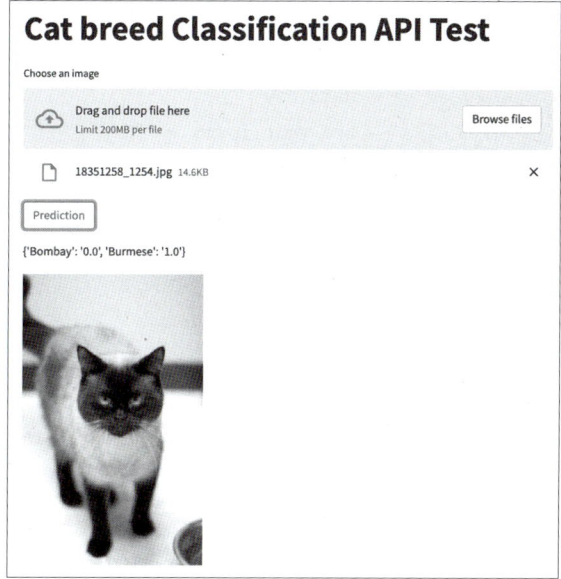

[그림 3-3] 최종결과

언어 및 개발환경

- 파이썬
- 주피터 노트북

프로젝트 리소스 및 소스코드

```
├── chapter3
│   ├── src
│   │   └── requirements.txt
│   │       ├── backend
│   │       │   ├── be_main.py
│   │       │   └── model
│   │       │       └── keras_model.h5
│   │       └── frontend
│   │           └── fe_main.py
│   ├── notebook
│   │   ├── main.py
│   │   ├── data.csv
│   │   └── api_test.ipynb
│   └── streamlit
│       ├── magic.py
│       ├── dataframe1.py
│       ├── dataframe2.py
│       ├── dataframe3.py
│       ├── chart.py
│       ├── button.py
│       ├── file_uploader_with_image.py
│       ├── slider.py
│       ├── text_input.py
│       └── checkbox.py
```

[그림 3-4] 프로젝트 리소스 및 소스코드

3.2 사전 준비하기

3.2.1 파이썬 설치하기
3.2.2 FastAPI 설치하기
3.2.3 Steamlit 설치하기

3.2.1 파이썬 설치하기

파이썬이 설치되어 있지 않다면, '부록 A. Anaconda의 설치 및 실행 방법'을 참조하세요.

3.2.2 FastAPI 설치하기

다음 명령어를 실행하기 위해 터미널 창 또는 명령프롬프트 창을 엽니다.

```
$ pip install fastapi==0.74.1
$ pip install uvicorn==0.75.5
```

fastapi[1]와 uvicorn 라이브러리를 설치합니다. uvicorn[2]은 uvloop 및 httptools를 사용하는 ASGI 웹 서버입니다.

3.2.3 Streamlit 설치하기

```
$ pip install streamlit==1.5.1
```

올바르게 설치되었는지 확인을 하려면 Streamlit의 `hello` 명령어로 데모 애플리케이션을 실행해보면 됩니다.

---

1 https://fastapi.tiangolo.com/ko/
2 http://www.uvicorn.org/

```
$ streamlit hello
```

올바르게 실행되었다면 웹브라우저에서 Streamlit의 Hello 앱이 실행된 것을 볼 수 있습니다.

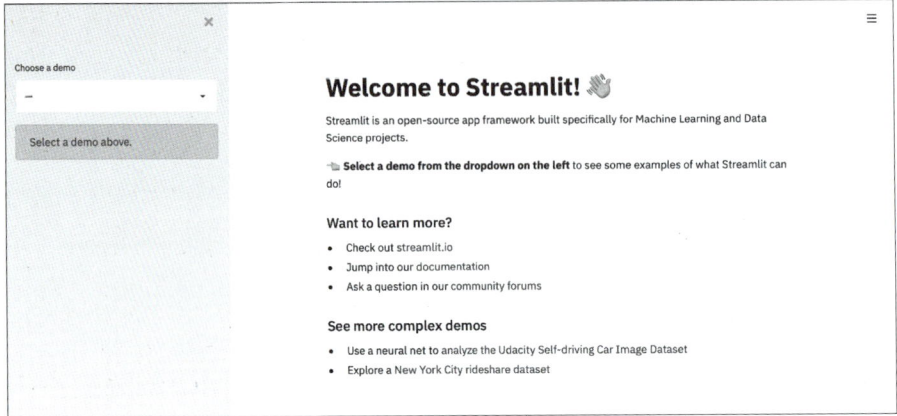

[그림 3-5] Stremlit hello 명령어 실행결과

터미널 창 또는 명령프롬프트 창에 〈CTRL〉+〈C〉를 눌러 서버 실행을 중단할 수 있습니다.

3.3 사전지식 쌓기

3장에서는 2장에서 만든 커스텀 모델을 서비스하겠습니다. 사전에 지식을 쌓을 내용은 다음과 같습니다.

3.3.1 딥러닝 모델을 서비스한다는 것의 의미
3.3.2 웹서비스를 구성하는 세 가지 기본 요소
3.3.3 RestAPI
3.3.4 FastAPI
3.3.5 Streamlit

3.3.1 딥러닝 모델을 서비스한다는 것의 의미

딥러닝 자료를 보다보면 '서빙Serving'이라는 용어를 자주 접하게 되는데, 학습을 완료한 커스텀 모델로 추론을 통해 서비스하는 것을 의미합니다. 즉, 모델의 추론 결과를 클라이언트Client에게 전달하는 것을 '서빙'이라고 합니다.

서빙에는 두 가지 방법이 있습니다. 오프라인 서빙Offline-Serving과 온라인 서빙Online-Serving이며 두 방법의 차이는 '시점(timing)'입니다. 실시간으로 모델의 추론 결과를 클라이언트에게 전달하면 온라인 서빙이라 하고, 미리 추론된 결과를 사용하여 서비스를 하게 되면 오프라인 서빙이라고 합니다. 유튜브나 네이버처럼 많은 고객이 사용하는 서비스들은 속도/리소스 특징에 따라 오프라인 서빙을 하기도 하고, 일부는 온라인 서빙을 하는 경우도 있습니다.

3장에서는 온라인 서빙 방식으로 딥러닝 모델을 서비스하는 방법을 알아보겠습니다.

3.3.2 웹서비스를 구성하는 세 가지 기본 요소

[그림 3-6]은 앞선 장에서 '서비스 구성요소'를 설명할 때 사용한 그림입니다. 기억을 되살려보면, 하나의 서비스를 제공하기 위해 필요한 구성요소를 크게 세 가지로 보았습니다.

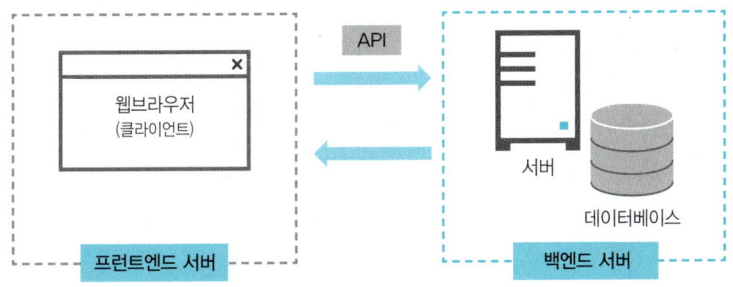

[그림 3-6] 서비스 구성 요소

- ❶ 프런트엔드 서버
- ❷ 백엔드 서버
- ❸ 프런트엔드 서버와 백엔드 서버 간의 인터페이스(API)

이제 서비스의 구성요소 세 가지를 구현합니다. 딥러닝 모델을 서빙하기 위해 FastAPI와 Streamlit을 사용해보겠습니다. 두 라이브러리는 파이썬 기반으로 동작하므로 파이썬에 익숙한 경우 쉽게 서비스를 구축할 수 있습니다. 여기서는 프로토타이핑prototyping 형태로 구성해보려고 합니다. 대고객 서비스를 하는 정도의 복잡도 높은 시스템이 아니라 간단한 백엔드와 프런트엔드를 서비스할 수 있도록 만드는 것입니다.

Streamlit으로 프런트엔드 서버를 구축하고 FastAPI로 백엔드 서버를 구축한 후 서버 사이의 인터페이스를 설계하고 구현해보겠습니다.

3.3.3 RestAPI 이해하기

여기서 진행할 실습에서는 Streamlit 프런트엔드 서버와 FastAPI 백엔드 서버는 RestAPI(REpresentational State Transfer)라는 인터페이스로 데이터를 주고받습니다. 보통 프런트엔드 서버 역할은 사용자에게 화면상에서 GUI(Graphic User Interface)를 제공하며, 명령을 입력받고 결과를 다시 화면에 출력합니다. 예를 들어, AI모델을 통한 예측을 하고 싶다면, 실행한 Streamlit 웹페이지에서 먼저 이미지를 업로드하고 [Prediction]이라는 버튼을 눌러 컴퓨터에게 예측을 실행하라는 명령을 내리고, 그 결과를 다시 웹페이지에 출력하게 할 수 있습니다. 좀 더 자세히 들여다보면 내부적으로는 다음의 순서를 따르게 됩니다.

❶ Streamlit 웹페이지에 [Prediction] 버튼을 누르면 업로드한 이미지를 요청 정보와 함께 RestAPI 형태로 변형하여 FastAPI 백엔드 서버로 넘겨줍니다.
❷ FastAPI 백엔드 서버에서는 받은 이미지를 사용하여 AI모델에 입력하여 추론합니다.
❸ 그 결과를 다시 RestAPI 형태로 변형하여 Streamlit 프런트엔드 서비스로 응답하게 됩니다.

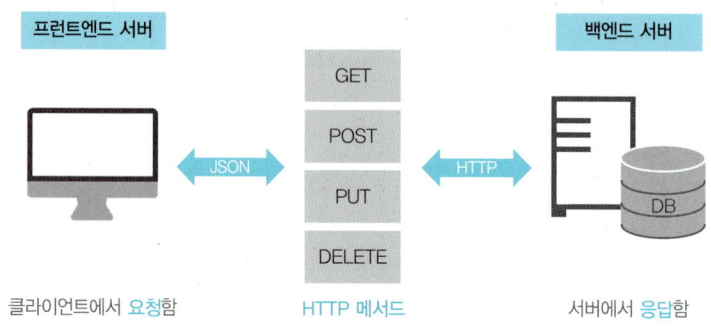

[그림 3-7] RestAPI 형태 통신

일반적인 RestAPI가 작동하는 원리는 현재의 애플리케이션에서 다른 애플리케이션의 리소스에 접근할 수 있게 해주는 것입니다. 이때 요청하는 쪽을 클라이언트Client라고 하며 응답해주는 쪽을 서버Server라고 합니다. 이를 다시 말하면 Streamlit 프런트엔드 서버는 클라이언트가 되고, FastAPI는 백엔드 서버가 됩니다.

RestAPI를 사용하는 이유는 그 편리성에 있습니다. 서비스 간 통신을 하려면 올바른 프로토콜을 사용해야 하는데, 웹상의 애플리케이션들은 보통 RestAPI를 지원하기 때문입니다. 이 장의 이론과 실습에서는 RestAPI의 GET 방식과 POST 방식을 이용한 통신을 예시로 들고 있습니다. RestAPI의 자세한 설명은 https://ko.wikipedia.org/wiki/REST를 참고하면 됩니다.

먼저, RestAPI의 일반적인 구조를 알아보면 다음과 같습니다.

- 자원: RestAPI를 통해 접근할 수 있는 개체, 데이터, 서비스 등을 의미합니다.
- 행위: 이미지나 파일과 같은 자원에 대해 클라이언트의 요청을 받아 서버가 실행하는 것을 나타냅니다.
- 표현: 자원에 대한 행위 내용을 나타냅니다.

이러한 구조를 사용해서 RestAPI가 어떻게 통신하는지 알아보겠습니다. 먼저 GET 방식입니다.

```
$ curl -X GET https://reqbin.com/echo/get/json -H "Accept: application/json"
```

이 명령을 하나씩 살펴보겠습니다.

먼저 curl[3]은 Command line tool and library for transferring data with URLs의 약자로 말 그대로 URL로 데이터를 전송하기 위한 명령행 도구입니다. 그리고 -X 옵션은 어떤 행위를 할지 나타냅니다. 여기에서 GET[4]은 요청 URI로 식별되는 정보를 검색하는 것을 의미합니다. https://reqbin.com/echo/get/json URI(Uniform Resource Identifier)는 자원에 대한 주소이고 -H 옵션은 헤더 정보를 의미합니다.

이제 터미널 창을 열어 위 명령어를 실행해봅시다. 다음과 같은 결과를 확인할 수 있습니다.

실행결과

```
{"success":"true"}
```

이는 JSON[5](JavaScript Object Notation) 포맷의 출력으로 위 요청에 대한 결과를 서버로부터 응답받은 결과입니다.

POST 방식은 다음과 같습니다.

```
$ curl -X POST https://reqbin.com/echo/post/json -H 'Content-Type: application/json' -d '{"login":"my_login","password":"my_password"}'
```

---

[3] https://curl.se/

[4] https://datatracker.ietf.org/doc/html/rfc2616#section-9.3

[5] https://datatracker.ietf.org/doc/html/rfc7159

GET 방식과 유사하지만, GET 방식은 요청 URI에 매개변수로 데이터를 전송하는 데 반해, POST 방식은 요청 Body에 대량의 데이터를 실어 보낼 수 있는 특징이 있습니다. 위 예시에서는 -d 옵션으로 JSON 형태의 데이터를 보내고 있습니다. 응답 결과는 다음과 같습니다.

> **실행결과**
>
> {"success":"true"}

3.3.4 FastAPI

이제 FastAPI로 백엔드 서버를 구축해야 합니다. 이를 위해 FastAPI가 무엇인지 알아보고, 간단한 예제를 실행해보겠습니다.

3.3.4.1 FastAPI는 무엇인가

FastAPI[6]는 파이썬 3.6+를 기반으로 빠르게 API 서버를 구축할 수 있는 웹 프레임워크로써, 주요 특징은 다음과 같습니다.

- NodeJS 및 Go와 성능이 비슷하고 현존하는 파이썬 웹 프레임워크 중 가장 빠릅니다.
- 빠르게 코드를 작성할 수 있습니다(약 200%에서 300%까지 기능 개발 속도 증가).
- 직관적입니다(편집기 지원, 자동완성 기능, 적은 디버깅 시간 등).
- 사용하기 쉽습니다.
- 자동 대화형 문서(Swagger)를 통해 준비된 프로덕션용 코드를 얻을 수 있습니다.
- API에 대한 (완전히 호환되는) 개방형 표준을 기반으로 하고 있습니다.

3.3.4.2 FastAPI 맛보기

공식 문서에 설명되어 있는 소스코드를 활용하여 FastAPI에 친숙해져 봅시다. 총 세 가지의 예시로 FastAPI를 실습하겠습니다.

다운받은 소스코드에서 다음 경로로 파일을 실행합니다.

    chapter3/src/notebook/

---

[6] FastAPI 공식 문서: https://fastapi.tiangolo.com/ko/

그리고 다음 세 가지 파일로 아래와 같이 테스트를 해봅시다.

- main.py
- data.csv
- api_test.ipynb

main.py

```
01  from typing import Optional
02  from fastapi import FastAPI
03  from pydantic import BaseModel
04  import pandas as pd
05
06  app = FastAPI()
07  df = pd.read_csv("data.csv")
08
09  class Item(BaseModel):
10      name: str
11      price: float
12
13  @app.get("/")
14  def read_root():
15      return df.to_dict()
16
17  @app.get("/items/{item_id}")
18  def read_item(item_id: int, q:str, limit: int = 10):
19      result_df = df[(df['item_id']==item_id)][q].head(limit)
20      return {"result": result_df.to_list()}
21
22  @app.post("/items/{item_id}")
23  def save_item(item_id: int, item: Item):
24      df.loc[len(df.index)] =
25      {"item_id" : item_id, "name" : item.name, "price" : item.price}
26      return {"result": f"item_id {item_id} is saved!"}
```

 코드 설명

01~04행: 필요한 라이브러리를 불러옵니다(import).

06행: FastAPI 객체를 생성하고, 그 변수명을 app으로 합니다.

07행: data.csv 파일을 읽어 df 객체에 저장합니다. data.csv에는 다음과 같은 정보가 담겨 있습니다.

item_id	name	price
1	apple	100
2	tangerine	200
2	melon	300
3	mango	400
3	orange	500
3	plum	600

[그림 3-8] data.csv

13행: REST API의 GET 메서드로 구현하고, 루트(/)로 접속하여 HTTP 요청(request)을 받을 수 있습니다. 이때 `read_root()`를 호출합니다.

14~15행: `read_root()` 함수를 정의합니다. input으로 전달되는 매개변수는 없으며, output은 07행에서 읽은 파일을 Json 형태로 전달합니다. 이 값은 REST API의 response로 전달됩니다.

17행: REST API의 GET 메서드로 구현합니다. `/items/{item_id}`로 요청이 들어오면, `read_item()`을 호출합니다.

18~20행: `read_item()`은 세 가지 매개변수를 전달받습니다. `[변수명:데이터타입]`의 형태로 매개변수가 전달되며, `item_id`는 int(정수형), q는 str(문자열), `limit`은 int(정수형)로 값을 전달받되 limit 값이 전달이 되지 않으면 10이 기본값으로 전달됩니다.

19행: `result_df = df[(df['item_id']==item_id)][q].head(limit)`은 `item_id`가 일치하는 q 컬럼을 가져와서 limit만큼 전달합니다.

22행: REST API의 POST 메서드로 구현합니다. `/items/{item_id}`와 Item 정보로 요청(request)이 들어오면, `save_item()`을 호출합니다.

23~25행: df 객체에 전달받은 `item_id`, `item.name`, `item.price`를 각 컬럼에 정상적으로 추가된 여부를 응답합니다.

아래 명령어로 실행합니다. 백엔드 서버를 실행하는 명령어입니다.

```
$ uvicorn main:app --reload
```

이 명령어의 의미는 다음과 같습니다.

- `main`: main.py 파일(파이썬 "모듈")을 의미합니다. 모듈명이 달라질 경우, 해당 모듈명으로 기재합니다.
- `app`: main.py 내부에 생성된 app object를 의미합니다. 즉, 06행의 `app = FastAPI()` 코드에서 생성된 app을 의미합니다.
- `--reload`: 코드가 변경된 후 자동으로 서버를 재시작하는 모드입니다.

위 명령어를 실행하면, 서버 실행 로그가 출력됩니다.

```
←[32mINFO←[0m:     Uvicorn running on ←[1mhttp://127.0.0.1:8000←[0m (Press CTRL+C to quit)
←[32mINFO←[0m:     Started reloader process [←[36m←[1m1844←[0m] using ←[36m←[1mstatreload←[0m
←[32mINFO←[0m:     Started server process [←[36m12700←[0m]
←[32mINFO←[0m:     Waiting for application startup.
←[32mINFO←[0m:     Application startup complete.
```

[그림 3-9] 백엔드 서버 실행

http://127.0.0.1:8000으로 서버가 실행되고 있다는 의미입니다. 〈CTRL〉+〈C〉를 눌러 서버 실행을 중단할 수 있습니다.

이제 백엔드 서버에 요청(request)하는 방법을 알아볼 차례입니다. 첫 번째는 Swagger를 통한 방법, 두 번째는 Requests 라이브러리를 사용한 방법입니다.

[백엔드 서버에 요청하는 방법 ①: Swagger로 API Request]

Swagger[7]는 대화형 API 문서입니다. 생성한 API가 문서 형태로 정리되어 있으며, 테스트도 할 수 있어 대화형 API 문서라고 합니다. http://127.0.0.1:8000/docs로 접속하면, 아래와 같은 화면이 띄워집니다. 이것이 바로 Swagger입니다. 구현한 세 가지 API를 실행해봅시다.

[그림 3-10] Swagger UI에서 보이는 세 가지 API

첫 번째로 전체 데이터를 읽어오는 GET 방식의 '/' API입니다.

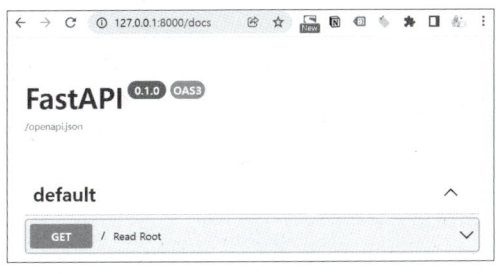

[그림 3-11] GET 방식의 '/' API

[Try it out] 버튼을 누르면, [Execute] 버튼이 생깁니다.

---

7 https://swagger.io

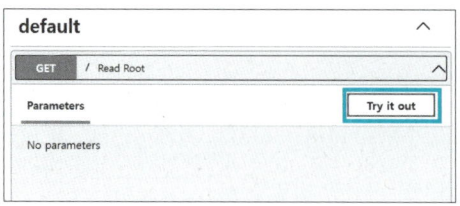

[그림 3-12] [Try it out] 버튼 클릭

[Execute] 버튼을 눌러 API를 요청하고 그 결과를 확인합니다.

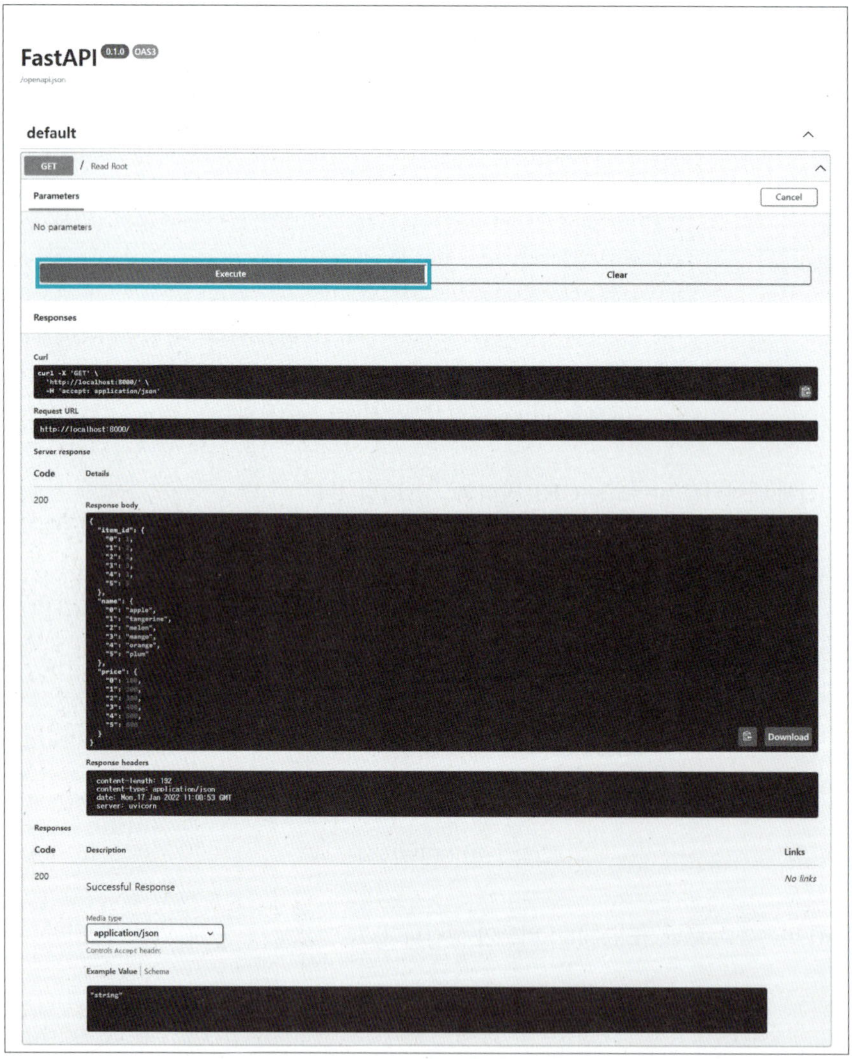

[그림 3-13] [Execute] 버튼을 클릭하여 요청 결과 확인

data.csv 파일을 읽은 결과가 response로 전달됩니다.

두 번째는 조건에 맞는 데이터를 읽어오는 GET 방식의 '/items/{item_id}' API입니다.

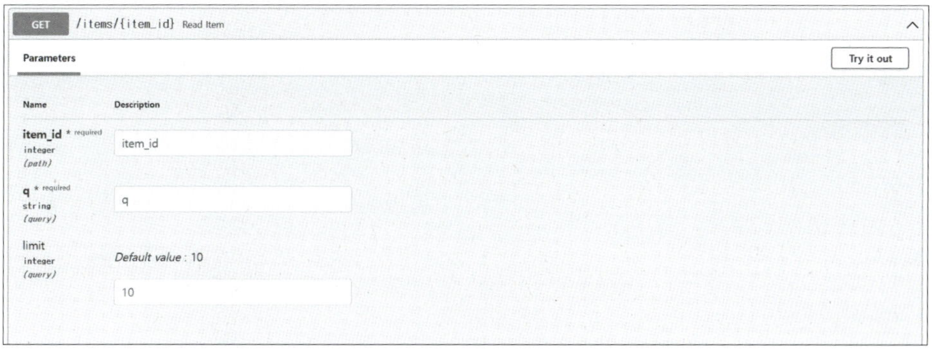

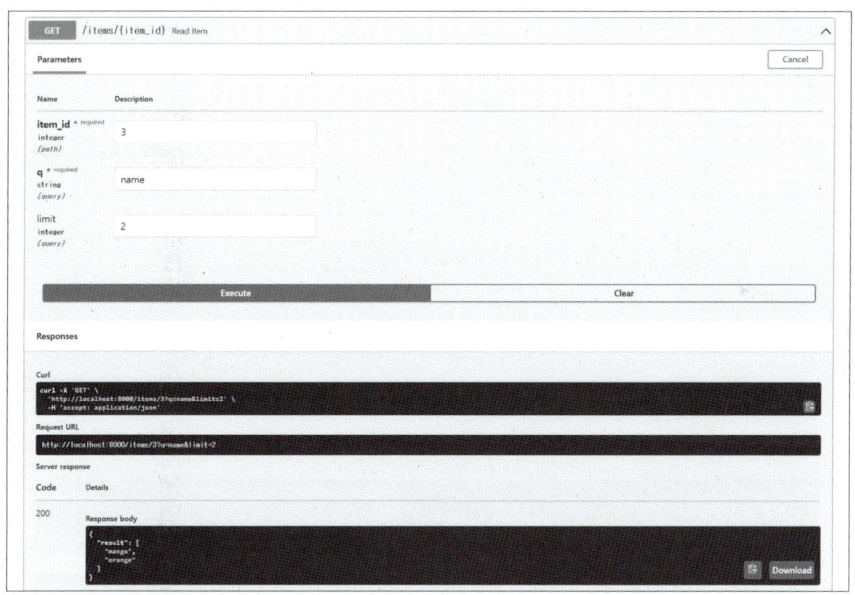

[그림 3-14] GET 방식의 '/items/{item_id}' API

item_id와 q 매개변수는 필수이며, limit 매개변수는 옵션입니다. 각 값에 `item_id=3`, `q=name`, `limit=2`를 입력하여 요청해봅시다.

[그림 3-15] [Execute] 버튼을 클릭하여 요청 결과 확인

item_id=3에 해당하는 값으로 총 세 개의 데이터를 가집니다. mango, orange, plum입니다. 하지만 limit=2 조건을 추가하여 요청하면, 결괏값은 mango, orange가 됩니다. limit 매개변수를 주지 않으면 어떤 응답이 올까요? mango, orange, plum이 나오게 됩니다.

마지막은 데이터를 저장하는 POST 방식의 '/items/{item_id}' API입니다. item_id를 매개변수로 입력하고, name과 price는 JSON 형식으로 body에 실어 보냅니다.

[그림 3-16] POST 방식의 '/items/{item_id}' API

item_id=3, name=peach, price=1000을 입력하여 [Execute] 버튼으로 요청했습니다.

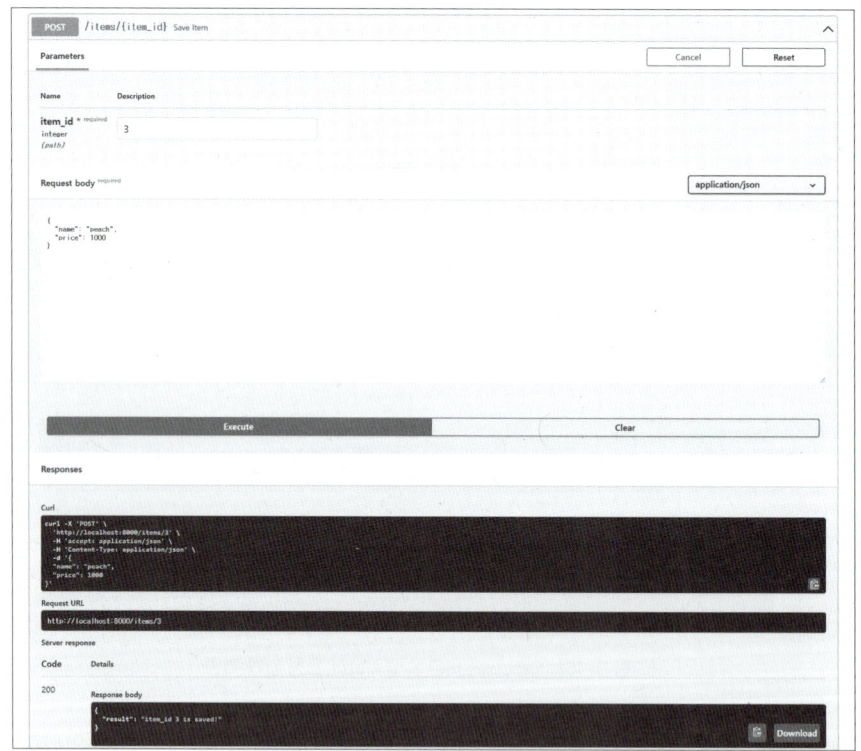

[그림 3-17] [Execute] 버튼을 클릭하여 요청 결과 확인

응답결과가 출력되었습니다. 데이터(df 객체)에는 어떤 변화가 생겼을까요? 첫 번째 GET 방식의 '/' API를 재요청해서 어떤 변화가 있는지 확인해봅시다.

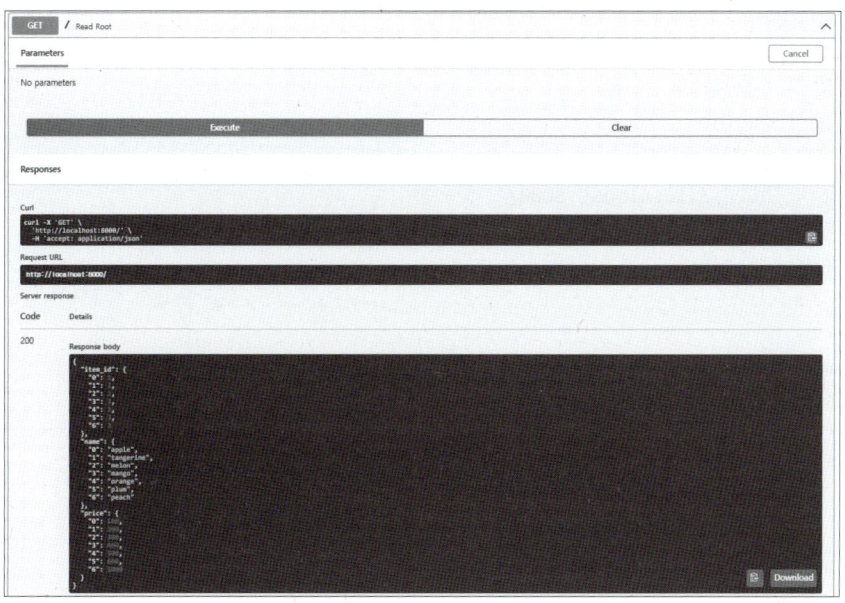

[그림 3-18] GET 방식의 '/' API 재요청

각 항목에 이전에는 없었던 6번 요소가 추가되었습니다.

[백엔드 서버에 요청하는 방법 ②: Requests 라이브러리로 요청]

Requests 라이브러리를 사용하여 RestAPI로 서버에 요청을 전달하고, 그 응답을 결과로 전달받을 수 있습니다. 즉, Swagger에서 실행한 동작을 동일하게 Requests 라이브러리로 구현한다고 생각하면 됩니다.

동일한 실행결과를 내기 위해 실행 중이던 백엔드 서버를 〈Ctrl〉+〈C〉를 눌러 종료하고, 다시 실행합니다.

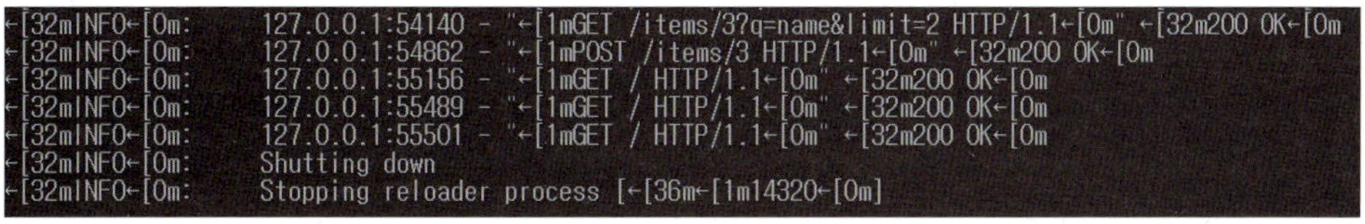

[그림 3-19] 백엔드 서버 실행

아래는 백엔드 서버를 재실행하는 명령어입니다.

```
$ uvicorn main:app --reload
```

api_test.ipynb

```
01  import requests
02  import pprint
03
04  url = 'http://localhost:8000/'
05  res = requests.get(url)
06  pprint.pprint(res.json())
```

실행결과

```
{'item_id': {'0': 1, '1': 2, '2': 2, '3': 3, '4': 3, '5': 3},
 'name': {'0': 'apple',
          '1': 'tangerine',
          '2': 'melon',
          '3': 'mango',
          '4': 'orange',
          '5': 'plum'},
 'price': {'0': 100, '1': 200, '2': 300, '3': 400, '4': 500, '5': 600}}
```

Swagger로 요청한 응답결과와 Requests 라이브러리를 통해서 요청한 응답결과가 동일함을 알 수 있습니다.

 코드 설명

01~02행: 필요한 라이브러리를 불러옵니다(import).
04행: url을 설정합니다.
05행: Requests의 get 메서드를 사용해 전체 데이터를 읽어오는 GET 형식의 '/' API를 요청합니다.
06행: 응답결과를 출력합니다.

다음으로 조건에 맞는 데이터를 응답받는 GET 방식의 '/items/{item_id}' API를 Requests 라이브러리를 통해 요청합니다.

api_test.ipynb

```
01  import requests
02  import pprint
03
04  item_id=3
05  url = f'http://localhost:8000/items/{item_id}?'
```

```
06  params={
07      'q' : 'name',
08      'limit' : 2
09  }
10  res = requests.get(url, params=params)
11  pprint.pprint(res.json())
```

실행결과

```
{'result': ['mango', 'orange']}
```

Swagger로 요청한 응답결과와 Requests 라이브러리를 통해서 요청한 응답결과가 동일함을 알 수 있습니다.

 코드 설명

01~02행: 필요한 라이브러리를 불러옵니다(import).
04행: item_id=3으로 설정합니다.
05행: url을 설정합니다.
06~09행: query 변수에 JSON 형태로 매개변수를 전달합니다.
10행: 조건에 맞는 데이터를 읽어오기 위해 GET 방식으로 url과 매개변수를 전달합니다.
11행: 응답결과를 출력합니다.

GET으로 요청하는 방법은 위 방법말고도 아래처럼 실행해도 동일한 결과를 얻을 수 있습니다.

api_test.ipynb

```
01  import requests
02  import pprint
03
04  url = 'http://localhost:8000/items/3?q=name&limit=2'
05  res = requests.get(url)
06  pprint.pprint(res.json())
```

실행결과

```
{'result': ['mango', 'orange']}
```

마지막으로 데이터를 저장하는 POST 방식의 '/items/{item_id}' API를 요청해보겠습니다.

api_test.ipynb

```python
import requests
import pprint

item_id=3
url = f'http://localhost:8000/items/{item_id}?'
body={
    'name' : 'peach',
    'price' : 1000
}
res = requests.post(url, json=body)
pprint.pprint(res.json())
```

실행결과

```
{'result': 'item_id 3 is saved!'}
```

item_id 3이 추가되었습니다. 첫 번째 예제였던 GET 방식의 '/' API를 호출하여, 그 결과가 변경되었는지 확인해보면 됩니다.

코드 설명

01~02행: 필요한 라이브러리를 불러옵니다(import).
04~05행: url 매개변수 부분에 item_id=3으로 설정하여 전달합니다.
06~09행: name='price'를, 'price'=1000을 JSON 형식으로 body에 담습니다.
10행: POST 방식으로 요청할 url과 body를 전달합니다.
11행: 응답결과를 출력합니다.

3.3.5 Streamlit

3.3.5.1 Streamlit은 무엇인가

Streamlit[8]은 Google X[9]라는 조직에서 프로젝트를 하던 세 명이 모여, 머신러닝 엔지니어에게 빠르고 재미있고 인터랙티브한 툴을 제공하기 위해 만든 회사입니다.

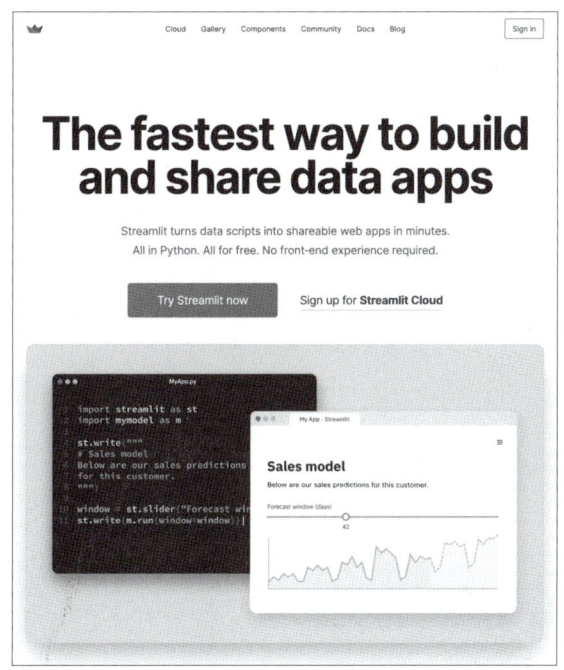

[그림 3-20] Streamlit

파이썬 기반인 Streamlit은 무료로 제공되며 프런트엔드에 대한 전문지식이 없어도 쉽게 만들 수 있다고 되어 있습니다. Streamlit은 세 가지의 간단한 기준으로 만들어졌습니다.

- 파이썬 스크립팅을 포용한다.
- 위젯 기능으로 상호작용한다.
- 즉각적으로 배포한다.

일반적으로 머신러닝 모델을 테스트하기 위해 모델을 로드하여 API 형식으로 서빙하기 위한 백엔드와 추론 요청을 위한 프런트엔드 애플리케이션이 따로 필요한 경우가 보통이고, Flask같은 프런트엔드 웹프레임워크를 사용한다고 하더라도, 많은 부분을 직접 구현해야 합니다. 하지만 Streamlit의

---

8 https://streamlit.io/about

9 https://x.company/projects/

경우 제공하는 API를 통해서 간단하게 사용자에게 웹페이지를 제공할 수 있고, 많은 기능들이 위젯 widget으로 구현되어 있으므로, 간편하면서도 빠르게 시연할 수 있습니다.

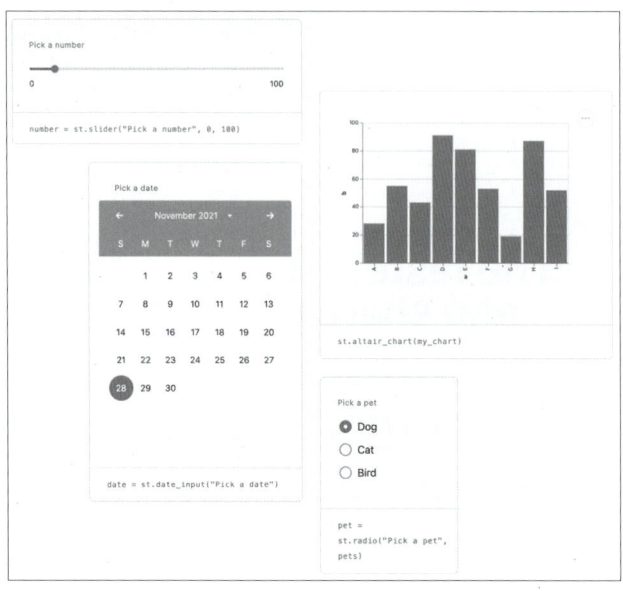

[그림 3-21] Streamlit 위젯

3.3.5.2 Streamlit 사용법[10]

Streamlit은 다음 명령어로 실행할 수 있습니다.

```
$ streamlit run <your_script.py> [--script args]
```

Streamlit에 run이라는 명령어를 붙이고, 작성한 Streamlit 스크립트가 포함된 파이썬 파일을 적어주고 -- 문자열 뒤에 파이썬 스크립트의 args를 붙인 후 〈Enter〉를 누르면 실행됩니다.

이제 Streamlit 스크립트를 만드는 과정을 차근차근 따라해봅시다.

---

10 https://docs.streamlit.io/library/get-started/main-concepts

> **여기서 잠깐**
>
> 다음처럼 run 명령어 뒤에 파이썬 스크립트 URL을 붙여도 실행됩니다.
>
> ```
> $ streamlit run <파이썬 스크립트 URL>
> ```
>
> 예
>
> ```
> $ streamlit run https://raw.githubusercontent.com/streamlit/demo-uber-nyc-pickups/master/streamlit_app.py
> ```

[개발 흐름]

Streamlit은 소스코드가 변경되면 자동으로 이를 인식하고, 앱을 다시 시작할지 묻습니다. 이때, [Always rerun] 버튼을 누르면 인터렉티브하게 개발할 수 있게 되어 효율성이 올라갑니다.

[데이터 흐름]

Streamlit의 구조는 일반 파이썬 스크립트를 작성하듯이 앱을 작성할 수 있게 해줍니다. Streamlit app은 고유한(unique) 데이터 흐름(Flow)이 있는데, 화면에서 언제라도 수정이 이루어지면, Streamlit 은 전체 파이썬 스크립트를 맨 처음부터 끝까지 다시 실행하게 됩니다.

이것은 다음과 같이 두 가지 경우로 나뉠 수 있습니다.

- 파이썬 스크립트를 수정할 경우
- 화면에서 위젯을 조작할 경우(슬라이드 바를 조작하거나, 입력 상자(Input Box)에 텍스트를 입력하거나 버튼을 클릭할 경우 등)

많은 연산을 하는 로직이 파이썬 스크립트에 있을 경우 실행 속도에 문제가 생길 수 있는데, 이를 해결하기 위해 Stream에서는 @st.cache라는 데코레이터를 제공하여 특정 스크립트의 결과를 메모리에 캐싱해놓고 재연산을 하지 않고도 결괏값을 사용하게 합니다.

[디스플레이와 스타일 데이터]

Streamlit에는 자체적으로 테이블, 배열, 데이터프레임 등의 데이터를 디스플레이하기 위한 몇 가지 방법을 제공합니다. 이는 이제 소개할 magic 기능이나 st.write()를 통해 화면에 데이터를 출력할 수 있습니다.

[magic 기능 사용하기]

Streamlit에서는 꼭 Streamlit 라이브러리의 함수를 사용하지 않아도, 본인이 작성한 코드 스니펫 Code Snippet[11] 수준의 기존 코드만 있으면 다음 예제와 같은 형태로 코드를 작성하여, Streamlit을 통해 웹브라우저에 출력할 수 있게 해줍니다.

다음은 magic 기능을 테스트하기 위해 Streamlit을 실행하는 명령어입니다. 다운받은 소스파일은 chapter3/streamlit/ 폴더 아래 위치해 있습니다.

```
$ streamlit run magic.py
```

magic.py

```
01  import streamlit as st
02  import pandas as pd
03  df = pd.DataFrame({
04      'first column': [1, 2, 3, 4],
05      'second column': [10, 20, 30, 40]
06  })
07
08  # Dataframe을 자동으로 출력(st.write(df)와 동일)
09  df
```

실행결과

	first column	second column
0	1	10
1	2	20
2	3	30
3	4	40

[그림 3-22] magic.py 실행결과

코드 설명

01~02행: 필요한 라이브러리를 불러옵니다(import).

03~06행: df 객체를 생성합니다.

09행: magic 기능을 사용해서 df 객체를 출력합니다.

---

11 재사용 가능한 소스코드, 기계어, 텍스트의 작은 부분을 일컫는 프로그래밍 용어입니다(https://ko.wikipedia.org/wiki/스니펫).

코드 스니펫 최하단의 df 변수가 가지고 있는 Pandas DataFrame이 st.write()라는 Streamlit 라이브러리의 함수를 명시하지 않아도 변수가 가지고 있는 값이 출력되는 것을 볼 수 있습니다. 다만 Streamlit으로 실행하는 main Python file에서만 동작하는 기능입니다(위 예제에서는 main.py입니다).

[st.write( )을 사용한 data frame 출력하기]

st.write()는 마치 맥가이버 칼처럼 어디든 사용될 수 있습니다(예 text, data, Matplotlib figures, Altair charts 등). 다만, 변수 타입을 자동으로 추론해서 출력하기 때문에 변수 타입에 따라 커스텀한 설정이 힘들 수 있습니다. 이를 위해서 st.dataframe()이나 st.table()과 같은 함수를 사용할 수 있습니다. 다음 예제를 따라해봅시다.

실행을 위한 명령어는 다음과 같습니다.

```
$ streamlit run dataframe1.py
```

dataframe1.py

```
01  import streamlit as st
02  import numpy as np
03
04  df = np.random.randn(10, 20)
05  st.dataframe(df)
```

실행결과

	0	1	2	3	4	5	6	7
0	-1.7316	-0.8291	0.2579	-0.4984	0.0442	1.6911	0.2774	0.0760
1	-0.4389	0.8322	0.3003	0.3053	-1.1597	0.2546	-0.3749	-0.5696
2	-0.2324	0.3610	0.7203	0.1146	1.4661	0.1551	-0.6612	2.2317
3	1.1009	-0.1681	0.3673	-0.7649	0.1520	1.0902	0.7501	0.4625
4	0.5331	0.3026	-0.5272	-0.8305	0.1911	0.0593	0.3920	-0.1092
5	-0.8767	0.1484	1.6012	0.9507	0.1884	0.7395	-0.4820	-0.6727
6	-0.6190	0.6490	-1.4427	1.1693	0.9855	2.1827	1.2013	-0.1582
7	-0.7756	0.0825	-1.7972	-0.8001	-0.4966	-0.3008	-1.0645	-1.3453
8	0.0110	0.2799	0.7946	0.6655	-0.7326	0.8100	0.3665	1.7864
9	0.2453	0.1788	0.9903	-1.5779	0.6445	2.1025	0.3613	0.6799

[그림 3-23] dataframe1.py 실행결과

위 예제를 실행하면 Interactive table(컬럼 항목을 클릭하면 클릭한 컬럼을 기준으로 정렬)이 출력됩니다.

코드 설명

01~02행: 필요한 라이브러리를 불러옵니다(import).
04행: df 객체를 생성합니다.
05행: df 객체를 출력합니다.

이제 Pandas Styler 오브젝트를 이용해서 Interactive table의 몇몇 요소(element)에 강조 표시를 해봅시다.

```
$ streamlit run dataframe2.py
```

dataframe2.py

```
01  import streamlit as st
02  import numpy as np
03  import pandas as pd
04
05  df = pd.DataFrame(
06      np.random.randn(10, 20),
07      columns=('col %d' % i for i in range(20)))
08
09  st.dataframe(df.style.highlight_max(axis=0))
```

실행결과

	col 0	col 1	col 2	col 3	col 4	col 5	col 6
0	0.558752	0.377960	0.163533	0.580333	0.530206	-0.819089	-1.101737
1	-1.159565	1.158023	1.298364	-0.848199	-0.271843	-0.235828	-0.491881
2	0.249924	-0.035745	0.114876	-0.324860	-0.300120	-0.317443	0.101130
3	-0.538365	-0.761616	1.529001	2.290959	-0.908218	0.662988	1.661326
4	0.220180	1.148241	-0.168700	0.293973	0.500126	2.406979	0.749433
5	0.067661	-0.326181	-1.321336	0.655727	-0.045194	0.568630	-0.668479
6	1.311353	0.956921	-0.050675	-0.075594	0.205345	0.481346	-0.087383
7	1.204253	-1.365294	0.947617	-0.891369	-1.392792	1.575533	2.035501
8	0.371780	-0.863877	-0.850995	-1.118048	-0.247379	-0.308708	0.128991
9	0.359131	1.555343	-0.535756	0.447727	-0.682179	0.699113	-0.858020

[그림 3-24] dataframe2.py 실행결과

코드 설명

01~03행: 필요한 라이브러리를 불러옵니다(import).

05~07행: df 객체를 생성합니다.

09행: st.dataframe()을 사용하여 df 객체를 출력합니다. 이때 df 객체의 Pandas Styler 속성값 중 최댓값은 강조 표시를 하게 설정하여 st.dataframe()에 넘겨줍니다.

Streamlit은 고정형 Table을 출력하기 위한 st.table()이라는 함수도 제공합니다.

```
$ streamlit run dataframe3.py
```

dataframe3.py

```
01  import streamlit as st
02  import numpy as np
03  import pandas as pd
04
05  df = pd.DataFrame(
06      np.random.randn(10, 20),
07      columns=('col %d' % i for i in range(20)))
08  st.table(df)
```

실행결과

	col 0	col 1	col 2	col 3	col 4	col 5	col 6	col 7	col 8	col 9	col 10	col 11	col 12	col 13	col 14	col 15	col 16	col 17	col 18	col 19
0	-0.2951	-0.0622	-0.7387	-1.4447	-2.8938	1.2992	1.7961	1.4068	0.8241	-1.5180	0.3712	1.7982	0.8906	1.2180	-1.0613	-2.5646	1.2715	0.2399	-0.9649	0.8978
1	-0.5422	0.0029	1.1362	2.1010	-0.6217	0.4336	0.0391	-0.0326	0.9326	-0.5286	1.1077	-0.9674	0.4763	1.2245	-0.5838	-1.8217	1.6738	0.7979	-0.5023	-0.7439
2	-0.3207	-0.2762	-1.1711	0.6248	-0.4502	-0.1435	-1.1278	1.2176	1.6107	-0.4435	0.6472	0.5799	-1.4982	0.0026	1.1881	-0.7318	1.0410	0.2912	2.4474	-1.4237
3	-0.3396	0.5432	1.0501	1.1696	-0.1913	-0.7266	-0.9502	1.2531	-1.5388	-1.5723	-0.5018	-0.8017	0.2232	0.5732	-0.4748	-0.5156	-0.1614	-1.7130	0.9847	-2.1140
4	1.6585	0.4863	1.9022	-1.0106	1.0469	-1.3720	-0.1970	-1.4377	1.0988	-0.2098	0.7529	-1.0214	0.3664	-1.0305	-2.2298	0.1142	-0.5693	-1.3954	-0.2154	-0.2406
5	-0.6047	-1.1561	-0.6588	0.1106	-0.0801	-0.5686	0.8370	-0.7896	0.9810	-2.0720	1.6072	0.0461	-1.5451	-0.1839	0.1745	0.1250	0.3650	1.2161	0.3945	1.4991
6	-0.1900	-1.2086	1.4856	-0.6602	0.8717	-0.2613	-1.1822	0.0991	1.6421	-0.6379	2.3627	-0.3757	-0.6203	-0.9052	-1.6478	-1.0781	1.2856	-0.5302	-0.6590	0.8375
7	1.0524	0.9268	0.2321	0.3620	0.2407	1.1008	0.0214	2.3398	1.3956	-0.4663	-0.2537	1.1193	-0.7241	-0.2930	0.7351	0.9745	0.0474	-0.0849	-0.5297	-0.7959
8	-1.5801	-0.3135	-0.5387	0.4642	2.4388	0.0757	-0.0645	0.6870	-0.3093	-0.6628	0.0498	-0.0055	0.4085	0.2087	0.3973	0.1240	0.2839	-0.8250	0.6584	-0.7754
9	-1.0368	-0.0995	0.0051	0.2677	-0.0507	0.1350	-0.7957	0.5127	-0.3228	-2.3668	-0.6400	-0.6234	-0.1995	2.2811	-0.1645	0.7316	0.5682	1.2793	0.7168	-0.2401

[그림 3-25] dataframe3.py 실행결과

코드 설명

01~03행: 필요한 라이브러리를 불러옵니다(import).
05~07행: df 객체를 생성합니다.
08행: st.table()로 df 객체를 출력합니다.

[차트 그리기]

st.line_chart() 함수를 사용해서 차트를 출력할 수 있습니다.

```
$ streamlit run chart.py
```

chart.py

```
01  import streamlit as st
02  import numpy as np
03  import pandas as pd
04
05  chart_data = pd.DataFrame(
06      np.random.randn(20, 3),
07      columns=['a', 'b', 'c'])
08
09  st.line_chart(chart_data)
```

실행결과

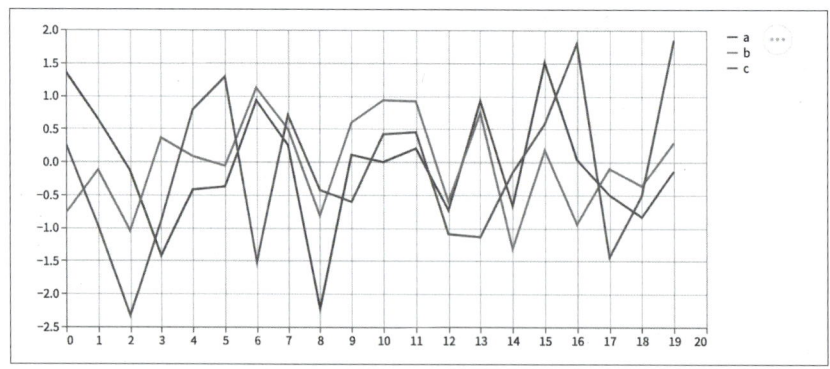

[그림 3-26] chart.py 실행결과

01~03행: 필요한 라이브러리를 불러옵니다(import).
05~07행: chart_data 객체를 생성합니다.
09행: st.line_chart()를 사용하여 chart_data를 출력합니다.

[버튼 추가하기]

Streamlit을 통해 작성한 웹페이지에서 인터렉티브하게 분석해야 할 데이터나 AI모델이 있다면 Streamlit에서 제공하는 위젯 기능을 사용할 수 있습니다. 위젯에는 st.button()이나 st.file_uploader() 또는 st.slider()와 같은 것이 있습니다. 매우 직관적이므로 예제들을 하나씩 실행해봅시다.

st.button() 함수를 사용해서 화면에 버튼을 추가할 수 있습니다.

```
$ streamlit run button.py
```

button.py
```
01  import streamlit as st
02
03  result1 = st.button('BUTTON1')
04  if result1:
05      st.write('clicked')
06  else:
07      st.write('not clicked')
08
09  result2 = st.button('BUTTON2')
10  if result2:
11      st.write('clicked')
12  else:
13      st.write('not clicked')
```

> 실행결과

[그림 3-27] button 실행결과

실행결과에서도 볼 수 있듯이 st.button("title")을 사용하여 화면에 버튼을 추가할 수 있고, 반환 값을 통하여 인터렉티브하게 로직을 구성할 수 있습니다. 참고로 버튼이 두 개일 때에는 하나의 버튼을 클릭하면, 다른 버튼이 초기화되는 모습을 볼 수 있습니다.

[파일 업로드와 이미지 출력하기]

st.file_uploader()와 st.image() 함수를 사용해서 로컬 컴퓨터에 있는 이미지를 streamlit 애플리케이션에 업로드하여 출력할 수 있습니다.

```
$ streamlit run file_uploader_with_image.py
```

file_uploader_with_image.py

```
01  import streamlit as st
02  from io import StringIO
03  import pandas as pd
04
05  uploaded_file = st.file_uploader("Choose a file")
06  if uploaded_file is not None:
07      # To read file as bytes:
08      bytes_data = uploaded_file.getvalue()
09      st.image(bytes_data)
```

실행결과

[그림 3-28] file_uploader_with_image.py 실행결과

 **코드 설명**

01~03행: 필요한 라이브러리를 불러옵니다(import).
05행: st.file_uploader를 사용하여 uploaded_file 객체를 생성합니다.
06행: 업로드한 파일이 None이 아니라면 하위 로직을 실행합니다.
08행: uploaded_file 객체의 bytes값으로 bytes_data 객체를 생성합니다.
09행: st.image()를 사용하여 bytes_data 객체를 화면에 출력합니다.

[슬라이드 기능]

st.slider()는 화면에 인터렉티브한 슬라이더를 추가하여 사용자가 컨트롤할 수 있게 해줍니다.

```
$ streamlit run slider.py
```

slider.py

```
01  import streamlit as st
02  x = st.slider('x')   # this is a widget
03  st.write(x, 'squared is', x * x)
```

> 실행결과

[그림 3-29] slider.py 실행결과

 코드 설명

01행: 필요한 라이브러리를 불러옵니다(import).
02행: st.slider()를 통해 x 객체를 생성합니다.
03행: st.write()를 사용하여 x값과 계산결과를 출력합니다.

[텍스트 입력 기능]

다음은 st.text_input() 위젯입니다. text_input에 입력한 값은 st.session_state.name이라는 key값으로 접근할 수 있으며 입력한 값(value)을 저장하고 있습니다. 모든 선언된 위젯의 key값은 Session state에 추가되므로 이를 활용할 수 있습니다.

```
$ streamlit run text_input.py
```

text_input.py
```
01  import streamlit as st
02  st.text_input("Your name", key="name")
03
04  # You can access the value at any point with:
05  st.session_state.name
```

실행결과

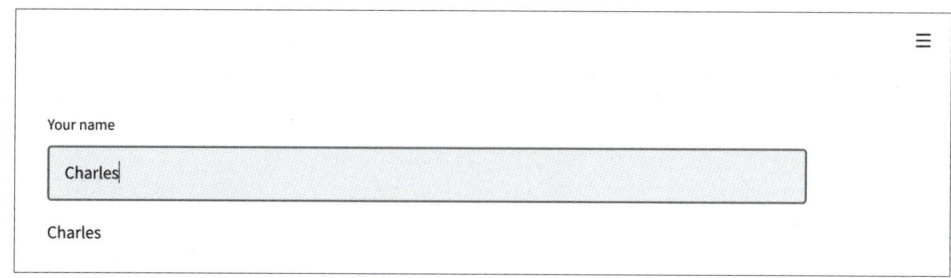

[그림 3-30] widget_text_input.py 실행결과

 코드 설명

01행: 필요한 라이브러리를 불러옵니다(import).

02행: st.text_input()을 통해 위젯을 화면에 출력합니다.

05행: magic 기능을 활용하여 입력값을 출력합니다. st.session_state는 `MutableMapping[str, Any]` 형태로 현재 session의 상태값을 관리하는데, st.text_input()을 통해 입력한 값을 st.session_state.key 형식으로 불러올 수 있습니다.

[Checkbox를 활용한 데이터 보여주기/숨기기]

Checkbox 위젯의 활용 예 중 하나는 차트나 섹션을 숨기거나 보여주는 것입니다. st.checkbox()는 checkbox의 레이블을 String형 args로 받습니다. 다음 예제를 살펴봅시다.

```
$ streamlit run checkbox.py
```

checkbox.py

```python
01  import streamlit as st
02  import numpy as np
03  import pandas as pd
04
05  if st.checkbox('Show dataframe'):
06      chart_data = pd.DataFrame(
07          np.random.randn(20, 3),
08          columns=['a', 'b', 'c'])
09
10      chart_data
```

실행결과

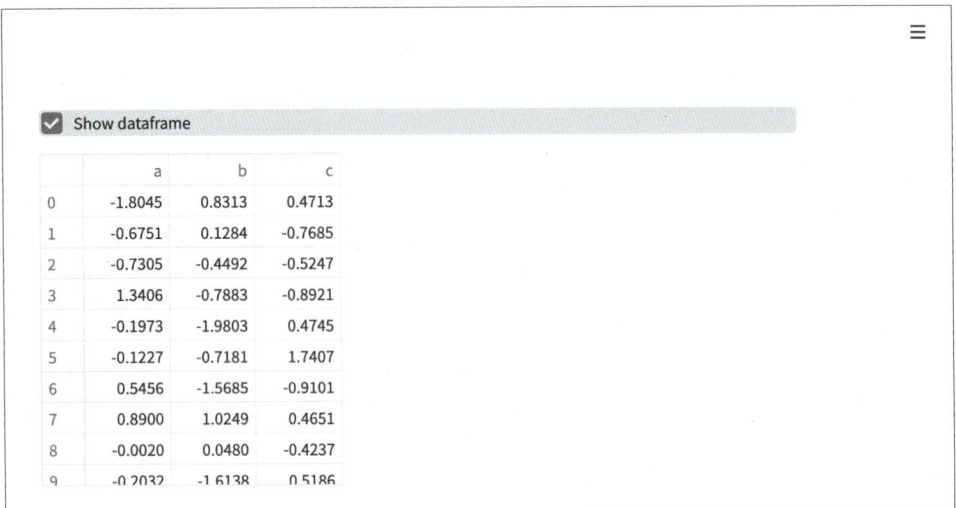

[그림 3-31] checkbox.py 실행결과

코드 설명

01~03행: 필요한 라이브러리를 불러옵니다(import).

05행: `st.checkbox()` 객체를 생성하여 결괏값에 따라 하위 로직을 실행합니다.

06~08행: chart_data 객체를 생성합니다.

10행: magic 기능으로 chart_data를 출력합니다.

여기서 잠깐

이 외에 더 자세한 내용은 Streamlit 공식 문서 페이지를 참조하세요.

3.4 구현하기

커스텀 모델을 서빙하는 백엔드 서버와 프런트엔드 서버를 구현해봅니다.

> **구현순서**
> - [1단계] 작업 파일 구성하기
> - [2단계] 프로토타입 설계하기
> - [3단계] 백엔드 만들기(FastAPI)
> - [4단계] 프런트엔드 만들기(Streamlit)

3.4.1 [1단계] 작업 파일 구성하기

다운받은 소스코드 경로로 이동합니다.

- 소스코드 경로: chapter3/src/

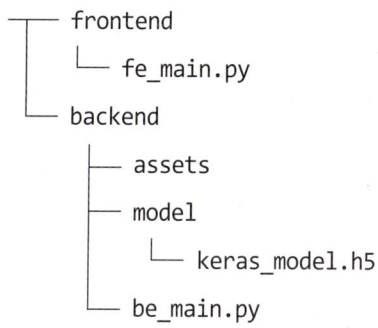

[그림 3-31] 다운받은 소스코드 경로

- `fe_main.py`: streamlit을 사용한 웹 화면을 구현합니다.
- `be_main.py`: FastAPI를 사용한 모델로 추론하는 백엔드 시스템을 구현할 것입니다.
- `model`: 2장에서 본인이 생성한 커스텀 모델을 복사해서 넣습니다(keras_model.h5 파일을 그대로 사용해도 무방합니다).
- `assets`: 프런트엔드로 업로드한 파일이 저장됩니다.

3.4.2 [2단계] 프로토타입 설계하기

화면 구성을 위해 1장에서 봤던 3가지 구성요소로 설계하여 아래와 같이 화면을 구성하려고 합니다.

- 프런트엔드
- 백엔드
- API

3.4.2.1 프런트엔드 설계

[Browse files] 버튼을 클릭해서 파일을 업로드하고, [Prediction] 버튼을 누르면 추론을 요청하여 그 결과를 받게 합니다.

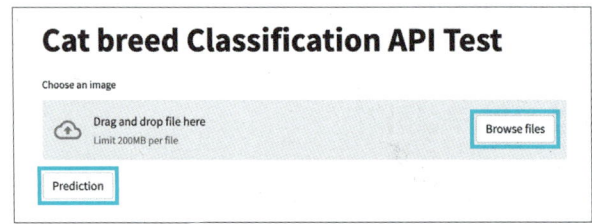

[그림 3-33] 프런트엔드 UI

3.4.2.2 백엔드 설계

학습된 모델을 로드load하고, 전달된 image를 예측(prediction)하여 그 결과를 전달합니다.

3.4.2.3 API 설계

Request
- URL: http://127.0.0.1:8000/detect_labels
- 타입: POST
- 매개변수: 이미지의 raw data를 전달합니다.

Response
- Json 형태로 각 class의 확률 값을 전달합니다.

    {"Bombay" : "Bombay일 확률", "Burmese" : "Burmese일 확률"}

3.4.3 [3단계] 백엔드 만들기(FastAPI)

2장에서 생성한 커스텀 모델을 사용하고 Google Teachable Machine에서 제시한 소스코드를 활용하였습니다.

be_main.py

```python
import shutil
from typing import Optional,List
from fastapi import FastAPI,File, UploadFile
import tensorflow as tf
from PIL import Image, ImageOps
import numpy as np
import os

BASE_DIR = "./assets"
os.mkdir(BASE_DIR, exist_ok=True)

# Load the model
model = tf.keras.models.load_model('./model/keras_model.h5')

app = FastAPI()

@app.post("/detect_labels")
def detect_labels(file: UploadFile = File(...)):
    with open(os.path.join(BASE_DIR, file.filename), "wb") as fp:
        shutil.copyfileobj(file.file, fp)

    # Create the array of the right shape to feed into the keras model
    # The 'length' or number of images you can put into the array is
    # determined by the first position in the shape tuple, in this case 1.
    data = np.ndarray(shape=(1, 224, 224, 3), dtype=np.float32)

    # Replace this with the path to your image
    image = Image.open(os.path.join(BASE_DIR, file.filename))

    #resize the image to a 224x224 with the same strategy as in TM2:
    #resizing the image to be at least 224x224 and then cropping from the center
    size = (224, 224)
    image = ImageOps.fit(image, size, Image.ANTIALIAS)

```

```
35      #turn the image into a numpy array
36      image_array = np.asarray(image)
37
38      # Normalize the image
39      normalized_image_array = (image_array.astype(np.float32) / 127.0) - 1
40      # Load the image into the array
41      data[0] = normalized_image_array
42
43      # run the inference
44      prediction = model.predict(data)
45      print(prediction)
46
47      return {"Bombay": str(prediction[0][0]),
            "Burmese" :  str(prediction[0][1]) }
```

> **코드 설명**

01~07행: 필요한 라이브러리를 불러옵니다(import).

09~10행: assets 폴더를 BASE_DIR로 하며, 존재하지 않을 경우 폴더를 생성합니다.

13행: 커스텀 모델을 로드합니다.

15행: FastAPI 객체를 생성하여, app 객체에 담습니다.

17행: REST API의 POST 방식이며, 경로는 detect_labels입니다.

18~47행: detect_labels() 함수를 정의합니다. 한 개의 매개변수를 전달받으며 file 파일명을 갖습니다.

19~20행: 전달받은 파일을 assets 폴더에 저장합니다.

22~45행: Google Teachable Machine에서 제시한 소스코드이며, 전달받은 파일을 읽어 추론을 실행합니다. 추론 결과를 prediction 객체에 담아 전달합니다.

아래 명령어를 실행하여 백엔드 서버를 실행합니다.

```
$ cd backend
$ uvicorn be_main:app --reload
```

3.4.4 [4단계] 프론트엔드 만들기(Streamlit)

fe_main.py

```
01  import requests
02  import streamlit as st
03  from PIL import Image
04
05  #https://discuss.streamlit.io/t/
    version-0-64-0-deprecation-warning-for-st-file-uploader-decoding/4465
06  st.set_option("deprecation.showfileUploaderEncoding", False)
07
08  # defines an h1 header
09  st.title("Cat breed Classification API Test")
10
11  # displays a file uploader widget
12  image = st.file_uploader("Choose an image")
13
14  # displays a button
15  if st.button("Prediction"):
16      if image is not None:
17          files = {"file": image.getvalue()}
18          headers={"Content-Type": "multipart/form-data"}
19          res = requests.post(f"http://127.0.0.1:8000/detect_labels", files=files)
20          st.write(str(res.json()))
21          st.image(image.getvalue(), width=240)
```

 코드 설명

01~03행: 필요한 라이브러리를 불러옵니다(import).

09행: 프론트엔드의 제목을 출력합니다.

12행: 이미지 파일을 업로드합니다.

15행: [Prediction] 버튼을 생성하고, 버튼이 클릭되면 True가 반환되어 16행이 실행됩니다.

16행: 업로드된 이미지가 있다면, 17행 이후가 실행됩니다.

17~19행: 백엔드 서버로 요청합니다.

20행: 백엔드 서버로부터 전달받은 response값을 화면에 출력합니다.

21행: 12행에서 업로드한 이미지를 화면에 출력합니다.

백엔드 서버를 실행한 상태에서, 새로운 터미널이나 명령 창에서 아래 명령어를 실행하여 프런트엔드 서버를 실행합니다.

```
$ cd frontend
$ streamlit run fe_main.py
```

서버 실행 후 http://localhost:8501/에 접속하면 아래와 같은 웹 화면이 띄워집니다. [Browse files] 버튼을 눌러 파일을 업로드합니다.

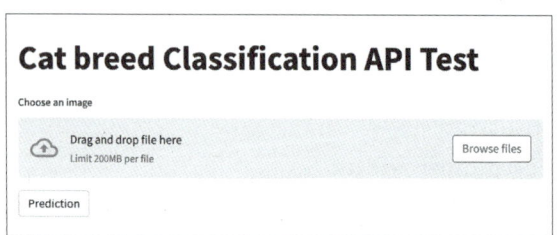

[그림 3-34] streamlit 웹화면

Burmese 이미지 중 하나를 선택해서 테스트를 해보겠습니다(예시에서는 2장에서 소개한 18351258_1254.jpg 파일을 사용했습니다).

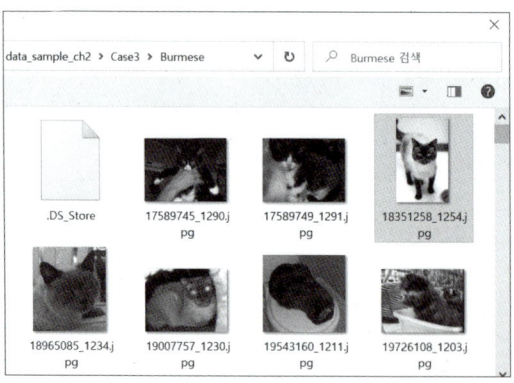

[그림 3-35] 예측할 이미지 파일 선택

아래와 같이 Burmese로 1.0 확률로 예측한 결과가 출력되었습니다.

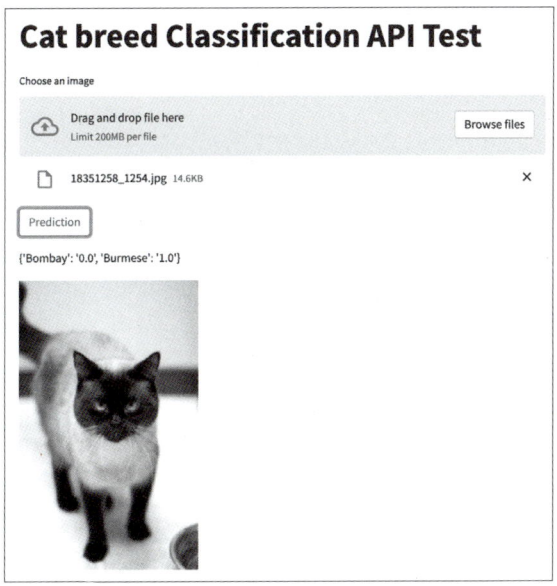

[그림 3-36] 예측결과

3.5 요약과 정리하기

이 장에서는 2장에서 만든 커스텀 딥러닝 모델을 사용하여 내 컴퓨터에서 AI/ML 서비스를 구축해보 았습니다. 이 과정을 통하여 프런트엔드 서비스와 백엔드 서비스의 개념을 살펴보았고, 백엔드 서비스로 FastAPI 프레임워크를 사용했습니다. 그리고 프런트엔드 서비스를 위해 Streamlit을 사용하여, 커스텀 모델을 로딩하여 프런트엔드의 요청에 따라 백엔드에서 응답하는 부분을 실습했습니다. 이러한 RestAPI를 통한 프런트엔드 서비스와 백엔드 서비스로 API 서비스의 기초를 닦는 작업을 했습니다. 이 내용은 4장부터 실습할 나만의 클라우드 서비스를 구축하는 토대가 될 것입니다.

초보자가 만들며 배우는
딥러닝 서비스

FastAPI, Streamlit, Open API 기반의
AWS 클라우드 머신러닝 파이프라인 서비스

4장

AWS 클라우드에서 AI/ML 서비스 구축하기

 학습순서

1. 학습목표
2. 사전 준비하기
3. 사전지식 쌓기
4. 구현하기
5. 요약과 정리하기

4.1 학습목표

이 장의 목표는 AWS 클라우드에서 AI/ML 서비스를 구축하는 것입니다. 3장의 로컬 컴퓨터에서 만든 딥러닝 서비스를 4장에서는 AWS 클라우드에서 구축하는 것을 목표로 합니다. 조금 더 구체적으로는 AWS 클라우드의 EC2나 S3와 같은 서비스를 이용해서, 클라우드에서 애플리케이션을 실행하는 서비스를 생성합니다. 그리고 Streamlit에 접속하여 로컬에 있는 이미지를 업로드하여 추론 결과를 출력하게 됩니다. 이를 실행하기 위해 AWS EC2나 S3가 어떤 서비스인지 등 AWS 클라우드를 사용하기 위한 기본 개념을 알아봅니다.

4.2 사전 준비하기

4.2.1 AWS 콘솔 로그인
4.2.2 소스코드 다운로드

4.2.1 AWS 콘솔 로그인

> **여기서 잠깐**
> AWS 계정이 없는 분은 1장의 '1.2.1 AWS 클라우드 계정 생성'을 참고해서 계정을 먼저 만들어야 합니다.

[AWS 계정 로그인]

AWS Management Console에 로그인하여 루트 계정을 설정합니다. 계정이 없는 경우 계정을 만들라는 메시지가 표시됩니다. AWS 프리 티어를 사용한다면 선택한 EC2 인스턴스가 월 750시간에 한해 무료로 제공됩니다.

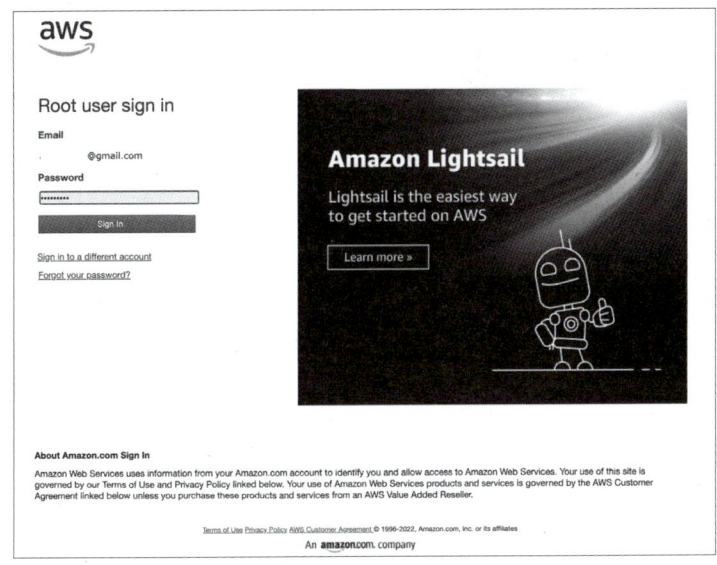

[그림 4-1] 계정 로그인

4.2.2 소스코드 다운로드

먼저 아래 사이트에 접속해서 필요한 데이터를 다운받습니다.

- https://github.com/roadbookgit/DLService

브라우저에서 위 소스코드 경로의 페이지를 열어 [code] 버튼을 누르면 'Download' 항목을 통해 전체 소스코드를 다운받을 수 있습니다.

- 소스코드 경로: DLService/chapter4

압축된 소스코드 내용은 다음과 같습니다.

```
├ cat_breed_classification
    └ src
        ├ requirements.txt
        ├ backend
        │   ├ be_main.py
        │   ├ assets
        │   │   └ test.jpg
        │   └ model
        │       ├ keras_model.h5
        │       └ labels.txt
        └ fronted
            └ fe_main.py
```

[그림 4-2] 다운받은 소스코드

4.3 사전지식 쌓기

이 장에서 다룰 내용을 위해 사전에 쌓을 지식은 다음과 같습니다.

4.3.1 AWS EC2
4.3.2 AWS S3

4.3.1 AWS EC2

Amazon Elastic Computer Cloud(AWS EC2)는 AWS 클라우드에서 사용할 수 있는 가상서버입니다. 가상서버는 실제 서버를 사용자가 관리하지 않아도, 마치 본인의 컴퓨터가 있는 것처럼 컴퓨팅 파워를 사용할 수 있게 해주는 개념입니다. 또한 클라우드에서 컴퓨팅 자원을 확장할 수 있습니다.

AWS EC2를 사용하면 초기에 큰돈을 들여 본인의 컴퓨터를 따로 구매하지 않아도 되며 하드웨어에 미리 투자할 필요가 없어 더 빠르게 애플리케이션을 개발하고 배포할 수 있습니다. AWS EC2를 사용하여 원하는 수의 가상서버를 구축하고 보안 및 네트워크를 구성하며 스토리지를 관리할 수 있습니다.

AWS EC2에서는 확장(Scale-Out) 또는 축소(Scale-In)를 통해 요구사항이 변경되거나 사용량이 치솟아 올라도 종전대로 처리할 수 있으므로 요청 트래픽(또는 API 요청량)을 예측해서 서버를 많이 실행시켜야 할 필요성을 줄여주는 기능도 포함하고 있습니다.

4.3.1.1 EC2의 기능과 작동방식

EC2의 기능 및 특징은 다음과 같습니다.

- 글로벌 인프라
- 비용 및 용량 최적화
- 스토리지
- 네트워킹
- 운영체제 및 소프트웨어

> **여기서 잠깐**
>
> **글로벌 인프라**
> AWS EC2는 인스턴스를 세계적으로 여러 위치에 배치할 수 있는 기능을 제공합니다. AWS EC2 위치는 지역(Region)과 가용영역(Availability Zone)으로 구성됩니다. 가용영역은 다른 가용영역에 장애가 발생할 경우 영향을 받지 않도록 구축된 개별 지점으로, 동일 지역 내의 다른 가용영역에 저렴하고, 지연 시간이 짧은 네트워크 연결을 제공합니다.
>
> **비용 및 용량 최적화**
> 초당 결제에서는 사용한 만큼만 비용을 지불합니다. 한 시간을 기준으로 사용하지 않은 분 및 초를 차감하고 청구하므로, 시간당 사용량을 극대화하기보다는 애플리케이션을 개선하는 데 집중할 수 있습니다. 또한 AWS EBS(Amazon Elastic Block Store, 스토리지 또는 하드디스크)가 지원하는 AWS EC2 인스턴스를 중지(Stop Instance)했다가 나중에 다시 시작할 수도 있습니다. 사용하지 않을 때 EC2 인스턴스를 중지시킬 수 있어 이 기능을 사용하면 이익이 됩니다.

4.3.1.2 요금 정책

[그림 4-3] EC2 프리 티어[1] 기준

지역(AWS 클라우드에서의 물리적 실행 위치)에 따라 t2.micro(1코어 CPU, 1G 메모리) 또는 t3.micro(2코어 CPU, 1G 메모리) 인스턴스를 매월 750시간 동안 제공합니다. AWS 클라우드는 가상머신의 유형을 특징에 따라 t2, t3와 같은 별칭을 두고 관리합니다. 보통 숫자나 단위가 클수록 고사양의 컴퓨팅 리소스를 제공하게 됩니다.

4.3.1.3 인스턴스 생성 방법

① 인스턴스 시작

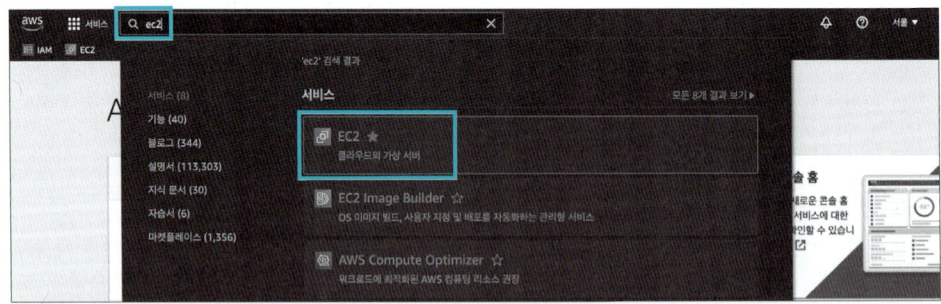

[그림 4-4] EC2 서비스 선택

---

1 https://aws.amazon.com/ko/free/

워크로드Workloads[2]에 가장 적합한 인스턴스 유형[3]이 무엇인지 확인합니다. 첫 번째 인스턴스로는 요금이 저렴한 범용 인스턴스 유형(t2.micro)과 Amazon Machine Image(AMI, Amazon Linux 2 AMI)를 추천합니다. 두 가지 모두 프리 티어에서 사용할 수 있습니다. AWS EC2 대시보드를 열고 [인스턴스 시작]을 선택하여 가상머신을 생성합니다.

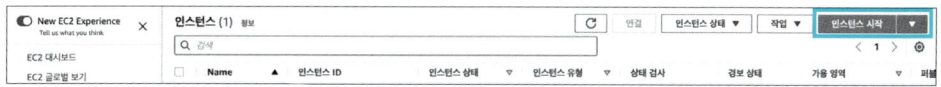

[그림 4-5] 인스턴스 시작

[그림 4-6] AMI(Amazon Machine Image) 유형 선택

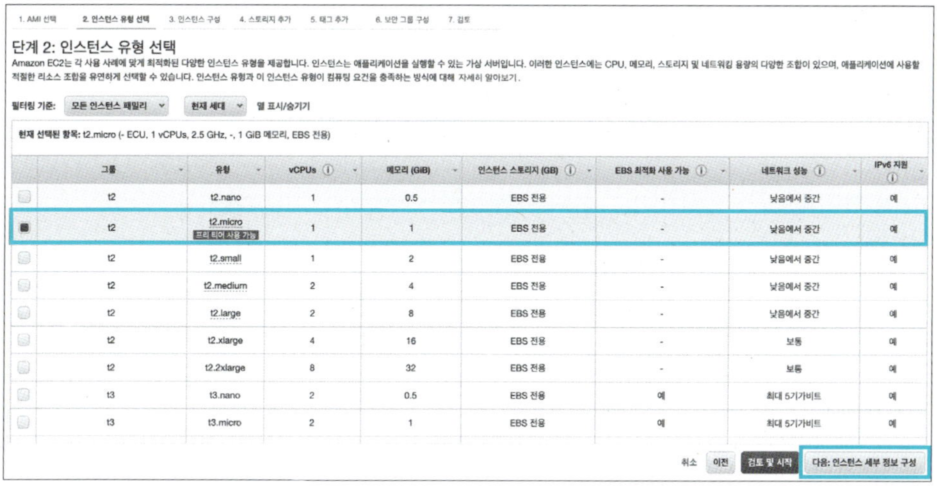

[그림 4-7] 인스턴스 유형 선택

---

2 고객 대면 애플리케이션이나 백엔드 프로세스 같이 비즈니스 가치를 창출하는 리소스 및 코드 모음입니다.
3 https://aws.amazon.com/ko/ec2/instance-types/

4장. AWS 클라우드에서 AI/ML 서비스 구축하기 131

② 인스턴스 구성

1. 처음으로 인스턴스를 설정한다면, 다음 순서를 따라 진행합니다. 먼저, 인스턴스를 구성해야 합니다. 여기서는 자체 방화벽 규칙을 설정하거나 기본값인 '기본 VPC 보안 그룹'을 선택합니다. [다음: 스토리지 추가] 버튼을 눌러 다음 단계를 구성합니다.

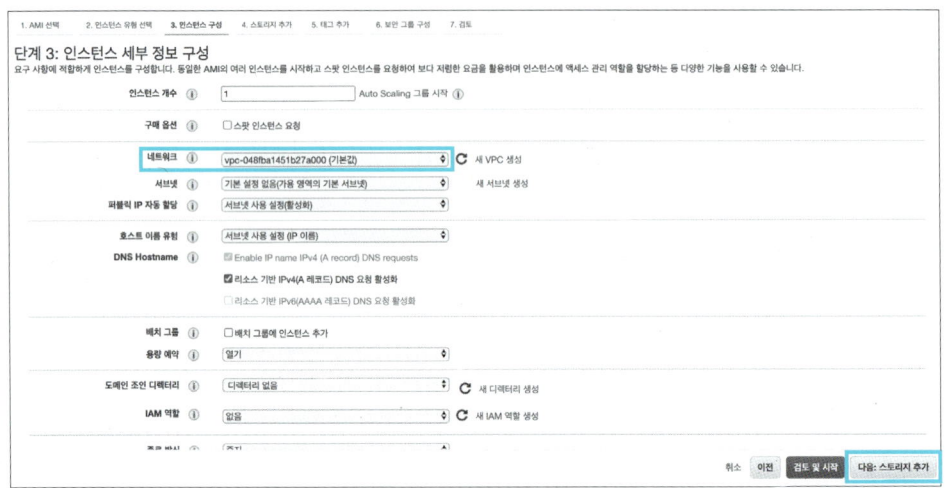

[그림 4-8] 인스턴스 구성

2. 스토리지를 구성하는 단계입니다. EC2는 자기 디스크(Magnetic Disk)와 SSD 스토리지를 모두 제공합니다. 처음에는 '범용 SSD(gp2)' 볼륨을 사용하는 것이 좋습니다. [태그 추가] 단계는 설정 그대로 넘깁니다.

[그림 4-9] 스토리지 추가

3. 이제 보안 그룹을 설정합니다. '새 보안 그룹 생성'을 선택한 후 '보안 그룹 이름'을 변경하여 줍니다.

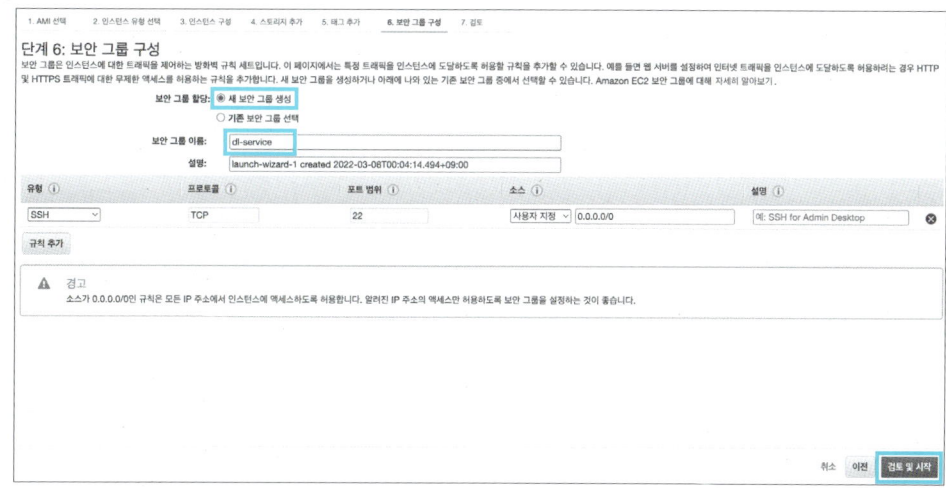

[그림 4-10] 보안 그룹 구성

4. 다음으로 새 키 페어를 생성하여 EC2에 SSH로 접속할 때 사용합니다.

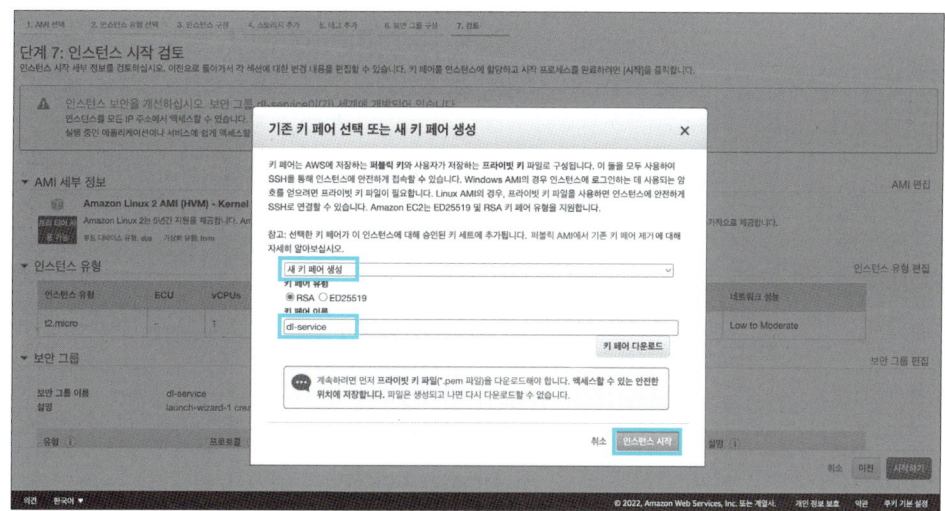

[그림 4-11] 새 키 페어 생성

[시작하기]를 선택하여 설정을 완료합니다.

4장. AWS 클라우드에서 AI/ML 서비스 구축하기 **133**

③ 인스턴스에 연결

인스턴스를 시작한 후 인스턴스에 연결하고 바로 앞에 있는 컴퓨터를 사용하는 것처럼 인스턴스를 사용할 수 있습니다. 운영체제에 따라 콘솔에 연결하는 방법에는 여러 가지가 있습니다. 간편한 브라우저 기반 클라이언트인 EC2 Instance Connect를 사용하는 것이 좋습니다.

1. 생성한 EC2 인스턴스를 선택하고 [연결] 버튼을 클릭합니다.

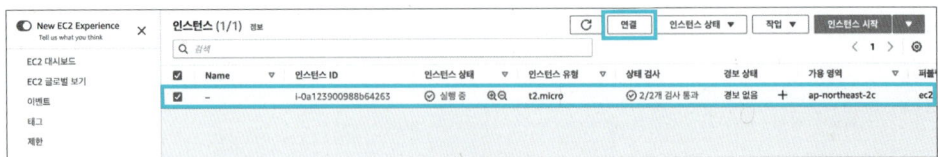

[그림 4-12] 연결 선택

2. 다음으로 'EC2 인스턴스에 연결'을 선택하고 [연결] 버튼을 클릭합니다.

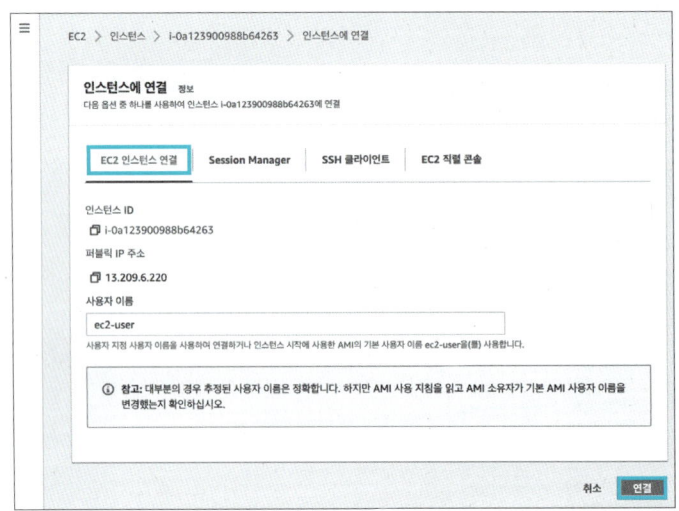

[그림 4-13] [연결] 버튼 클릭

3. 그러면 창이 열리고 인스턴스에 연결됩니다.

[그림 4-14] 인스턴스 연결

④ 인스턴스에 롤(IAM Role) 생성

EC2 인스턴스에서 잠시 뒤 '4.4 구현하기'에서 진행할 내용 중 S3에 접근하기 위해 EC2 전용 IAM Role을 생성해 줍니다.[4]

1. EC2 인스턴스를 선택한 다음 '작업 → 보안 → IAM 역할 수정' 항목을 선택합니다.

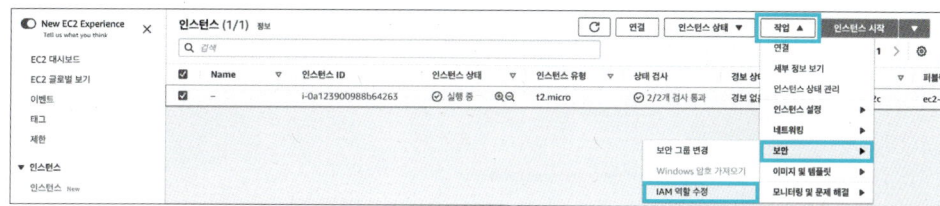

[그림 4-15] EC2 인스턴스에 대한 IAM Role 역할 수정

2. 그후 IAM Role 역할 수정 화면에서 [새 IAM 역할 생성] 버튼을 클릭합니다.

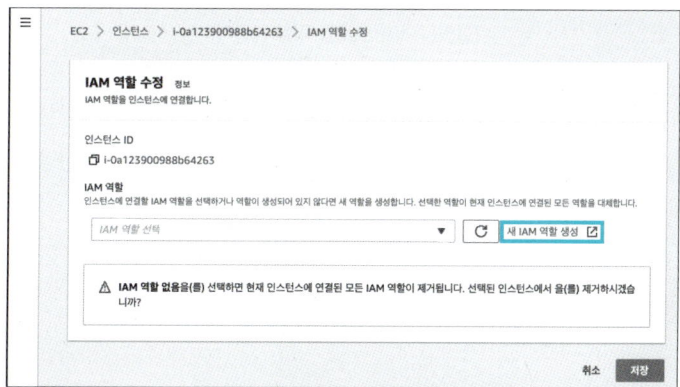

[그림 4-16] 새 IAM Role 역할 생성

3. IAM 화면에서 [역할 만들기] 버튼을 클릭합니다.

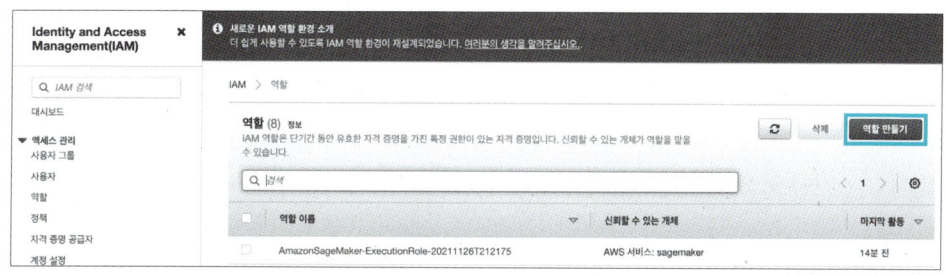

[그림 4-17] 역할 만들기

---

4 실무에서도 Key 방식보다도 IAM Role 방식을 선호합니다.

4. 신뢰할 수 있는 엔티티 유형에서 'AWS 서비스', 일반 사용 사례에서 'EC2'를 선택한 후 [다음] 버튼을 클릭합니다.

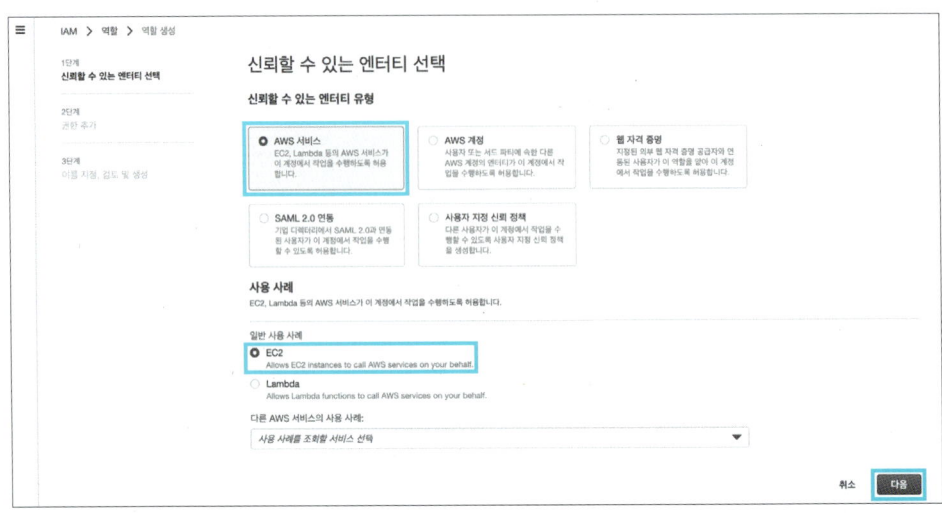

[그림 4-18] EC2용 역할 만들기

5. 일반적으로 서비스를 위해서 EC2에 Administrator 권한을 주지 않고, 필요한 권한만 부여하는 것이 올바른 방법이지만, 테스트 편의를 위해서 'AdministratorAccess' 권한을 부여해봅니다. [다음] 버튼을 누릅니다.

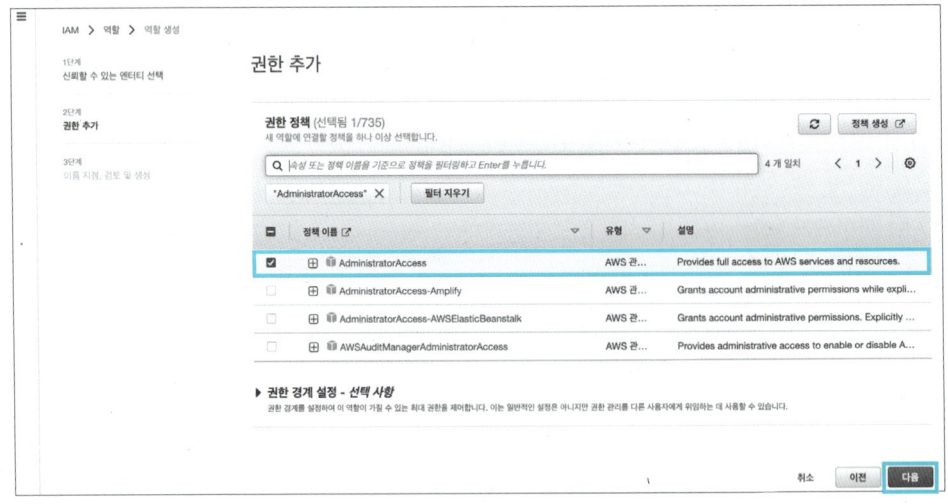

[그림 4-19] 권한 추가 화면에서 AdministratorAccess 권한 추가

6. 역할의 이름과 설명을 기입합니다.

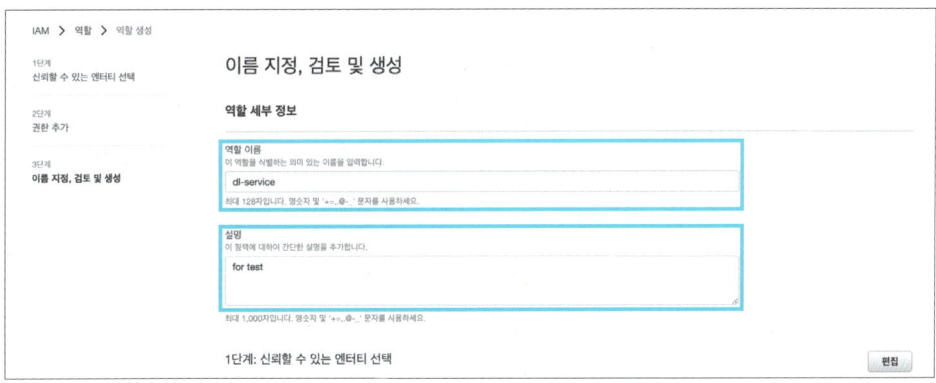

[그림 4-20] 역할 이름, 설명 지정

7. 역할 생성이 완료되면, EC2 인스턴스 화면으로 돌아와 [새로고침] 버튼을 누른 후 새롭게 생성된 'dl-service' 역할을 선택한 후 [저장] 버튼을 누릅니다.

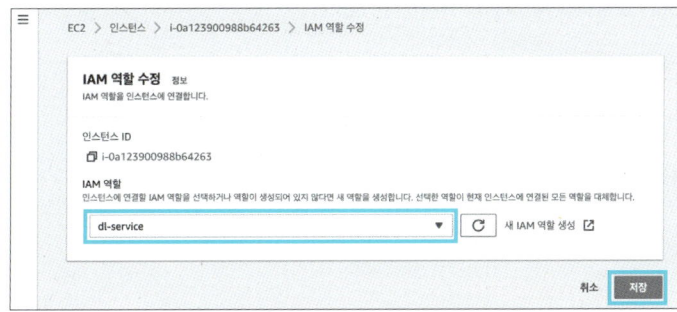

[그림 4-21] EC2 인스턴스의 역할 선택

⑤ 권한 부여

인스턴스 연결에서 열어둔 명령 창에서 다음 명령을 통해 권한이 올바로 부여되었는지 확인합니다.

```
$ aws sts get-caller-identity
```

다음과 같이 출력되면 제대로 설정된 것입니다.

```
[ec2-user@ip-172-31-34-102 ~]$ aws sts get-caller-identity
{
    "Account": "387402383014",
    "UserId": "AROAVUMX3H2TE2LQHRLRL:i-0a123900988b64263",
    "Arn": "arn:aws:sts::387402383014:assumed-role/dl-service/i-0a123900988b64263"
}
```

[그림 4-22] EC2 인스턴스에 부여한 역할 확인

4.3.1.4 주의사항

① 키 페어 파일(*.pem) 관리

공개키(Public Key)와 개인키(Private Key)로 구성되는 키 페어는 AWS EC2 인스턴스에 연결할 때 자격 증명을 입증할 때 사용하는 정보입니다. AWS EC2는 공개키를 인스턴스에 저장하며 개인키는 사용자가 저장합니다. 리눅스 인스턴스의 경우 개인키를 사용하여 SSH로 인스턴스에 안전하게 연결할 수 있습니다. 개인키를 소유하는 사람은 누구나 인스턴스에 연결할 수 있으므로 안전한 위치에 개인키를 저장해 두는 것이 중요합니다.

다음은 다운받은 키 페어 파일을 사용하여 로컬 PC 등 원격에서 AWS EC2 인스턴스에 접속하는 방법입니다. 여기서는 윈도우즈를 기반으로 설명합니다.

> **여기서 잠깐**
>
> **맥OS와 리눅스에서 원격으로 EC2 인스턴스에 접속하는 방법**
>
> ① ~/.ssh 폴더 아래로 키 페어 파일을 이동시킵니다.
>
> ```
> $ mv dl-service.pem ~/.ssh/
> ```
>
> ② 올바른 운영체제 권한 설정을 위해 키 페어 파일에 400(read) 권한을 부여합니다.
>
> ```
> $ chmod 400 ~/.ssh/dl-service.pem
> ```
>
> ③ ssh 명령을 사용하여 EC2 인스턴스에 접속합니다.
>
> ```
> $ ssh -i ~/.ssh/dl-serivce.pem ec2-user@<ec2-instance-ip>
> ```

1. PuTTY를 사용하여 EC2 인스턴스에 접속하겠습니다. 먼저 PuTTY를 설치합니다. https://www.chiark.greenend.org.uk/~sgtatham/putty/latest.html에 접속해서 자신의 운영체제에 맞는 installer를 선택하여 설치합니다.

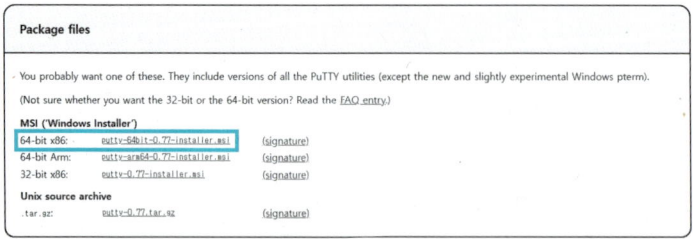

[그림 4-23] Putty 인스톨러 다운로드

2. 다운받은 파일을 실행하고, [Next]와 [install] 버튼을 눌러 설치를 진행합니다.

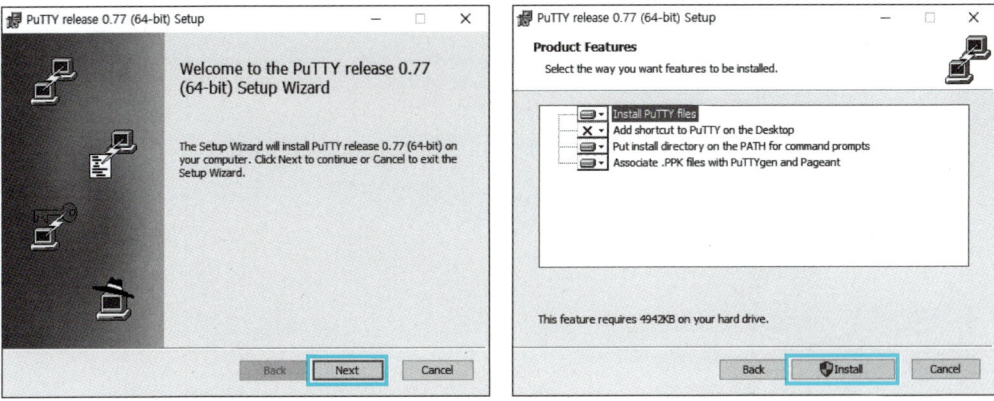

[그림 4-24] 설치 진행

3. 다음으로 AWS EC2 인스턴스를 PuTTY로 접속해보겠습니다. 접속하기에 앞서 .pem으로 끝나는 EC2 키 페어 파일을 PuTTY 개인키로 변환해주는 과정이 필요합니다. PuTTY를 설치했던 경로로 들어가서 puttygen.exe를 실행해줍니다. 기본값으로 설치했을 경우의 경로는 C:\Program Files\PuTTY\puttygen.exe입니다.

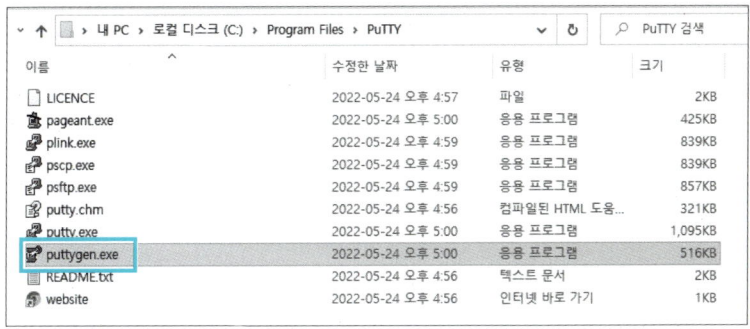

[그림 4-25] puttygen.exe 실행

4. RSA를 선택한 뒤 [Load] 버튼을 선택합니다.

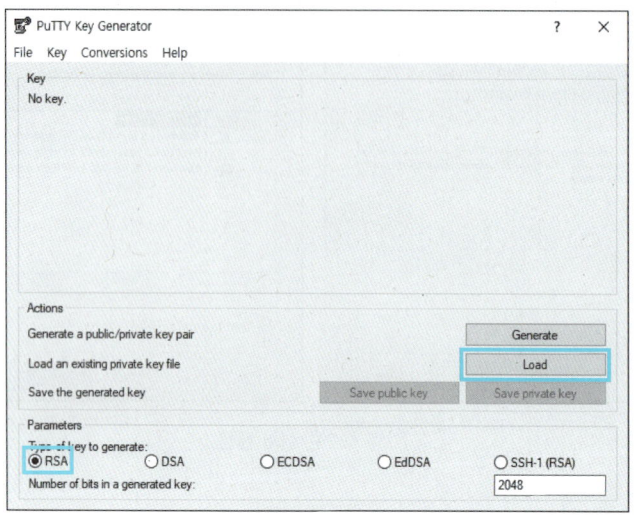

[그림 4-26] .pem키 load 준비

5. 파일 형식을 'All Files'로 바꾼 후 다운받은 .pem 파일을 선택합니다. 여기서는 dl-service.pem 입니다.

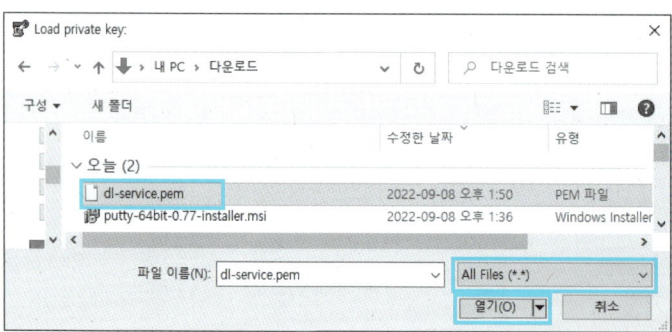

[그림 4-27] .pem 열기

6. [확인] 버튼을 눌러 키를 생성합니다.

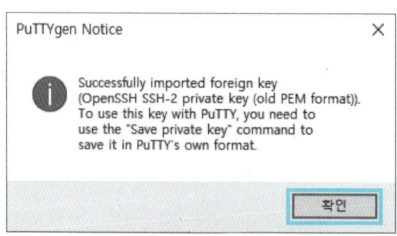

[그림 4-28] [확인] 버튼 클릭

7. [Save private key] 버튼을 클릭한 후 경고 창이 뜨면 [예]를 클릭하여 .ppk 확장자로 개인키 파일을 저장합니다.

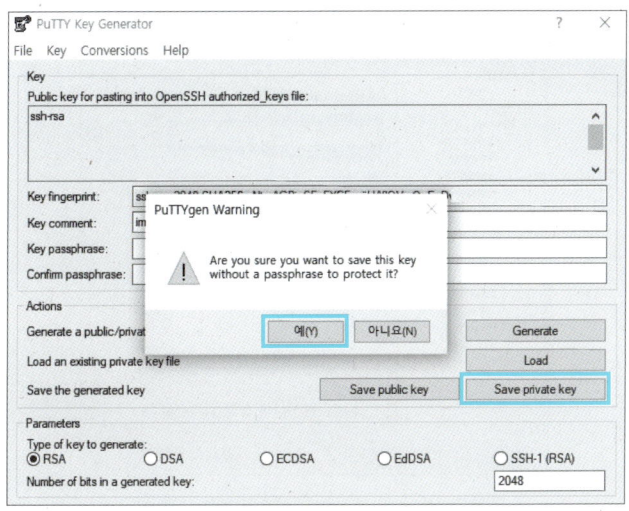

[그림 4-29] .ppk 확장자로 개인키 파일 저장

8. 이제 PuTTY 개인키를 이용하여 AWS EC2 서버에 접속하기 위해 공개(퍼블릭) IP를 설정합니다. AWS 화면으로 가서 인스턴스 공개 IP 주소를 복사합니다.

[그림 4-30] EC2 인스턴스 공개 주소 확인

9. PuTTY를 실행한 후 앞서 복사해두었던 주소를 'Host Name(or IP address)'에 붙여 넣고 'Saved Sessions'에 원하는 이름을 작성해둡니다.

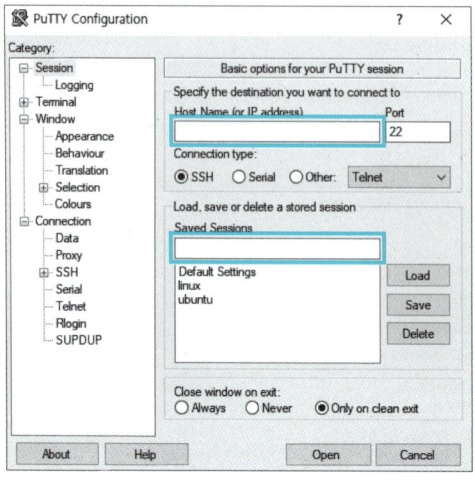

[그림 4-31] Putty Configuration Setting

10. 카테고리에서 Connection → SSH → Auth에 들어가면 'Private key file for authentication'이라는 칸이 있습니다. 여기에 [Browse] 버튼을 클릭하여 방금 전에 PuTTY key generator에서 생성한 개인 키(.ppk)를 가져옵니다.

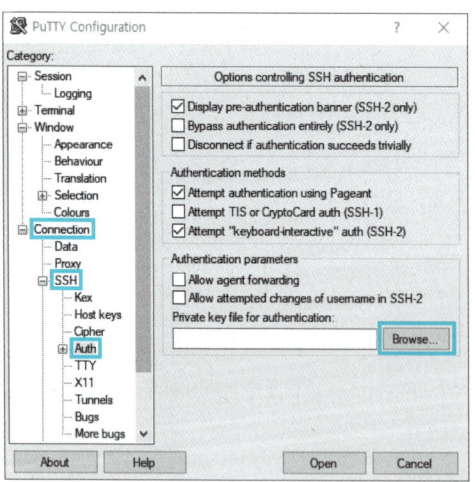

[그림 4-32] Putty Configuration Setting → Connection

11. 'Session' 카테고리로 다시 돌아와서 [Save] 버튼을 클릭하여 Session을 저장합니다. 저장한 세션을 클릭하고 [Open]을 클릭하여 실행합니다.

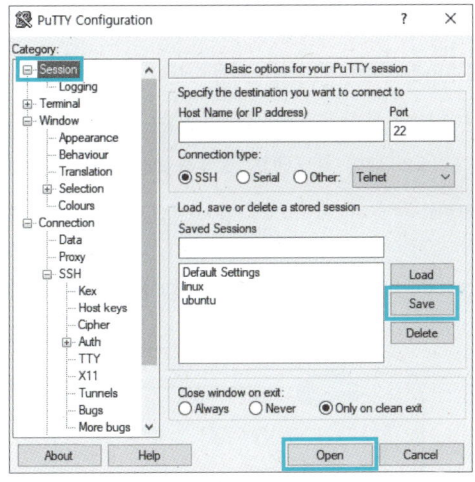

[그림 4-33] Putty Configuration Setting → Connection → Save

12. 저장된 세션에는 IP 주소와 개인키가 저장되어 있으므로 나중에 다시 EC2 서버에 접속할 경우 세션을 클릭하고 [Open] 버튼을 누르기만 하면 됩니다.

본 예시는 'AWS EC2 Ubuntu 20.04.3 LTS' 환경이므로 'ubuntu'로 로그인합니다. 리눅스 환경이라면, 'ec2-user'로 로그인하면 됩니다.

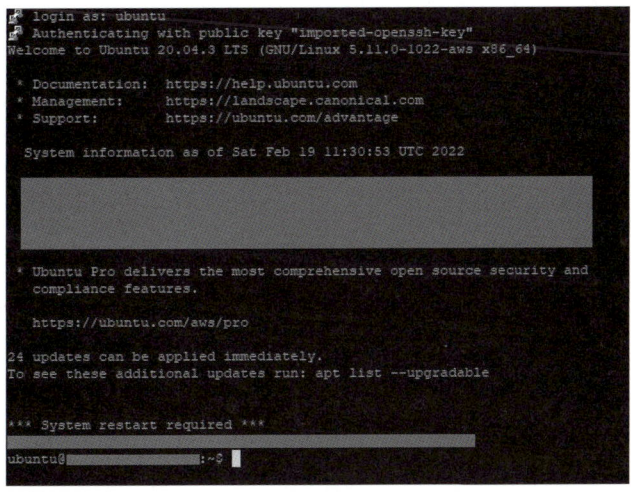

[그림 4-34] PuTTY로 AWS EC2 서버 접속

13. PuTTY를 통해 AWS EC2 서버에 접속했습니다.

② 아마존 VPC

Amazon Virtual Private Cloud(아마존 VPC)를 이용하면 사용자가 가상으로 네트워크를 정의할 수 입니다. 이 가상 네트워크는 AWS 서비스를 연결시켜 주는 역할을 합니다. VPC를 생성한 후 각 가용영역(Availability Zone)에 하나 이상의 서브넷을 추가할 수 있습니다. 이번 실습에서는 기본 VPC를 사용하면 되지만, 자세한 설명이 필요한 분은 다음 웹사이트를 참조하기 바랍니다.

〉 https://docs.aws.amazon.com/ko_kr/vpc/latest/userguide/what-is-amazon-vpc.html

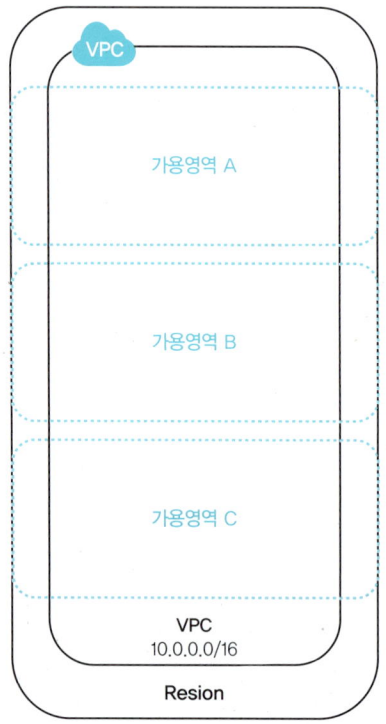

[그림 4-35] VPC와 가용영역

③ 방화벽

보안 그룹은 EC2 인스턴스가 인바운드 및 아웃바운드 트래픽을 제어하는 가상 방화벽 역할을 합니다. AWS EC2 콘솔을 사용하여 인스턴스를 시작하는 경우 인스턴스에 대한 새 보안 그룹을 생성할 수 있는 옵션이 제공됩니다. 각 보안 그룹에 대해 인스턴스에 대한 인바운드 트래픽을 제어하는 규칙과 아웃바운드 트래픽을 제어하는 별도의 규칙 세트를 추가할 수 있습니다. 자세한 내용은 다음 웹사이트를 참조하기 바랍니다.

> https://docs.aws.amazon.com/ko_kr/AWSEC2/latest/UserGuide/authorizing-access-to-an-instance.html

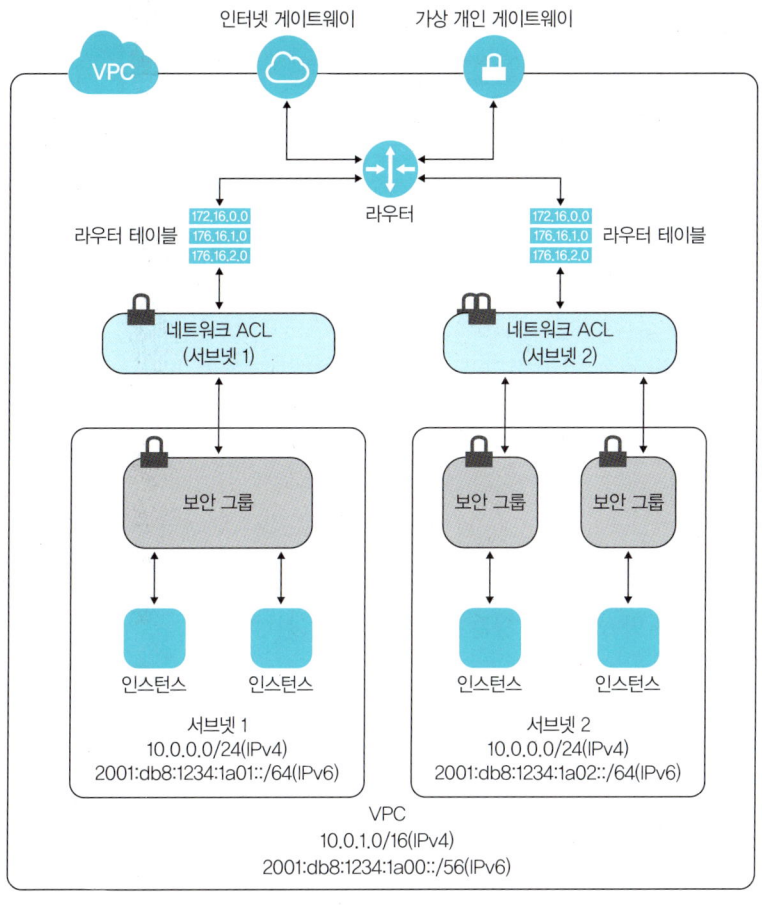

[그림 4-36] 보안 계층 설명

4.3.2 AWS S3

Amazon Simple Storage Service(아마존 S3)는 객체 스토리지 서비스입니다.[5] 여기서 '객체'는 간단히 표현하면 '파일'이라고 생각하면 됩니다. 즉, 파일 등의 객체를 저장하는 서비스입니다.

---

5 https://docs.aws.amazon.com/ko_kr/AmazonS3/latest/userguide/Welcome.html

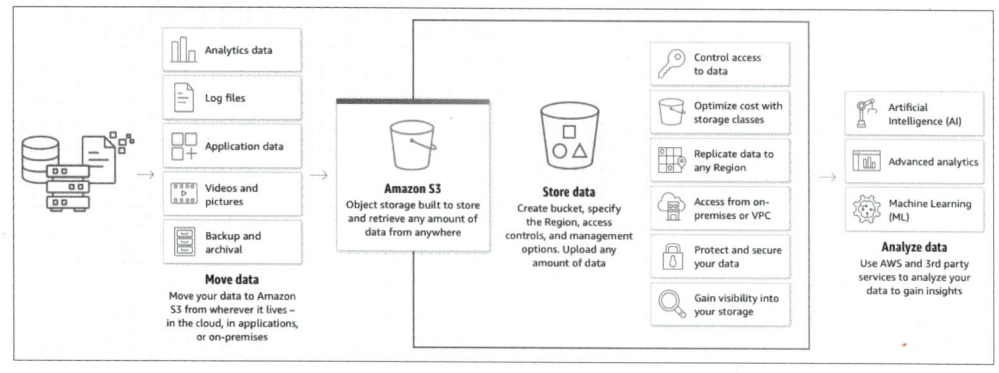

[그림 4-37] 아마존 S3 개념

S3가 버킷Bucket 아이콘으로 표현되어 있는데, 어떠한 것도 저장할 수 있는 저장소(storage)를 표현하는 것입니다.

S3를 사용하여 데이터 레이크, 웹 사이트, 모바일 애플리케이션, 백업 및 복원, 아카이브, 엔터프라이즈 애플리케이션, IoT 디바이스, 빅 데이터 분석 등 다양한 사용 사례에서 원하는 양의 데이터를 저장하고 보호할 수 있습니다. S3는 특정 비즈니스, 조직 및 규정 준수 요구사항에 맞게 데이터에 대한 액세스를 최적화, 구조화 및 구성할 수 있는 관리 기능을 제공합니다.

4.3.2.1 S3의 기능과 작동 방식

S3의 주요 기능을 간단히 살펴보면 다음과 같습니다.

- 스토리지 클래스
- 스토리지 관리
- 액세스 관리
- 데이터 처리
- 스토리지 로깅 및 모니터링
- 분석 및 인사이트
- 강력한 일관성

그리고 S3의 작동방식을 요약하면 다음과 같습니다.

- S3는 데이터를 버킷 내의 객체로 저장하는 객체 스토리지 서비스입니다. 객체는 해당 파일을 설명하는 모든 메타데이터이고 버킷은 객체에 대한 컨테이너입니다.
- 그러므로 S3에 데이터를 저장하려면 먼저 버킷을 생성하고 버킷 이름 및 AWS 지역(Region)을 지정해야 합니다.

- 그런 다음 S3에서 객체로 해당 버킷에 데이터를 업로드합니다. 각 객체에는 키(또는 키 이름)가 있으며, 이는 버킷 내 객체에 대한 고유한 식별자입니다.
- 또한 S3는 특정 사용 사례를 지원하도록 구성할 수 있는 기능을 제공합니다. 예를 들어, S3 버전 관리를 사용하여 동일한 버킷에 여러 버전의 객체를 보관하고, 실수로 삭제되거나 덮어쓰기 된 객체를 복원할 수 있습니다.
- 버킷과 버킷의 객체는 개인이며 액세스 권한을 명시적으로 부여한 경우에만 액세스할 수 있습니다. 버킷 정책, IAM 정책, 액세스 제어 목록(ACL), S3 액세스 포인트를 사용하여 액세스를 관리할 수 있습니다.

4.3.2.2 S3의 요금 정책

[그림 4-38] s3 프리 티어[6] 기준

프리 티어는 12개월 동안, 그리고 5GB 및 GET 요청 20,000건, PUT 요청 2,000건까지 무료입니다. 그렇지만 제시된 사용량을 초과하면 요금이 부과될 수 있습니다.

4.3.2.3 S3의 생성과 삭제

1. S3를 생성[7]하려면 'AWS Management Console'에 로그인한 후 S3 콘솔을 엽니다.

---

6 https://aws.amazon.com/ko/free/

7 https://docs.aws.amazon.com/ko_kr/AmazonS3/latest/userguide/creating-bucket.html

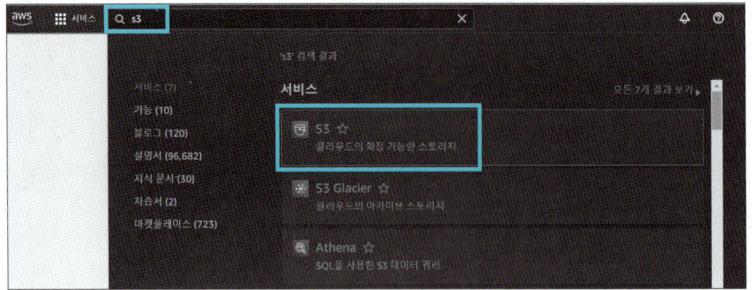

[그림 4-39] s3 서비스 선택

2. [버킷 만들기]를 선택합니다.

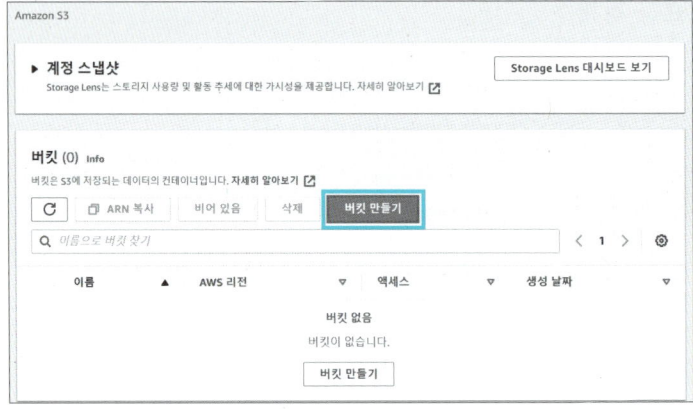

[그림 4-40] 버킷 만들기

> **여기서 잠깐**
>
> 버킷 만들기 마법사가 열리면 버킷 이름과 AWS 리전(지역)을 선택합니다. 버킷 이름은 다음과 같아야 합니다.
>
> - 모든 S3에서 고유해야 합니다.
> - 3~63자 이내로 작성해야 합니다.
> - 대문자가 없어야 합니다.
> - 소문자 또는 숫자로 시작해야 합니다.
> - 자세한 내용은 버킷 이름 지정 규칙[8]을 참조합니다.
>
> 그리고 버킷 이름에 계정 번호와 같은 중요한 정보를 절대 포함하지 마세요. 버킷 이름은 버킷의 객체를 가리키는 URL에 표시되기 때문입니다.

---

8 https://docs.aws.amazon.com/ko_kr/AmazonS3/latest/userguide/bucketnamingrules.html

3. '여기서 잠깐'에 소개된 방법으로 버킷 이름을 설정합니다. 여기서는 dl-service라고 가정해보겠습니다. 그리고 AWS 리전은 '아시아 태평양(서울) ap-northeast-2'를 선택합니다.

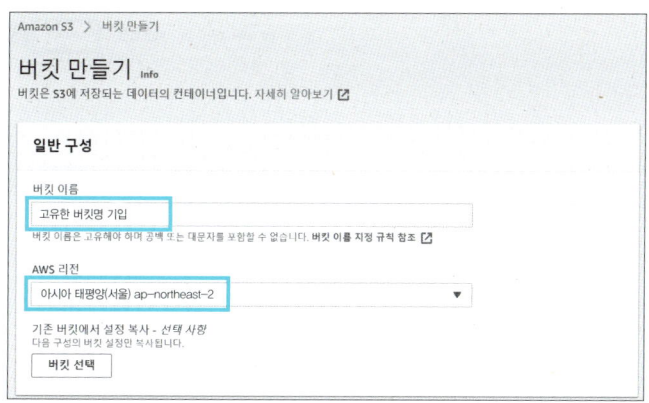

[그림 4-41] S3 버킷 생성을 위한 정보 입력

4. 다른 옵션은 기본 설정으로 두고 아래 [버킷 만들기] 버튼을 클릭하여 S3 버킷 생성을 완료합니다.

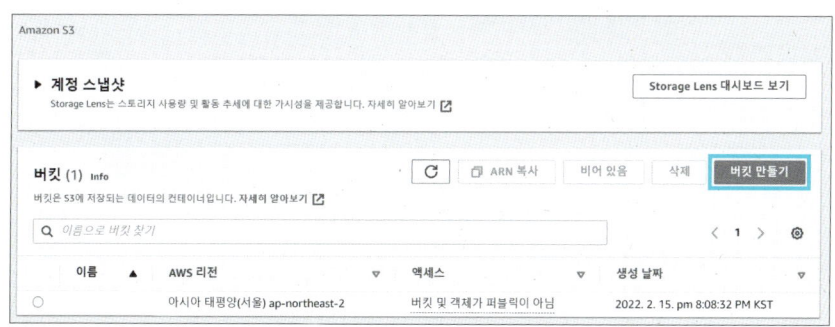

[그림 4-42] [버킷 만들기] 버튼 클릭

이제 S3를 삭제[9]하는 방법을 알아볼 차례입니다(이후 구현에서 S3를 사용할 것이므로, 삭제는 하지 않아도 되긴 합니다). 여기서는 생성된 버킷명이 dl-service라고 가정해보겠습니다.

1. 해당 버킷을 선택하고, [삭제] 버튼을 클릭합니다.

---

9 https://docs.aws.amazon.com/ko_kr/AmazonS3/latest/userguide/deleting-object-bucket.html

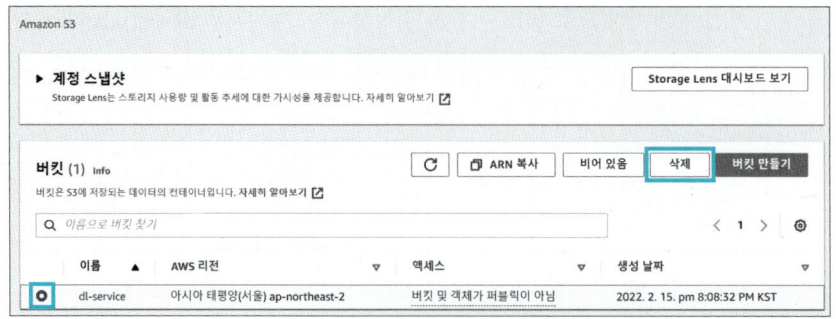

[그림 4-43] [삭제] 버튼 클릭

2. 삭제를 확인하기 위해 버킷 이름을 입력하고 [버킷 삭제] 버튼을 클릭합니다.

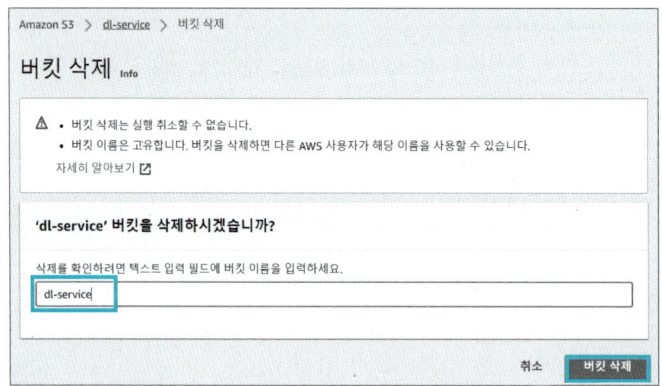

[그림 4-44] S3 버킷 삭제

4.3.2.4 파일 업로드 및 다운로드

AWS S3에 버킷을 생성했으면 버킷에 객체를 업로드할 준비가 된 것입니다. 텍스트 파일, 사진, 동영상 및 기타 모든 종류의 파일이 객체가 될 수 있습니다. 생성된 아마존 S3에 고양이 파일을 업로드[10] 해보겠습니다.

---

10 https://docs.aws.amazon.com/ko_kr/AmazonS3/latest/userguide/uploading-an-object-bucket.html

① 버킷에 객체 업로드

1. 버킷Buckets 목록에서 객체를 업로드하려는 버킷명을 선택합니다. 여기서는 버킷명을 'dl-service'라고 가정하겠습니다.

[그림 4-45] 업로드하려는 버킷명 선택

2. 버킷의 [객체] 탭에서 [업로드]를 선택합니다.

[그림 4-46] [업로드] 선택

3. '파일 및 폴더'에서 [파일 추가]를 선택하고, 업로드할 파일을 선택한 후 열기를 선택합니다. 그런 후 [업로드]를 선택합니다.

[그림 4-47] [업로드] 완료

4. 버킷에 객체를 성공적으로 업로드했습니다.

점진적으로 구현을 완성해 갈 수 있도록 [1단계]에서 [3단계] 순서로 진행되며, [3단계]에서 소스코드를 완성합니다.

구현순서

- [1단계] S3에 모델 아티펙트 업로드하기
- [2단계] 생성한 EC2에 서빙 서버 구축하기
- [3단계] 연동 테스트하기

4.4.1 [1단계] S3에 모델 아티펙트 업로드하기

우선 제공된 모델 아티펙트 및 소스파일을 S3에 업로드합니다. zip으로 압축된 모델 아티펙트 및 소스파일은 cat_breed_classification.zip입니다.

다음 순서대로 AWS 콘솔 화면을 통해 모델 아티펙트를 S3에 업로드합니다.

1. http://console.aws.amazon.com/에 접속하여 AWS 콘솔에 로그인합니다.
2. S3 서비스 화면으로 이동합니다.

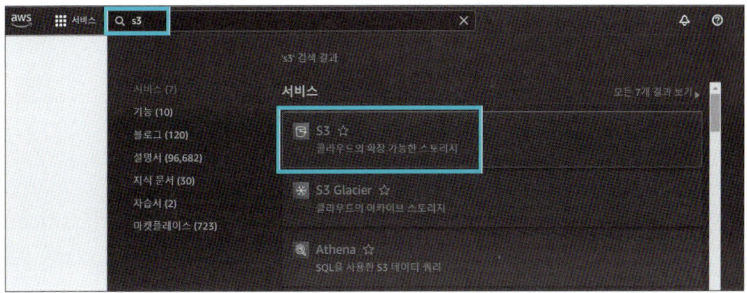

[그림 4-48] AWS 콘솔에서 S3 서비스 화면으로 이동

3. 앞서 생성한 S3 버킷을 선택합니다. 생성된 버킷명은 dl-service입니다.

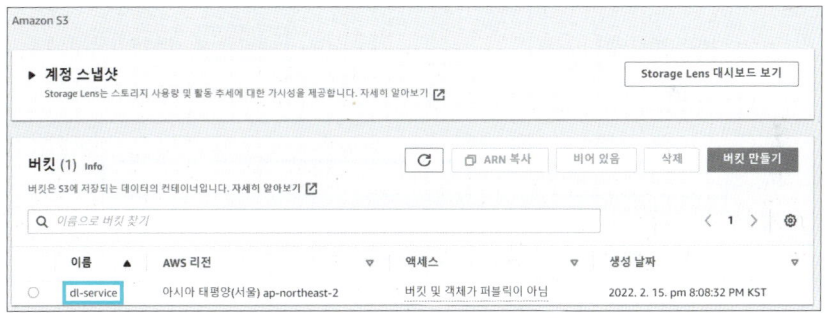

[그림 4-49] s3 버킷 선택

4. 버킷의 [객체] 탭에서 [업로드]를 선택합니다.

[그림 4-50] [업로드] 버튼 클릭

5. [파일 및 폴더]에서 [파일 추가]를 선택하고, 업로드할 파일인 cat_breed_classification.zip 파일을 선택하여 S3로 전송합니다.

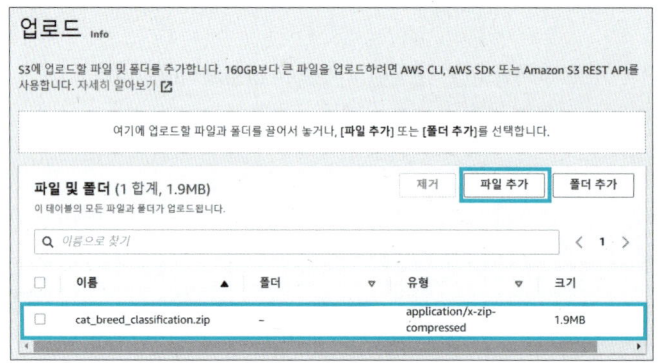

[그림 4-51] cat_breed_classification.zip 파일 업로드 결과

4.4.2 [2단계] 생성한 EC2에 서빙 서버 구축하기

EC2 인스턴스에 접속하기 위해 '4.3.1.3 인스턴스 생성 방법'의 내용을 참고하여 명령 창을 엽니다. 그런 후 다음 순서대로 서빙에 필요한 작업을 실행합니다.

1. S3에 업로드한 cat_breed_classfication.zip 파일이 S3 버킷에 위치해 있는지 CLI 명령어로 확인합니다.

   ```
   $ aws s3 ls s3://dl-service/
   ```

2. 파일이 있다면 현재 홈 폴더(.)로 복사해옵니다.

   ```
   $ aws s3 cp s3://dl-service/cat_breed_classification.zip
   ```

3. cat_breed_classfication.zip 파일의 압축을 풉니다.

   ```
   $ unzip cat_breed_classification.zip
   ```

4. cat_breed_classfication/src 밑으로 이동합니다.

   ```
   $ cd cat_breed_classfication/src
   ```

5. 애플리케이션 실행에 필요한 파이썬 패키지들을 설치합니다.

   ```
   $ python3 -m pip install -r requriments.txt
   ```

6. 백엔드 서버를 실행합니다.

   ```
   $ cd backend /
   $ uvicorn be_main:app --reload --host 0.0.0.0
   ```

7. 프런트엔드 서버를 실행합니다.

   ```
   $ cd ../frontend/
   $ streamlit run fe_main.py
   ```

4.4.3 [3단계] 연동 테스트하기

EC2 내에서 실행한 API 서버가 제대로 동작하는지 확인하기 위해 다음 작업을 실행합니다.

1. 정상 동작을 할 때 로컬 테스트를 위해 방화벽을 엽니다. 열어야 할 포트는 FastAPI의 8000번과 Streamlit의 8501번입니다. 이제 EC2 인스턴스의 [Security] 탭을 클릭하여, Security groups 아래의 링크를 클릭합니다.

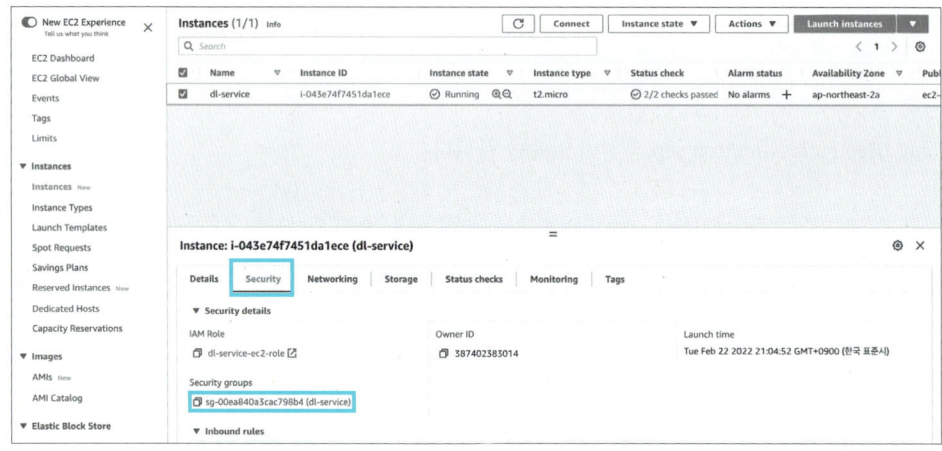

[그림 4-52] 방화벽 오픈을 위한 Security groups 설정

2. 'Inbound rules'에서 [Edit Inbound rules] 버튼을 클릭합니다.

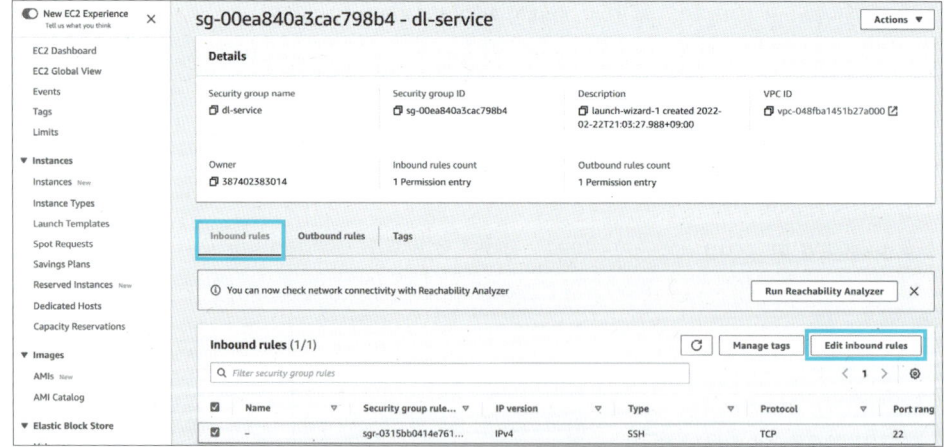

[그림 4-53] 보안 그룹 화면

3. FastAPI의 8000번과 Streamlit의 8501번 포트를 다음과 같이 설정하고, [Save rules] 버튼을 클릭하여 저장합니다.

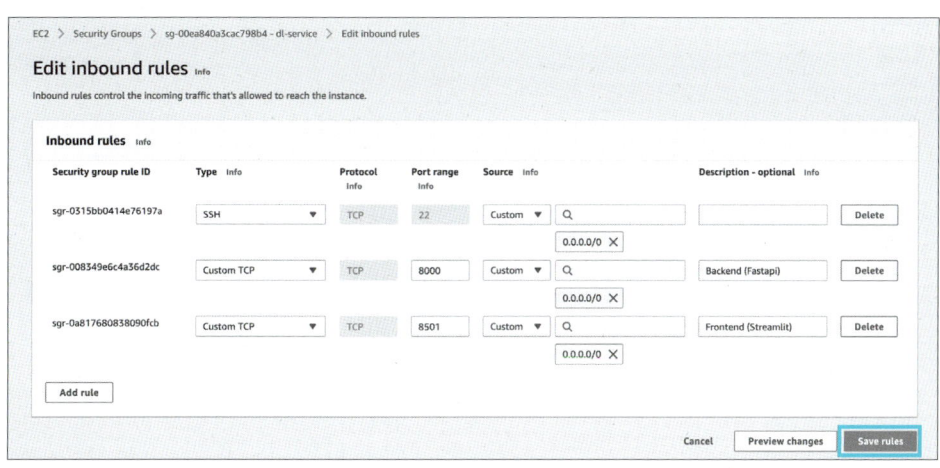

[그림 4-54] 보안 그룹의 Inbound rules 수정

4. API 정상동작 여부를 확인하기 위해서 웹브라우저로 Swagger 페이지를 엽니다. 새로운 웹브라우저를 실행하여 EC2 인스턴스 공개 IP 주소와 포트번호 8000번으로 접속합니다.

> url: http://〈EC2 인스턴스 공개 IP 주소〉:8000/docs

[그림 4-55] FastAPI 접속

5. /detect_labels를 POST 방식으로 호출합니다.

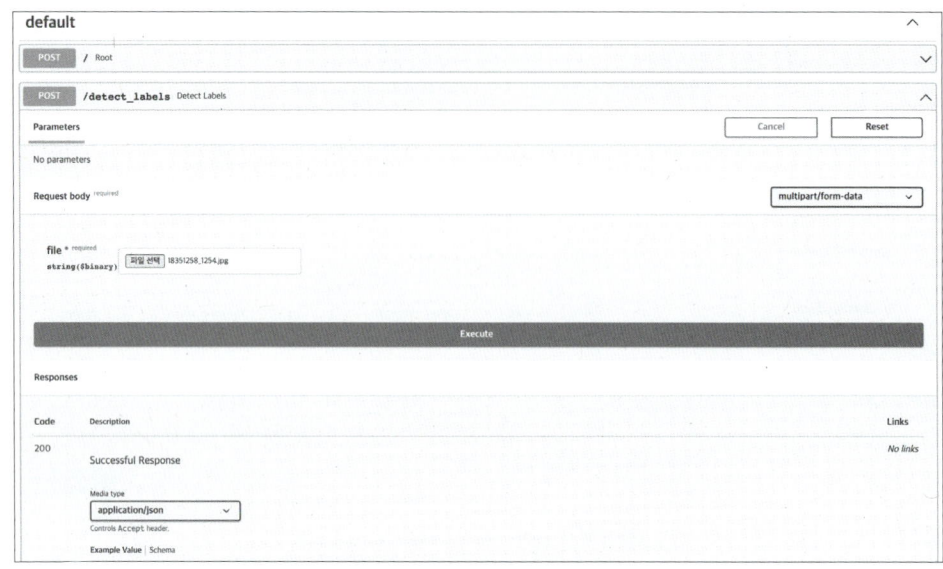

[그림 4-56] /detect_labels를 POST 방식으로 호출

6. 응답받은 결과를 확인합니다.

[그림 4-57] 응답 결과 확인

7. 새로운 웹브라우저를 실행한 후 'http://EC2 인스턴스 공개 IP 주소:8501'를 입력해서 Streamlit 페이지를 엽니다.

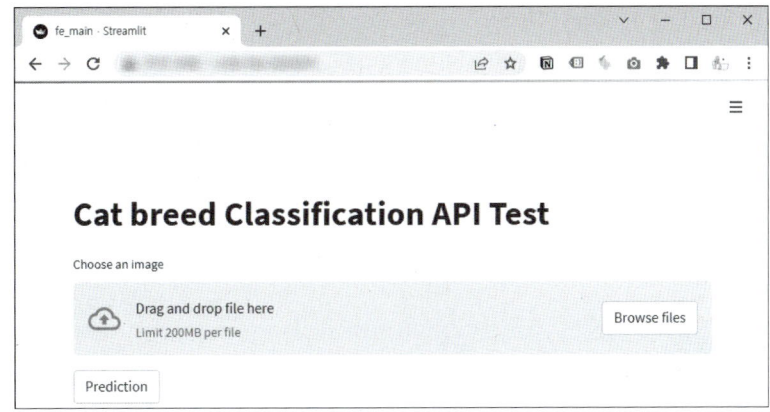

[그림 4-58] Streamlit 접속

8. Streamlit 메인 화면에서 고양이 이미지를 업로드하고, [Prediction] 버튼을 눌러 결과를 확인합니다.

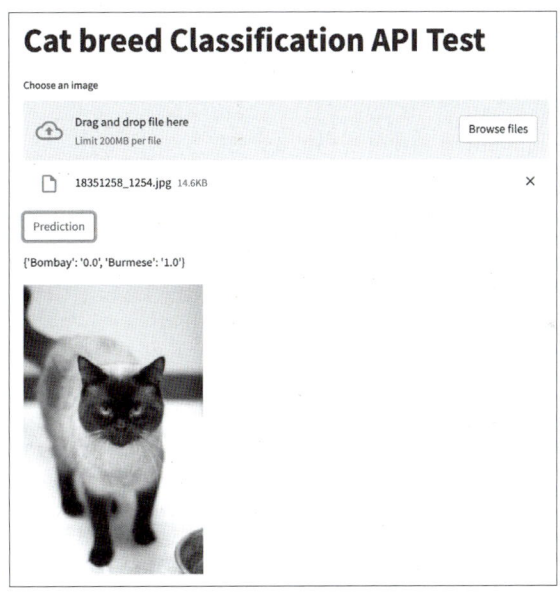

[그림 4-59] 예측 결과

9. 필요 시 인스턴스를 종료할 수 있습니다.

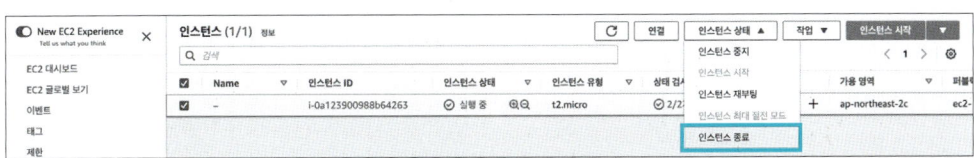

[그림 4-60] 인스턴스 종료

4장. AWS 클라우드에서 AI/ML 서비스 구축하기

이것으로 연동 테스트를 마쳤습니다. EC2는 무료로 시작할 수 있지만 인스턴스를 종료해서 추가로 요금이 청구되지 않도록 합니다. EC2 인스턴스와 S3를 사용하지 않는 경우에는 요금 청구 방지를 위해 EC2 인스턴스 및 관련 데이터를 삭제할 수 있습니다. EC2 인스턴스를 선택하고, '인스턴스 상태'를 선택한 다음, '인스턴스 종료'를 선택합니다.

4.5 요약과 정리하기

이 장에서는 AWS 클라우드에서 AI/ML 서비스를 구축했습니다. AWS 클라우드에 EC2 인스턴스를 생성하고 S3에 모델 아티펙트를 업로드했습니다. EC2에 파이썬 패키지를 설치하여 환경을 구축하고, 백엔드 서버와 프런트엔드 서버를 구축했습니다. 로컬 환경에서 클라우드에 있는 Streamlit에 접속하여 이미지를 업로드하여 추론결과를 출력해 보았습니다.

다음 장에서는 AI/ML Pipeline에 대해서 알아보겠습니다.

5장

AI/ML Pipeline

 학습순서

1. 학습목표
2. AI/ML Pipeline의 정의
3. AI/ML Pipeline의 필요성
4. AI/ML Pipeline의 구성요소
5. AWS SagwMaket 스튜디오에서의 AI/ML Pipeline
6. 요약과 정리하기

5.1 학습목표

4장에서는 AWS 클라우드에서 AI/ML 서비스를 구축해보았습니다. 이 장에서는 '6장. 종합 프로젝트'을 실습하기에 앞서 AI/ML Pipeline이란 무엇이고, 왜 필요한지와 각 구성요소에는 무엇이 있는지 살펴보겠습니다.

5.2 AI/ML Pipeline의 정의

4장까지 학습하면서 어떤 작업을 했는지 떠올려 봅시다.

고양이 사진과 정답지(label)가 있는 데이터를 다운받고, Train 데이터셋과 Test 데이터셋을 분리하는 전처리를 실행했습니다. 그리고 학습을 진행했는데, 학습지표(loss, accuracy)를 정의하고, 확인하면서 학습완료 여부를 체크했습니다.

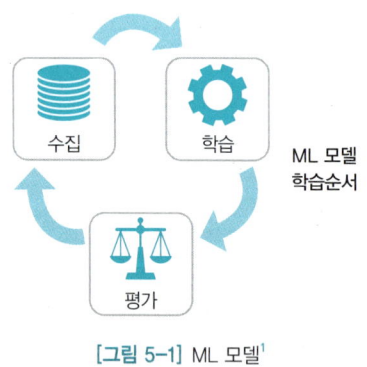

[그림 5-1] ML 모델[1]

2장에서는 Case1, Case2, Case3로 나눠 데이터와 관련된 테스트를 진행했습니다. 데이터 분포와 잘못된 labeling이 섞여 있는 경우 모델 학습에 영향을 끼쳤습니다.

---

1 출처: https://www.linkedin.com/pulse/pipelines-production-ml-systems-ivelin-angelov?articleId=6628821083674030080

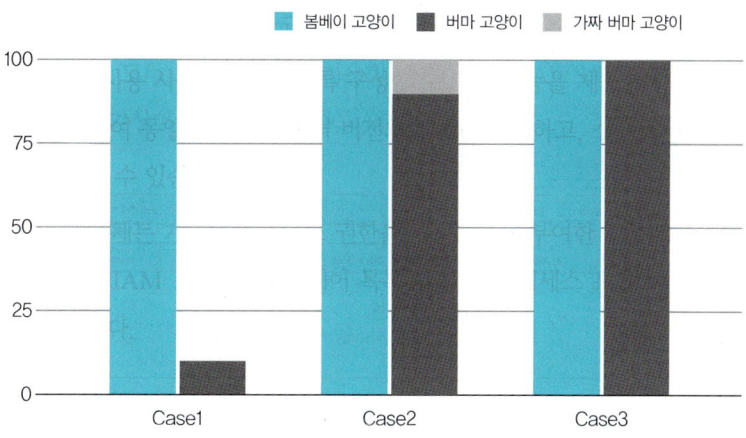

[그림 5-2] Case1, Case2, Case3의 각 학습데이터 수량

Case1은 학습데이터의 각 클래스별 데이터의 수량 차이가 많이 나는 경우였는데, 데이터 불균형 문제(Imbalanced Data Problem)로 학습데이터가 많은 클래스 쪽으로 예측을 하는 문제가 생겼습니다.

Case2처럼 실수로 잘못된 클래스에 들어가게 되면, AI모델 성능에 악영향을 끼쳤습니다. 잘못된 클래스로 레이블된(Labeled) 데이터가 많아지게 되면 분류 기준이 모호하게 되어 올바른 예측을 하지 못하게 됩니다.

즉, 데이터 수집 → 학습 → 평가 과정에서 '데이터 검증'의 필요성을 알게 되었습니다. '데이터 수집 → 데이터 검증 → 학습 → 평가'를 반복적으로 실행하여 목표에 부합하는 평가 지표(ⓒ accuracy 90%)가 나올 때까지 학습을 진행했습니다.

여기까지는 모델을 학습시키기 위한 순서였으며, 모델 학습이 완료된 후 딥러닝 서비스를 만들기 위한 과정을 생각해봅시다. 4장에서는 AWS 클라우드에서 S3와 EC2를 생성했으며, S3에 학습된 모델을 저장(이후 배포 또는 deploy)하고, EC2에 백엔드 서버와 프론트엔드 서버를 띄워 모델을 서빙했습니다.

[그림 5-3]은 〈Hidden Technical Debt in Macnine Learning〉이라는 논문에서 발췌한 그림입니다. 머신러닝 파이프라인(Pipeline)에 들어가는 요소를 비율로 나타낸 그림입니다.

그림 중앙의 작은 검은 박스(ML 코드)는 실제 ML 시스템의 아주 작은 부분만 ML 코드로 이루어져 있으며, 그 이외에도 서비스 제공 인프라, 데이터 수집, 모니터링 등의 구성요소가 필요함을 표현하고 있습니다.

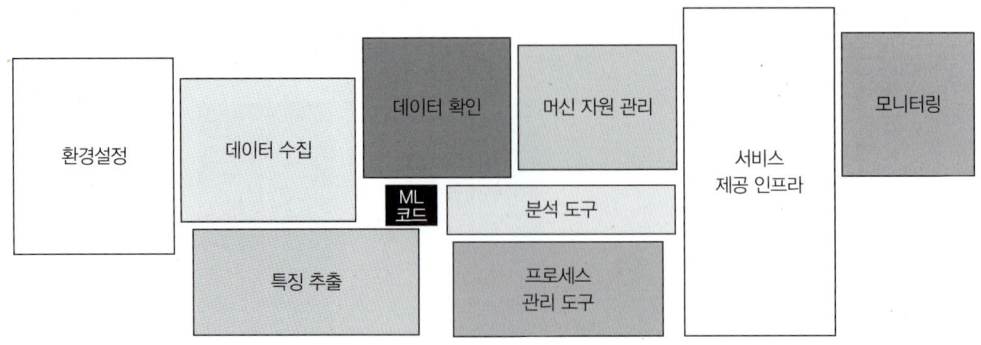

[그림 5-3] 머신러닝 시스템의 숨은 기술 부채[2]

S3와 EC2를 선택한 것과 같이 인프라를 구성하고, 정상적으로 모델이 배포되고 동작하는지 모니터링하는 부분을 생각해보면 그 중요도를 느낄 수 있습니다. 즉, 딥러닝 서비스를 구축함에 있어서 이렇게 다양한 구성요소들의 유기적인 동작이 필요합니다.

[그림 5-4]는 딥러닝 서비스를 구축할 때 필요한 구성요소와 1~4장에 다뤘던 내용들을 연결한 모습입니다.

[그림 5-4] 딥러닝 서비스를 위해 필요한 구성요소

---

2 출처: 〈Hidden Technical Debt in Machine Learning〉

일련의 과정들을 순차적으로 진행되는 시스템을 AI/ML Pipeline이라고 합니다. Pipeline은 사전적인 의미로 '(석유·가스 등의 장거리 수송을 위하여, 보통 지하에 매설하는) 관로'를 의미합니다.

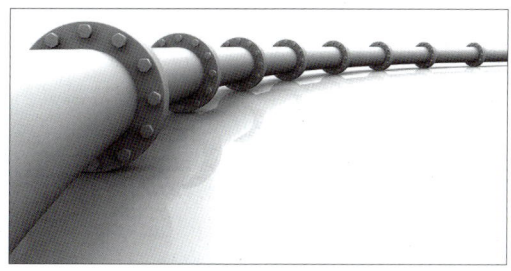

[그림 5-5] 파이프라인의 예

즉, AI/ML 서비스에 필요한 워크플로우WorkFlow를 체계화하고 자동화하는 방법입니다. AI/ML Pipeline은 데이터 추출 및 전처리(Preprocessing)에서 모델 학습(Train) 및 배포(Deploy)에 이르기까지 모든 작업을 실행하는 여러 순차적 단계로 구성됩니다.

5.3 AI/ML Pipeline의 필요성

일련의 과정이 구성되어야 한다는 점은 이해했지만, 반드시 AI/ML Pipeline이 필요한지 의구심이 듭니다. 어쩌면 논문의 내용을 구현하여 모델을 실험하는 경우는 AI/ML Pipeline이 반드시 필요하진 않습니다. 그러나 딥러닝 서비스를 고객들에게 제공하려는 경우, 또는 한 개가 아닌 여러 개의 딥러닝 서비스를 프로젝트화하고 서비스화하는 경우에는 어떻게 효율적으로 관리해야 할지 고민하게 됩니다. 이럴 때 AI/ML Pipeline이 필요합니다.

AI/ML Pipeline을 구성할 때 그 장점을 확인해보면서 AI/ML Pipeline의 필요성을 느껴봅시다. 즉, 여러 개의 딥러닝 서비스를 관리하는 측면에서 어떤 이점이 있는지 확인하는 겁니다.

AI/ML Pipeline의 주요 이점은 표준화하고 자동화하는 데 있습니다. 새로운 딥러닝 프로젝트를 시작할 경우, 사용할 수 있는 데이터 확인, 데이터 검증, 전처리, 모델 훈련, 분석 및 배포를 포함하는 워크플로우가 같이 설정되어야 합니다. 이러한 각 단계를 수작업으로 매번 구성하고 실행할 수 있지만, 이는 시간이 많이 들고 오류의 원인이 되기도 합니다.

추천 시스템 예시를 통해 AI/ML Pipeline의 필요성을 느껴봅시다. 다양한 종류의 추천 시스템이 고객들에게 제공된다고 상상해봅시다. 즉, 인기 추천, 장바구니 추천, 개인화 추천 등과 같은 기능을 제공하는 겁니다. 고객들이 원하는 상품 트렌드는 계절별로 다르고, 시간이 지나면 또 달라지기 때문입니다.

이러한 고려사항은 여러 개의 모델 배포가 가능한 구조 및 주기적인 모델 학습 및 배포가 가능한 구조가 필요하게 됩니다. 또한 배포가 정상적으로 이루어졌는지, 추천된 상품을 고객들이 좋아하는지 등 고객 반응지표 수집과 같은 모니터링도 필요하게 됩니다.

다음은 AI/ML Pipeline을 사용할 때의 장점입니다.

장점 1. 기존 모델 유지보수에서 벗어나 새 모델에 집중할 수 있다.

여러 개의 추천 서비스를 제공하고, 고객들이 원하는 상품은 시간에 따라 다릅니다. 이런 경우에 상품 구매 트렌드를 반영하려면 다음의 사항을 확인해야 합니다.

- 언제 재학습이 필요한가?
- 새로운 데이터로 재학습한 새로운 버전(New Version) 모델의 오차(loss)와 정확도(accuracy)는 이전 버전 모델보다 더 나은가?
- 최신의 모델을 배포했을 때, 정상 동작을 하는가?
- 최신의 모델을 배포했을 때, 이전 모델보다 사용자 반응이 더 좋은가?

주기적인 학습 결과를 배포한다면 이러한 확인 사항이 생깁니다. 이런 확인 사항은 주기적이고, 반복적으로 일어납니다. 그런데 이러한 관리포인트를 일일이 수동(예 S3 모델을 수동으로 업로드함)으로 한다면, 많은 시간이 소요되고 새로운 모델 개발에 투자할 시간이 줄어 들게 됩니다.

그러나 자동화된 AI/ML Pipeline을 사용하여 이러한 과정을 자동화한다면 불필요한 반복 작업에서 벗어날 수 있습니다. 즉, 기존 모델의 유지보수에서 벗어나 (데이터 사이언티스트의 본질적인 업무인) 새로운 모델 개발에 더 많은 시간을 투자할 수 있습니다.

장점 2. 버그를 예방하고 디버깅을 쉽게 할 수 있다.

새로운 모델을 배포했는데, 사용자 반응이 급격히 떨어졌습니다. 이럴 때는 어디서부터 어떻게 디버깅을 하고, 버그를 발견할 수 있을까요?

즉 AI/ML Pipeline은 구성요소를 체계화하여 각 단계를 나눠 관리하고 있습니다. 그러므로 각 단계별로 일어난 내용을 분리해서 확인할 수 있습니다. 또한 각 단계에 '검증' 단계를 추가하여, 데이터에 문제가 있는지(데이터 검증 스텝), 모델에 문제가 있는지(모델 분석 및 검증단계), 서비스 시 장애가 없는지(모니터링) 등을 확인 할 수 있습니다.

이로 인해 AI/ML Pipeline의 자동화된 워크플로우를 사용하면 오류를 방지하고, 빠른 버그 감지와 디버깅을 쉽게 할 수 있습니다.

장점 3. 버전 관리를 하여 추적이 가능하다.

상품 구매 트렌드가 변경됨에 따라 모델 재학습을 실행합니다. 이 경우, 모델과 데이터의 버전을 관리하면서 변화되는 트렌드를 추적할 수 있습니다.

이는 다양한 모델을 실험하는 환경에서 더욱 유용합니다. 모델의 초매개변수, 사용된 데이터셋과 결과 모델 측정 항목(예 오차, 정확도)의 변경사항을 기록하여, 어떤 모델을 선택하고 배포했는지를 추적합니다. 이런 버전 관리 문서는 데이터 사이언티스트가 모델을 다시 생성하거나 모델의 성능을 추적할 때 특히 유용합니다.

장점 4. 표준화를 통해 업무 효율 및 생산성이 높아진다.

표준화된 설정을 만들어 개인의 업무 적응을 향상시킬 수 있습니다. 따라서 효율성이 높아지고 새 프로젝트를 설정하는 데 소요되는 시간이 줄어듭니다. 머신러닝 파이프라인을 구축하는 데 시간을 투자하면 프로젝트의 수명을 높이는 데도 도움을 줄 수 있습니다.

5.4 AI/ML Pipeline의 구성요소

데이터를 지속적으로 수집할 수 있다면, 모델도 지속적으로 학습하고 배포할 수 있습니다.

일반적으로 데이터가 많을수록 모델이 개선되기도 하며, 새로운 데이터를 학습함으로 인해 새로운 트렌드를 반영할 수도 있습니다. 그러므로 모델을 특정주기에 맞춰 재학습을 실행해야 합니다. 이런 지속적인 데이터 유입과 새로운 모델 배포가 자동화하는 것을 AI/ML Pipeline이라고 하며, 이 필요성에 대해서는 앞서 설명했습니다.

여기서는 AI/ML Pipeline의 구성요소와 그 역할에 대해 알아보겠습니다.

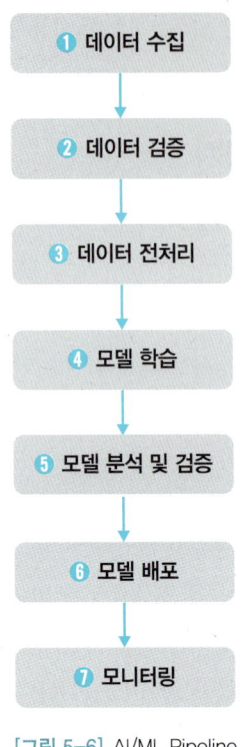

[그림 5-6] AI/ML Pipeline

① 데이터 수집

학습에 필요한 데이터를 수집하는 단계입니다. 가공되기 전의 데이터를 수집합니다.

- 데이터의 특징(정형데이터, 비정형데이터)에 맞춰 데이터베이스를 선정하고 설계합니다.
- 다양한 데이터 소스와 서비스에 호환이 될 수 있도록 합니다.

② 데이터 검증

데이터의 편향 또는 이상 데이터는 모델 품질을 저하시키므로 모델 학습 전에 데이터를 검증하는 단계입니다.

- 데이터의 포맷이 약속된 형태로 들어오는지 확인합니다. 예를 들어, 데이터 수집 단계에서 남녀를 1, 0의 숫자 형태로 약속했지만, 예상치 못하게 텍스트 형태(예 female, male)로 들어오는 경우를 감지할 수 있습니다.
- 데이터의 분포가 정상적인지 확인합니다.

③ 데이터 전처리

모델 학습에 필요한 데이터를 가공합니다.

- 모델이 이해할 수 있는 적절한 데이터 타입으로 변환합니다. 모델의 경우 텍스트, 이미지 데이터는 이해할 수 없으므로 0, 1 등의 숫자로 표현된 데이터로 변환합니다. 예시로 one-hot encoding이 있습니다.
- 학습이 더 잘 이뤄질 수 있도록 피처 엔지니어링을 합니다. 예시로 수집된 날짜 데이터에서 요일을 추출하여 사용할 수 있습니다.
- 학습데이터는 Train, Test, Validation 데이터셋으로 나누어 사용합니다.

④ 모델 학습

모델을 학습하는 단계입니다.

- 모델이 풀어야 하는 문제에 맞춰 평가척도(loss, accuracy 등)를 설계합니다. 기준 이상이 된 경우 모델 학습을 조기(Early Stopping)에 종료시킬 수 있습니다.
- learning_rate와 같은 초매개변수를 튜닝하여 평가척도를 높일 수 있도록 합니다.
- 여러 개의 모델을 동시에 학습시키는 환경인 경우 GPU, 메모리 등 시스템 자원에 대한 고려를 합니다. 또는 학습 속도를 높일 수 있는 병렬로 분산학습을 진행하기 위한 환경을 필요로 합니다.

⑤ 모델 분석 및 검증

학습이 완료된 모델을 분석하고 검증하는 단계입니다.

- 모델 평가 척도들이 이전 모델에 비해 개선되었는지 확인합니다.
- 일반적이고, 일관적인 성능이 나오는지 확인합니다. 즉, 특정 데이터에만 평가척도가 높게 나오지 않는지 확인합니다.
- 여러 개의 모델을 동시에 학습한 경우 모델의 성능을 비교합니다.

⑥ 모델 배포

모델을 배포하여 서빙하는 단계입니다.

- 데이터 버전, 모델 버전, 초매개변수, 모델 평가척도 등을 메타정보로 함께 저장하여 모델을 관리합니다. 이 메타정보는 추후 모델을 추적하는 데 사용할 수 있습니다. 이러한 버전이 관리될 수 있는 model registry 도구를 사용해 머신러닝 모델의 생명주기(Lifecycle)를 관리할 수 있게 돕습니다.

⑦ **모니터링**

모델 배포 이후 서비스에 문제사항이 없는지 확인합니다.

- 장애가 발생한다면, 알람을 받아 즉각적으로 처리할 수 있도록 합니다. 예를 들어, 게임 서버가 다운되는 경우를 경험해봤을 겁니다. 이와 같이 급작스럽게 사용자가 증가하여, 인프라가 감당할 수 없는 트래픽을 받을 때 서버의 정상 동작 여부를 알람으로 받을 수 있습니다.
- 고객 반응지표가 기준점 이하로 내려갈 경우 알람을 받아 조치를 취할 수 있도록 합니다. 예를 들어, 새로운 모델로 배포한 후 추천 상품에 사용자 반응이 급격히 떨어진 경우, 이전 모델로 롤백rollback하여 서비스할 수 있습니다.

5.5 AWS SageMaker 스튜디오에서의 AI/ML Pipeline

SageMaker 서비스는 좀 더 앞선 2017년 11월에 출시된 클라우드 AI/ML 학습 플랫폼입니다. 사용자는 SageMaker를 통해 클라우드에서 AI모델 학습 및 배포를 할 수 있습니다. 또한 2020년 11월에 출시된 SageMaker Studio(SageMaker 스튜디오) 서비스로 SageMaker에 포함된 서비스를 한 눈에 볼 수 있도록 통합되고 있습니다.

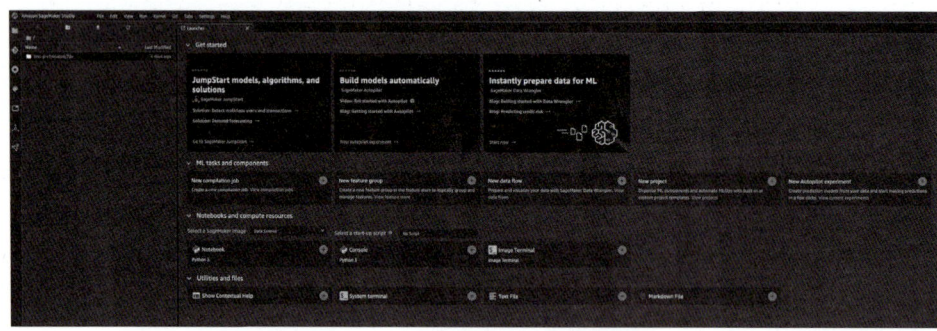

[그림 5-7] AWS SageMaker 스튜디오

SageMaker 스튜디오는 [그림 5-7]처럼 AI/ML Pipeline의 각 개발 단계를 실행할 수 있도록 통합된 사용자 인터페이스를 제공합니다.

각각의 ML 개발 단계를 실행할 수 있는 웹 기반의 단일 시각적 인터페이스를 제공하여, AI 서비스 생산성을 향상시킵니다. SageMaker 스튜디오는 모델을 구축, 훈련 및 배포하는 데 필요한 액세스 권한, 제어 및 가시성을 각 단계별로 제공합니다. 신속하게 데이터를 업로드하고, 새로운 노트북을 생성하며, 모델을 훈련 및 튜닝하고, 단계를 앞뒤로 이동하며 실험을 조정하고, 결과를 비교하며, 모델을 프로덕션에 배포하여 한 곳에서 생산성을 크게 높일 수 있습니다. 노트북, 실험 관리, 자동 모델 생성, 디버깅, 모델 및 데이터 드리프트[3] 탐지를 포함한 모든 머신러닝(ML) 개발 활동은 SageMaker 스튜디오 내에서 실행할 수 있습니다.

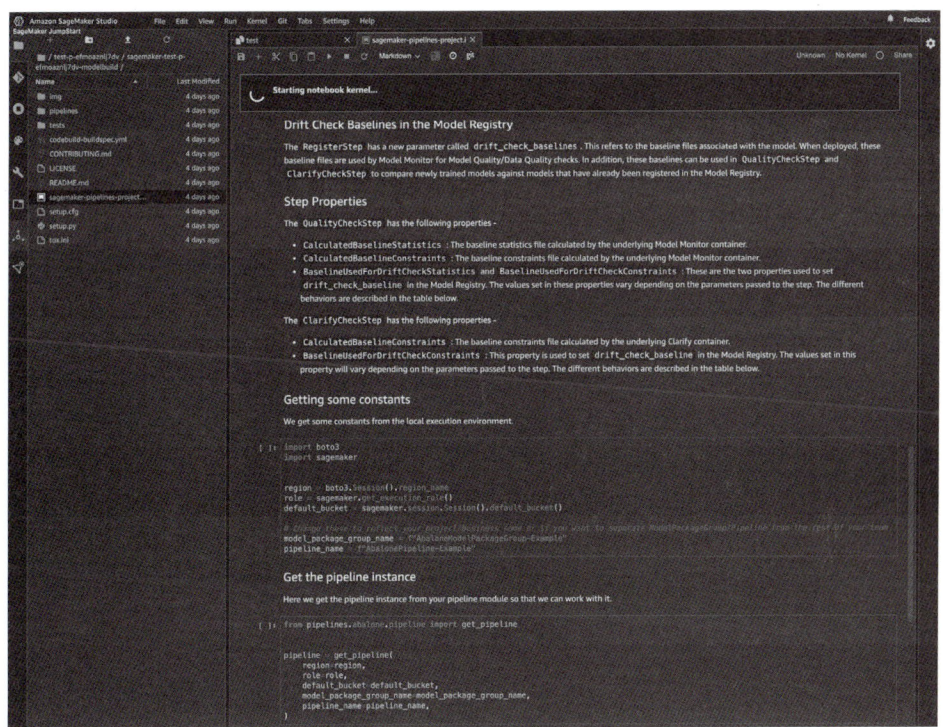

[그림 5-8] SageMaker 스튜디오 노트북

---

3 데이터 구조 및 인프라에 대한 예상치 못한 변경을 의미합니다.

5.5.1 SageMaker 프로젝트

SageMaker 스튜디오에서는 SageMaker가 제공하는 템플릿으로 'SageMaker 프로젝트'를 생성하여 AI 서비스를 구축할 수 있습니다. 이 템플릿은 연속 통합 및 지속적인 전달(CI/CD)[4]을 사용하여 AI 모델 생성 및 배포 파이프라인을 자동화해 줍니다. SageMaker가 제공하는 템플릿은 선택한 템플릿에 따라 모델 구축, 교육 및 배포를 포함하여 완전한 end-to-end AI서비스 시스템에 필요한 초기 설정을 프로비저닝Provisioning[5]합니다.

각 SageMaker 프로젝트에는 모든 SageMaker에 전달되는 고유한 이름과 ID가 있습니다. 이름과 ID를 사용하여 프로젝트와 연결된 모든 속성(entity)을 볼 수 있습니다.

- AWS Codecommit 소스코드 저장소
- AI/ML Pipeline 실행 여부
- 실험들
- 등록된 모델
- 배포된 모델(엔드포인트[6])

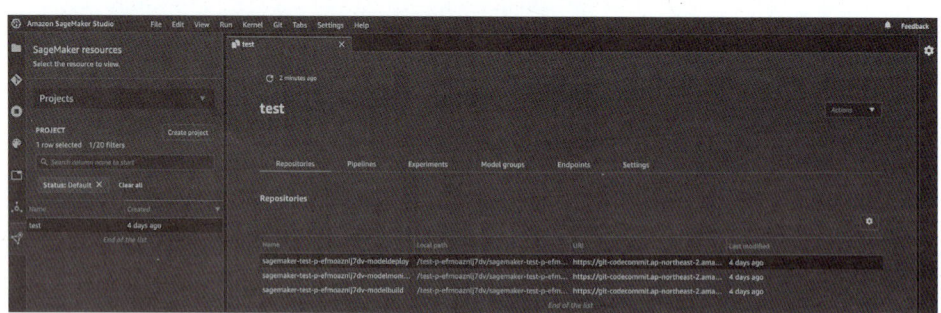

[그림 5-9] SageMaker 프로젝트

SageMaker에서 제공하는 템플릿이 있는 일반적인 SageMaker 프로젝트에는 다음 내용이 포함될 수 있습니다.

- AI 서비스 구축 및 배포를 위한 샘플 코드가 포함된 하나 이상의 리포지토리
- 데이터 준비, 교육, 모델 평가 및 모델 배포를 위한 단계를 정의하는 SageMaker 파이프라인
- 소스코드 변경 시 SageMaker 파이프라인을 실행하는 CodePipeline
- 모델 버전이 포함된 모델 그룹

---

4 지속적 통합/지속적 배포(CI/CD): 애플리케이션 개발 단계를 자동화하여 애플리케이션을 보다 짧은 주기로 배포하는 방법입니다.

5 프로비저닝(provisioning): 사용자의 요구에 맞게 시스템 자원을 할당, 배치, 배포해 두었다가 필요 시 시스템을 즉시 사용할 수 있는 상태로 미리 준비해 두는 것을 말합니다.

6 SageMaker endpoint: SageMaker의 하위 서비스로 타 시스템과의 연결을 위한 인터페이스입니다.

5.5.2 SageMaker 프로젝트의 사용 시기

노트북은 모델 구축 및 실험에 유용하지만 ML 문제를 해결하는 과정에서 소스코드의 일관성을 유지하고 더 엄격한 버전 관리를 하면서도 확장 가능한 방법이 필요합니다. 노트북 파일에만 코드를 사용하면 가독성이 떨어지고 노트북이 실수로 삭제되거나 변경된 경우, 코드 또는 모델 아티팩트가 손실될 수 있습니다. SageMaker 프로젝트를 사용하면 깃Git 리포지토리의 버전을 관리하여 팀 간에 보다 효율적으로 협업하고 코드 일관성을 보장하며 자동화된 CI/CD를 활성화할 수 있습니다.

코드 관리 외에도 SageMaker 프로젝트는 모델 구축, 모델 배포 및 end-to-end ML 워크플로우를 정의할 수 있습니다. AWS SageMaker 스튜디오에서 바로 AI모델을 학습시키거나 SageMaker 파이프라인을 실행하여 모델을 학습시킬 수 있습니다. 또한 트리거를 기반으로 모델을 생성하는 CI/CD 시스템을 만들려면 SageMaker 프로젝트를 만들고 SageMaker에서 제공하는 템플릿을 사용하는 것이 좋습니다. SageMaker가 기본적으로 제공하는 프로젝트 템플릿 목록은 다음과 같으며, custom 템플릿을 만들어서 사용하는 것도 가능합니다.

[그림 5-10] SageMaker 프로젝트 템플릿

5.5.3 SageMaker 파이프라인

AWS SageMaker 모델 빌드 파이프라인은 JSON으로 정의된 일련의 상호 연결된 단계입니다. 이 파이프라인 정의는 DAG[7](Directed Acyclic Graph, 방향성 비순환 그래프)를 사용하여 파이프라인을 인코딩합니다. 이 DAG는 파이프라인의 각 단계 간의 요구사항 및 관계에 대한 정보를 제공합니다. 파이프라인의 DAG의 구조는 단계 간의 데이터 종속성에 의해 결정됩니다. 이러한 데이터 종속성은 단계 출력의 속성이 다른 단계의 입력으로 전달될 때 만들어집니다. 다음 이미지는 파이프라인 DAG의 예입니다.

---

7 방향성 비순환 그래프(DAG, Directed Acyclic Graph): 코드로 정의된 워크플로우를 실행하는 방법 또는 순서를 나타내는 그래프입니다.

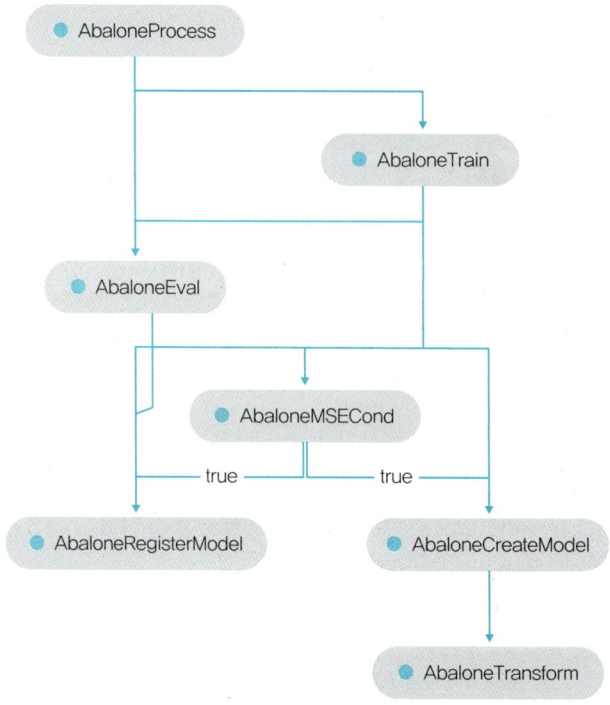

[그림 5-11] SageMaker 파이프라인 DAG

위 그림에서 회색 라운딩 박스를 스텝(Steps)이라고 하며, 화살표는 각 스텝의 실행 순서를 나타냅니다. 이를 기반으로 실행 순서를 따라가겠습니다.

1. AbaloneProcess: 전처리 단계를 실행하여, 학습데이터와 검증데이터 그리고 테스트 데이터를 만듭니다.

2. AbalonTrain: 이전 스텝에서 만들어진 학습데이터와 검증데이터를 사용하여 AI모델을 학습합니다.

3. AbalonEval: 이전 스텝들에서 만들어진 테스트데이터와 AI모델을 불러들여 AI모델의 품질 측정을 작성하게 됩니다.

4. AbaloneMSECond: 입력한 한계값(Threshold)을 AbalonEval 스텝의 결과와 비교하여 조건에 따라 후속 스텝을 실행할지 말지를 결정합니다. 다만 주의사항으로 실제 프로그래밍을 작성할 때는 이후 스텝인 AbalonCreateModel과 AbaloneTrasform 그리고 AbaloneRegisterModel까지 정의되어 있어야 조건을 입력할 때 사용할 수 있으므로 AbaloneMSECond는 제일 마지막에 작성하게 됩니다.

5. AbaloneCreateModel, AbaloneTransform: 배치추론을 위해 SageMaker Model 인스턴스를 정의하고, 이를 사용해 배치데이터를 불러와 배치추론을 하게 됩니다.

6. AbaloneRegisterModel: 검증이 통과된 모델을 Model Registry라는 모델 저장소에 저장합니다.

5.5.4 SageMaker 파이프라인 구조

이제 SageMaker 파이프라인을 구조에 대해 알아봅시다. AWS SageMaker 모델 구축 파이프라인 인스턴스는 다음과 같이 구성됩니다.

- Name(이름)
- Parameters(매개변수)
- Steps(스텝)

파이프라인의 Name은 AWS account와 region에서 고유해야 합니다. Step 정의에 사용된 모든 Parameters는 상위 개념인 파이프라인에 정의되어야 합니다. 나열된 파이프라인 Steps는 서로에 대한 데이터 종속성에 따라 실행 순서를 자동으로 결정합니다. SageMaker 파이프라인 서비스는 데이터 종속성 DAG의 Step 간의 관계를 확인하여 실행이 완료되는 일련의 Steps를 만듭니다. 다음은 파이프라인 구조의 예입니다.

[파이프라인 구조의 예]

```
from sagemaker.workflow.pipeline import Pipeline

pipeline_name = f"AbalonePipeline"
pipeline = Pipeline(
    name=pipeline_name,
    parameters=[
        processing_instance_type,
        processing_instance_count,
        training_instance_type,
        model_approval_status,
        input_data,
        batch_data,
    ],
    steps=[step_process, step_train, step_eval, step_cond],
)
```

위 설명에서처럼 pipeline 객체를 구성하는 요소로 Pipeline Name은 'AbalonePipeline'으로 정의되어 있으며, parameters에는 전처리되는 AWS 인스턴스 타입과 개수, 학습에 사용되는 AWS 인스턴스 타입과 모델 승인을 위한 상태값(기본적으로 PendingManualApproval), 학습/검증/테스트를 위한 입력데이터와 배치추론을 위한 배치데이터가 입력됩니다. 마지막으로 Steps에는 Pipeline에서 실행할 전체 Step이 나열되어 있습니다.

5.5.5 IAM 액세스 관리

서비스를 운영하면서 사용자 관리와 액세스 관리는 보안상 중요한 부분입니다. 그러므로 사용자에 대한 액세스 제어와 관리가 필수적입니다. AWS IAM은 AWS 서비스와 리소스에 대한 액세스를 안전하게 관리하는 기능입니다. AWS 사용자 및 그룹을 만들고 관리하거나 권한을 통해 AWS 리소스에 대한 액세스를 허용하거나 거부할 수 있습니다.

SageMaker 파이프라인을 실행하려면 AWS의 리소스를 사용해야 하는데, 이때 리소스에 대한 권한들이 필요하게 됩니다. AWS를 난해하게 만드는 요소 중 하나이지만, 이를 잘 사용하면 보안을 향상할 수 있습니다. 다만 서비스 준비 단계에서는 최대한 많은 권한을 위임하여 빠르게 AI서비스 동작을 확인해야 합니다.

다음 내용은 SageMaker 파이프라인에 대한 IAM(Identity and Access Management) 요구사항이지만 6장의 Pipeline 실습 수준에서는 실행역할(AWS IAM Execution Role)[8]을 신규 생성하는 것으로 대체할 수 있으니 지금은 넘어가도 무방합니다.

5.5.5.1 Pipeline 역할 권한

Pipeline에는 Pipeline을 생성할 때 SageMaker 파이프라인에 전달되는 IAM Pipeline 실행역할이 필요합니다. 파이프라인을 생성하는 SageMaker 인스턴스의 역할에는 Pipeline 실행역할을 전달하기 위해 iam:PassRole이 꼭 있어야 합니다. 그리고 Pipeline 실행역할에는 다음 권한이 필요합니다.

- Pipeline 내에서 SageMaker 작업에 역할을 전달하기 위해 필요한 iam:PassRole 역할에 대한 권한
- 파이프라인의 각 작업 유형에 대한 Create와 Describe류의 권한
- JsonGet 함수 사용을 위한 AWS S3 권한

---

8 IAM Role: IAM 역할은 특정한 권한이 있는 AWS 계정에서 생성할 수 있는 IAM 자격증명입니다.

> **여기서 잠깐**
>
> **리소스 기반 정책 및 자격 증명 기반 정책을 사용한 액세스 제어**
>
> 리소스 기반 정책 및 자격 증명 기반 정책을 사용하여 AWS S3 리소스에 대한 액세스를 제어할 수 있습니다. 리소스 기반 정책이 AWS S3 버킷에 적용되고 SageMaker 파이프라인에게 버킷에 대한 액세스 권한을 부여합니다. 자격 증명 기반 정책은 계정으로부터 파이프라인에 AWS S3 호출을 실행할 수 있는 권한을 부여합니다.

[예시] Policy json

```
{
    "Action": [
        "s3:GetObject",
        "s3:HeadObject"
    ],
    "Resource": "arn:aws:s3:::<your-bucket-arn>/*",
    "Effect": "Allow"
}
```

5.5.5.2 Pipeline Steps 권한

SageMaker 파이프라인에는 SageMaker 작업을 실행하는 스텝이 포함됩니다. 파이프라인 스텝에서 이러한 작업을 실행하려면 계정에 필요한 리소스에 액세스를 제공하는 IAM 역할이 필요합니다. 이 역할은 파이프라인에 의해 SageMaker 서비스 주체에게 전달됩니다.

기본적으로 각 스텝은 파이프라인 실행역할을 담당합니다. 선택적으로 파이프라인의 모든 스텝에 다른 역할을 전달할 수 있습니다. 이렇게 하면 파이프라인 정의에 지정된 두 스텝 간에 직접적인 관계가 없는 한 각 스텝의 코드가 다른 스텝에서 사용되는 리소스에 영향을 줄 수 없습니다. 스텝에 대한 프로세서 또는 Estimator를 정의할 때 이러한 Role을 전달합니다.

5.5.6 Pipeline 매개변수

매개변수를 사용하여 파이프라인 정의에 변수를 도입할 수 있고 파이프라인 정의 전체에서 정의한 매개변수를 참조할 수 있습니다. 또한 매개변수에는 기본값이 있으며 파이프라인 실행을 시작할 때 매개변수 값을 지정하여 재정의할 수도 있습니다. 여기서 기본값은 매개변수 유형과 일치하는 인스턴스이어야 합니다. 스텝 정의에 사용된 모든 매개변수는 파이프라인 정의에 입력되어야 합니다. AWS SageMaker 모델 빌드 파이프라인은 다음과 같은 매개변수 유형을 지원합니다.

- ParameterString: str 형식 매개변수
- ParameterInteger: int 형식 매개변수
- ParameterFloat: float 형식 매개변수

매개변수의 형식은 다음과 같습니다.

```
<parameter> = <parameter_type>(
    name="<parameter_name>",
    default_value=<default_value>
)
```

다음 예에서는 샘플 매개변수 구현을 보여줍니다.

```
from sagemaker.workflow.parameters import (
    ParameterInteger,
    ParameterString,
    ParameterFloat
)

processing_instance_count = ParameterInteger(
    name="ProcessingInstanceCount",
    default_value=1
)
```

다음 예와 같이 파이프라인을 생성할 때 매개변수를 전달합니다.

```
pipeline = Pipeline(
    name=pipeline_name,
    parameters=[
        processing_instance_count
    ],
    steps=[step_process]
)
```

다음 예와 같이 기본값과 다른 매개변수 값을 파이프라인 실행에 전달할 수도 있습니다.

```
execution = pipeline.start(
    parameters=dict(
        ProcessingInstanceType="ml.c5.xlarge",
        ModelApprovalStatus="Approved"
    )
)
```

5.5.7 Pipeline 스텝

SageMaker 파이프라인은 스텝으로 구성됩니다. 이러한 스텝은 파이프라인이 실행하는 작업과 속성을 사용하는 스텝 간의 관계를 정의합니다.

SageMaker 파이프라인에는 다음과 같은 타입의 스텝이 있습니다(2023년 3월 기준).

- Processing
- Training
- Tuning
- AutoML
- Model
- CreateModel
- RegisterModel
- Transform
- Condition
- Callback
- Lambda
- ClarifyCheck
- QualityCheck
- EMR
- Fail

위와 같은 여러 스텝을 사용하여 pipeline을 구성할 수 있습니다.[9]

5.5.8 Pipeline 정의하기

'5.5.3 SageMaker 파이프라인'에서 보았던 DAG를 구성하기 위해 필요한 내용을 살펴봅시다. 다음은 6장에서 생성할 파이프라인에 대한 이론적 설명입니다. 실행가능한 소스코드 링크 위치는 https://lnkd.in/gk_iVBWZ[10]를 참조하면 됩니다.

---

[9] https://docs.aws.amazon.com/sagemaker/latest/dg/build-and-manage-steps.html

[10] https://github.com/aws/amazon-sagemaker-examples/blob/main/sagemaker-pipelines/tabular/abalone_build_train_deploy/sagemaker-pipelines-preprocess-train-evaluate-batch-transform.ipynb

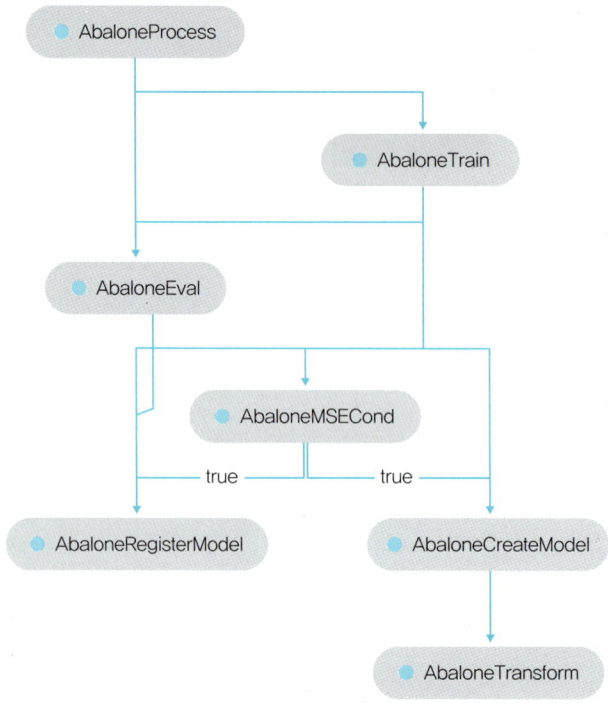

[그림 5-12] SageMaker 파이프라인 DAG

우선 사전 조건으로 SageMaker 스튜디오가 Pipeline을 정의하기 위한 AWS 리소스들의 사용권한을 가지고 있어야 합니다. 일반 사용자의 경우 SageMaker 스튜디오에 등록된 IAM Execution Role에 많은 권한이 들어 있어 따로 설정할 필요는 없습니다.

[환경설정]

다음 코드 블록을 사용하여 새 SageMaker 세션을 생성합니다. 그러면 세션에 대한 Role ARN이 반환됩니다.

```
01  import boto3
02  import sagemaker
03  import sagemaker.session
04
05
06  region = boto3.Session().region_name
07  sagemaker_session = sagemaker.session.Session()
08  role = sagemaker.get_execution_role()
09  default_bucket = sagemaker_session.default_bucket()
10  model_package_group_name = f"AbaloneModelPackageGroupName"
```

SageMaker 노트북 인스턴스에서 다음 스텝을 실행하여 전처리, 학습, 평가, 조건부 평가 및 모델 등록 단계를 포함하는 파이프라인을 생성합니다.

5.5.8.1 [1단계] 데이터셋 다운로드

이 노트북은 UCI Machine Learning 전복 데이터셋을 사용합니다. 데이터셋에는 다음과 같은 기능이 포함되어 있습니다.

- length: 전복의 가장 긴 껍질 측정
- diameter: length에 수직인 전복의 지름
- height: 껍질에 고기 부분이 포함된 전복의 높이
- whole_weight: 전복 전체의 무게
- shucked_weight: 전복에서 제거된 고기 부분의 무게
- viscera_weight: 피를 제거한 전복 내장의 무게
- shell_weight: 고기 부분 제거 및 건조 후 전복 껍질의 무게
- sex: 전복의 성별. 'M' 'F' 또는 'I' 중 하나. 여기서 'I'는 어린 전복입니다.
- rings: 전복 껍질의 고리 수

전복 껍질의 고리 수를 수식 age=rings+1.5에 대입하여 연령에 대한 근사치를 구할 수 있습니다. 그러나 이 숫자를 얻는 것은 시간이 많이 걸리는 작업입니다. 원뿔 모양의 껍질을 자르고 자른 단면을 염색하여 현미경으로 고리 수를 계산해야 합니다. 그러나 전복의 다른 물리적 측정은 더 쉽게 파악할 수 있습니다. 이 노트북은 데이터셋을 사용하여 다른 물리적 측정값을 사용한 전복 껍질의 고리 수 예측 모델을 생성합니다. 데이터셋을 다운받기 위해서는 다음 과정을 따라야 합니다.

1. 계정의 기본 AWS S3 버킷에 데이터셋을 다운받습니다(학습/검증/테스트용).

```
!mkdir -p data
local_path = "data/abalone-dataset.csv"

s3 = boto3.resource("s3")
s3.Bucket(f"sagemaker-servicecatalog-seedcode-{region}").download_file(
    "dataset/abalone-dataset.csv",
    local_path
)
```

```
10  base_uri = f"s3://{default_bucket}/abalone"
11  input_data_uri = sagemaker.s3.S3Uploader.upload(
12      local_path=local_path,
13      desired_s3_uri=base_uri,
14  )
15  print(input_data_uri)
```

2. Pipeline에서 모델을 생성한 후 배치 변환을 위한 두 번째 데이터셋을 다운받습니다(변환하고자 하는 실데이터).

```
01  local_path = "data/abalone-dataset-batch"
02
03  s3 = boto3.resource("s3")
04  s3.Bucket(f"sagemaker-servicecatalog-seedcode-{region}").download_file(
05      "dataset/abalone-dataset-batch",
06      local_path
07  )
08
09  base_uri = f"s3://{default_bucket}/abalone"
10  batch_data_uri = sagemaker.s3.S3Uploader.upload(
11      local_path=local_path,
12      desired_s3_uri=base_uri,
13  )
14  print(batch_data_uri)
```

5.5.8.2 [2단계] Pipeline 매개변수 정의

다음 코드 블록은 Pipeline에 대한 매개변수들을 정의합니다.

- processing_instance_type: Processing jobs의 ml.* 인스턴스 유형
- processing_instance_count: Processing job의 인스턴스 수
- training_instance_type: Training jobs의 ml.* 인스턴스 유형
- input_data: 입력 데이터의 S3 저장소 위치
- batch_data: 배치 변환을 위한 입력 데이터의 S3 저장소 위치
- model_approval_status: 학습된 모델을 CI/CD에 등록하기 위한 승인 상태

```python
from sagemaker.workflow.parameters import (
    ParameterInteger,
    ParameterString,
)


processing_instance_count = ParameterInteger(
    name="ProcessingInstanceCount",
    default_value=1
)
processing_instance_type = ParameterString(
    name="ProcessingInstanceType",
    default_value="ml.m5.xlarge"
)
training_instance_type = ParameterString(
    name="TrainingInstanceType",
    default_value="ml.m5.xlarge"
)
input_data = ParameterString(
    name="InputData",
    default_value=input_data_uri,
)
batch_data = ParameterString(
    name="BatchData",
    default_value=batch_data_uri,
)
model_approval_status = ParameterString(
    name="ModelApprovalStatus",
    default_value="PendingManualApproval"
)
```

5.5.8.3 [3단계] 피처 엔지니어링을 위한 ProcessingStep 정의

학습데이터셋를 준비하는 ProcessingStep을 생성하는 방법에 대해 살펴봅시다. ProcessingStep를 만들려면 다음 단계를 따라야 합니다.

1. 전처리 스크립트를 넣어둘 디렉터리를 만듭니다.

```
!mkdir -p abalone
```

2. 이 전처리 스크립트는 주피터의 매직 명령어[11] 입력 데이터에 대한 전처리를 위해 ProcessingStep에 입력됩니다. 그런 다음 TrainingStep에서는 전처리된 학습데이터 및 레이블을 사용하여 AI모델을 학습시키고, EvaluationStep에서는 학습된 모델과 전처리된 테스트 데이터 및 레이블을 사용하여 모델을 평가합니다. 스크립트는 scikit-learn를 사용하여 다음 과정을 실행합니다.

- 누락된 sex 범주형 데이터를 채우고 인코딩하여 학습에 사용될 수 있도록 만듭니다.
- rings과 sex 항목을 제외한 모든 숫자 필드의 scale 및 normalize을 합니다.
- 데이터를 학습, 테스트 및 검증 데이터셋로 분할합니다.

```
01  %%writefile abalone/preprocessing.py
02  import argparse
03  import os
04  import requests
05  import tempfile
06  import numpy as np
07  import pandas as pd
08
09
10  from sklearn.compose import ColumnTransformer
11  from sklearn.impute import SimpleImputer
12  from sklearn.pipeline import Pipeline
13  from sklearn.preprocessing import StandardScaler, OneHotEncoder
14
15
16  # Because this is a headerless CSV file, specify the column names here.
17  feature_columns_names = [
18      "sex",
19      "length",
20      "diameter",
21      "height",
22      "whole_weight",
23      "shucked_weight",
```

---

11 매직 명령어: 주피터 노트북을 통해 Ipython Kernel에 보낼 수 있는 명령어로, Jupyter Cell 제일 첫 줄에 '%'이나 '%%' 기호를 앞에 붙여 운영체제에서 사용되는 일부 명령어를 Ipython에서 실행할 수 있도록 해줍니다. 자세한 설명은 온라인 문서를 참조하세요(https://ipython.readthedocs.io/en/stable/interactive/magics.html).

```python
        "viscera_weight",
        "shell_weight",
]
label_column = "rings"
feature_columns_dtype = {
    "sex": str,
    "length": np.float64,
    "diameter": np.float64,
    "height": np.float64,
    "whole_weight": np.float64,
    "shucked_weight": np.float64,
    "viscera_weight": np.float64,
    "shell_weight": np.float64
}
label_column_dtype = {"rings": np.float64}


def merge_two_dicts(x, y):
    z = x.copy()
    z.update(y)
    return z


if __name__ == "__main__":
    base_dir = "/opt/ml/processing"

    df = pd.read_csv(
        f"{base_dir}/input/abalone-dataset.csv",
        header=None,
        names=feature_columns_names + [label_column],
        dtype=merge_two_dicts(feature_columns_dtype, label_column_dtype)
    )
    numeric_features = list(feature_columns_names)
    numeric_features.remove("sex")
    numeric_transformer = Pipeline(
        steps=[
            ("imputer", SimpleImputer(strategy="median")),
            ("scaler", StandardScaler())
        ]
    )

    categorical_features = ["sex"]
```

```
66      categorical_transformer = Pipeline(
67          steps=[
68              ("imputer", SimpleImputer(strategy="constant", fill_value="missing")),
69              ("onehot", OneHotEncoder(handle_unknown="ignore"))
70          ]
71      )
72
73      preprocess = ColumnTransformer(
74          transformers=[
75              ("num", numeric_transformer, numeric_features),
76              ("cat", categorical_transformer, categorical_features)
77          ]
78      )
79
80      y = df.pop("rings")
81      X_pre = preprocess.fit_transform(df)
82      y_pre = y.to_numpy().reshape(len(y), 1)
83
84      X = np.concatenate((y_pre, X_pre), axis=1)
85
86      np.random.shuffle(X)
87      train, validation, test = np.split(X, [int(.7*len(X)), int(.85*len(X))])
88
89
90      pd.DataFrame(train).to_csv(f"{base_dir}/train/train.csv", header=False, index=False)
91      pd.DataFrame(validation).to_csv(f"{base_dir}/validation/validation.csv", header=False, index=False)
92      pd.DataFrame(test).to_csv(f"{base_dir}/test/test.csv", header=False, index=False)
```

 코드 설명

01~13행: 필요한 라이브러리를 불러옵니다(import).

17~38행: 불러올 CSV파일의 컬럼명과 컬럼타입을 정의합니다.

41~44행: 주어진 Python Dict객체를 병합하는 메서드를 정의합니다.

47~78행: 불러온 Pandas DataFrame타입의 변수 df 내에 포함된 데이터를, 전처리할 preprocess객체를 sklearn 라이브러리의 ColumnTransformer클래스를 초기화하여 생성합니다.

80~87행: df 변수에 포함된 데이터를 전처리하여 (정답,추론에 필요한 데이터) 형태로 만들고, 학습/검증/테스트 데이터셋으로 분리합니다.

90~92행: 생성한 학습/검증/테스트 데이터셋을 컨테이너 내부 파일시스템에 저장합니다(이는 ProcessingStep의 Outputs 항목과 연결되어있습니다).

3. SKLearnProcessor의 인스턴스를 생성합니다. SKLearnProcessor는 ProcessingStep에서 실행할 preprocessing.py 스크립트의 환경을 다룹니다. 이를 ProcessingStep에 processor 매개변수로 전달합니다. ProcessingStep으로 넘어갑시다.

```
01  from sagemaker.sklearn.processing import SKLearnProcessor
02
03  framework_version = "0.23-1"
04
05  sklearn_processor = SKLearnProcessor(
06      framework_version=framework_version,
07      instance_type=processing_instance_type,
08      instance_count=processing_instance_count,
09      base_job_name="sklearn-abalone-process",
10      role=role,
11  )
```

코드 설명

01행: 필요한 라이브러리를 불러옵니다(import).
03행: Scikit-learn의 framework_version을 입력합니다.
07행: Processor가 사용할 인스턴스 타입을 입력합니다.
08행: Processor가 사용할 인스턴스 수를 입력합니다.
09행: Processor의 base_job_name을 입력합니다.
10행: Processor가 사용할 IAM execution role을 입력합니다.

4. ProcessingStep의 name 매개변수는 스텝의 이름을 의미하고, inputs/outputs를 통해 해당 스텝에서 입력값과 출력값을 지정합니다. inputs는 Processor 인스턴스가 실행될 때 사용됩니다. outputs의 output_name들인 "train" "validation" 및 "test"는 이후 스텝에서 사용하게 됩니다.

```
01  from sagemaker.processing import ProcessingInput, ProcessingOutput
02  from sagemaker.workflow.steps import ProcessingStep
03
04  step_process = ProcessingStep(
05      name="AbaloneProcess",
06      processor=sklearn_processor,
07      inputs=[
08          ProcessingInput(source=input_data,
09      destination="/opt/ml/processing/input"),
```

```
10        ],
11        outputs=[
12            ProcessingOutput(output_name="train",
13 source="/opt/ml/processing/train"),
14            ProcessingOutput(output_name="validation",
15 source="/opt/ml/processing/validation"),
16            ProcessingOutput(output_name="test",
17 source="/opt/ml/processing/test")
18        ],
19        code="abalone/preprocessing.py",
20    )
```

01~02행: 필요한 라이브러리를 불러옵니다(import).

05행: ProcessingStep의 name을 입력합니다.

06행: ProcessingStep에서 사용할 processor를 입력합니다.

07~10행: local 또는 S3 저장소의 입력데이터 위치와 processing job에서 실제 사용될 위치를 정의하여 inputs 매개변수에 넘겨줍니다.

11~18행: 다음 Step에서 사용할 데이터들을 ProcessingOutput 형식으로 입력합니다.

19행: ProcessingStep에서 사용할 파이썬 스크립트 위치를 입력합니다.

5.5.8.4 [4단계] TrainingStep 정의

이번 스텝에서는 SageMaker를 이용한 AI모델 학습에 대한 사용 방법을 보여줍니다. Processing Step의 학습데이터 출력을 사용해서 XGBoost 알고리즘[12]으로 로지스틱 회귀 모델을 학습시킵니다.

TrainingStep을 정의하려면 다음 과정을 따라야 합니다

1. TrainingStep에서 모델을 저장할 모델 경로를 지정합니다.

```
model_path = f"s3://{default_bucket}/AbaloneTrain"
```

2. XGBoost 알고리즘 및 입력 데이터셋에 대한 Estimator를 구성합니다. Estimator는 Sagemaker SDK에서 제공하는 전반적인 학습에 필요한 정보를 관리하는 클래스입니다. 일반적으로 AI/ML 학습 스크립트는 전처리 스텝에서 데이터를 로드하고, 설정된 초매개변수로 모델을 학습시키고,

---

12 https://docs.aws.amazon.com/sagemaker/latest/dg/xgboost.html

학습이 끝난 모델을 서빙할 수 있습니다. SageMaker는 학습 작업이 끝날 때 AWS S3로 model.tar.gz를 저장합니다.

```
01  from sagemaker.estimator import Estimator
02
03
04  image_uri = sagemaker.image_uris.retrieve(
05      framework="xgboost",
06      region=region,
07      version="1.0-1",
08      py_version="py3",
09      instance_type=training_instance_type,
10  )
11  xgb_train = Estimator(
12      image_uri=image_uri,
13      instance_type=training_instance_type,
14      instance_count=1,
15      output_path=model_path,
16      role=role,
17  )
18  xgb_train.set_hyperparameters(
19      objective="reg:linear",
20      num_round=50,
21      max_depth=5,
22      eta=0.2,
23      gamma=4,
24      min_child_weight=6,
25      subsample=0.7,
26      silent=0
27  )
```

 코드 설명

01~02행: 필요한 라이브러리를 불러옵니다(import).

04~09행: TrainingStep에서 사용할 image_uri를 생성합니다.

11~17행: TrainingStep에서 실행할 Estimator[13]를 생성합니다.

18~27행: Estimator의 초매개변수를 입력합니다.

---

13 Estimator: A high level interface for SageMaker training(https://sagemaker.readthedocs.io/en/stable/api/training/estimators.html)

3. estimator 인스턴스와 ProcessingStep의 properties를 사용하여 TrainingStep을 생성합니다. 특히 "train" 및 "validation" 출력 채널의 S3Uri를 TrainingStep에 전달합니다.

```
from sagemaker.inputs import TrainingInput
from sagemaker.workflow.steps import TrainingStep

step_train = TrainingStep(
    name="AbaloneTrain",
    estimator=xgb_train,
    inputs={
        "train": TrainingInput(

            s3_data=step_process.properties.ProcessingOutputConfig.Outputs[
                "train"
            ].S3Output.S3Uri,
            content_type="text/csv"
        ),
        "validation": TrainingInput(

            s3_data=step_process.properties.ProcessingOutputConfig.Outputs[
                "validation"
            ].S3Output.S3Uri,
            content_type="text/csv"
        )
    },
)
```

 코드 설명

01~02행: 필요한 라이브러리를 불러옵니다(import).

05행: TrainingStep의 이름을 입력합니다.

06행: TrainingStep에서 실행할 Estimator를 입력합니다.

07~22행: TrainingStep에서 사용할 학습 및 검증용 데이터를 입력합니다.

5.5.8.5 [5단계] 모델 평가를 위한 처리 스텝 정의

이제 모델의 정확도를 평가하는 처리 스텝을 생성하는 방법을 보여줍니다. 이 모델 평가 결과는 조건 스텝에서 실행할 경로를 결정하는 데 사용됩니다.

모델 평가를 위한 처리 스텝을 정의하려면 다음의 과정을 따릅니다.

1. 주피터 노트북의 현재 위치에서 abalone/ 디렉터리에 evaluation.py라는 파일을 만듭니다. 이 스크립트는 모델 평가를 실행하기 위한 ProcessingStep에서 사용됩니다. 훈련된 모델과 테스트 데이터셋을 입력으로 받은 후 분류 평가 지표가 포함된 JSON 파일을 생성합니다.

```
%%writefile abalone/evaluation.py
import json
import pathlib
import pickle
import tarfile
import joblib
import numpy as np
import pandas as pd
import xgboost
from sklearn.metrics import mean_squared_error


if __name__ == "__main__":
    model_path = f"/opt/ml/processing/model/model.tar.gz"
    with tarfile.open(model_path) as tar:
        tar.extractall(path=".")

    model = pickle.load(open("xgboost-model", "rb"))

    test_path = "/opt/ml/processing/test/test.csv"
    df = pd.read_csv(test_path, header=None)

    y_test = df.iloc[:, 0].to_numpy()
    df.drop(df.columns[0], axis=1, inplace=True)

    X_test = xgboost.DMatrix(df.values)

    predictions = model.predict(X_test)

    mse = mean_squared_error(y_test, predictions)
    std = np.std(y_test - predictions)
    report_dict = {
        "regression_metrics": {
            "mse": {
                "value": mse,
                "standard_deviation": std
            },
```

```
38              },
39          }
40
41          output_dir = "/opt/ml/processing/evaluation"
42          pathlib.Path(output_dir).mkdir(parents=True, exist_ok=True)
43
44          evaluation_path = f"{output_dir}/evaluation.json"
45          with open(evaluation_path, "w") as f:
46              f.write(json.dumps(report_dict))
```

코드 설명

01행: abalone/ 폴더 아래에 evaluation.py 파일을 생성합니다.
02~10행: 필요한 라이브러리들을 불러옵니다(import).
14~16행: 모델 아티펙트의 압축을 풉니다.
18행: 모델 파일을 로드합니다.
20~21행: test.csv 파일을 Pandas dataframe 형식으로 로드합니다.
23행: 정답 항목을 추출하여 y_test 변수에 저장합니다.
24행: 평가에 사용하기 위해 데이터셋에서 정답 항목을 삭제합니다.
26행: xgboost.DMatrix() 함수를 사용하여 평가데이터를 XGBoost 모델의 입력포맷에 맞춰 X_test 변수에 담습니다.
28행: X_test 평가 데이터의 예측 결과를 추출하여 predictions 변수에 저장합니다.
30행: 정답 값과 예측 결과를 비교하여 평균제곱오차(MSE)를 산출합니다.
31행: 정답 값과 예측 결과를 비교하여 표준오차를 산출합니다.
32~39행: 평균제곱오차와 표준오차를 report_dict에 저장합니다.
41~46행: report_dict의 내용을 evaluation.json 파일에 씁니다.

2. ProcessingStep을 만드는 데 사용되는 ScriptProcessor의 인스턴스를 만듭니다.

```
01  from sagemaker.processing import ScriptProcessor
02
03  script_eval = ScriptProcessor(
04      image_uri=image_uri,
05      command=["python3"],
06      instance_type=processing_instance_type,
07      instance_count=1,
08      base_job_name="script-abalone-eval",
09      role=role,
10  )
```

코드 설명

01행: 필요한 라이브러리를 불러옵니다(import).
04행: 평가를 위한 ProcessingStep에 사용할 이미지 uri를 입력합니다.
05행: Processor에서 실행할 명령어입니다.
06행: Processor에서 사용할 인스턴스 타입입니다.
07행: Processor에서 사용할 인스턴스 수입니다.
08행: Processor의 base_job_name을 입력합니다.
09행: Processor의 IAM execution role을 입력합니다.

3. Processor 인스턴스, 입력 및 출력 채널, evaluation.py 스크립트를 사용하여 ProcessingStep을 만듭니다. 특히, step_train TrainingStep의 S3ModelArtifacts 속성과 step_process Processing Step의 "test" 출력 채널의 S3Uri를 전달합니다. 이는 SageMaker Python SDK의 Processor 인스턴스 실행 방법과 매우 유사합니다.

```
01  from sagemaker.workflow.properties import PropertyFile
02
03
04  evaluation_report = PropertyFile(
05      name="EvaluationReport",
06      output_name="evaluation",
07      path="evaluation.json"
08  )
09  step_eval = ProcessingStep(
10      name="AbaloneEval",
11      processor=script_eval,
12      inputs=[
13          ProcessingInput(
14              source=step_train.properties.ModelArtifacts.S3ModelArtifacts,
15              destination="/opt/ml/processing/model"
16          ),
17          ProcessingInput(
18
19              source=step_process.properties.ProcessingOutputConfig.Outputs[
20                  "test"
21              ].S3Output.S3Uri,
22              destination="/opt/ml/processing/test"
23          )
24      ],
```

```
25      outputs=[
26          ProcessingOutput(output_name="evaluation",
    source="/opt/ml/processing/evaluation"),
27      ],
28      code="abalone/evaluation.py",
29      property_files=[evaluation_report],
30  )
```

01행: 필요한 라이브러리를 불러옵니다(import).
04~08행: 평가결과, 파일 정보를 가진 evaluation_report 변수를 생성합니다.
10행: ProcessingStep의 name을 입력합니다.
11행: ProcessingStep의 processor를 입력합니다.
12~24행: 평가를 위해 필요한 model과 test 파일에 대한 정보를 inputs에 입력합니다.
25행: 평가 결과 위치를 outputs에 입력합니다.
28행: 실행할 스크립트를 입력합니다.
29행: ProcessingStep의 평가 결과가 출력될 PropertyFile을 입력합니다.

5.5.8.6 [6단계] Batch 변환을 위한 CreateModelStep 정의

여기서는 훈련 스텝의 결과에서 SageMaker 모델을 생성하는 방법을 보여줍니다. 이 모델은 새 데이터셋의 배치 변환에 사용됩니다. 이 스텝은 ConditionStep으로 전달되며 ConditionStep이 true로 평가되는 경우에만 실행됩니다.

배치 변환을 위한 CreateModelStep를 정의하려면 다음 과정을 따릅니다.

1. SageMaker 모델을 생성합니다. step_train 훈련 스텝에서 S3ModelArtifacts property를 전달합니다.

```
01  from sagemaker.model import Model
02
03  model = Model(
04      image_uri=image_uri,
05      model_data=step_train.properties.ModelArtifacts.S3ModelArtifacts,
06      sagemaker_session=sagemaker_session,
07      role=role,
08  )
```

01행: 필요한 라이브러리를 불러옵니다(import).
04행: 배치변환에 사용할 Model이 실행될 image_uri를 입력합니다.
05행: 모델 아티팩트를 입력합니다.
06행: SageMaker session을 입력합니다.
07행: 배치변환 스텝에서 사용할 IAM execution role을 입력합니다.

2. SageMaker 모델에 대한 모델 입력을 정의합니다.

```
01  from sagemaker.inputs import CreateModelInput
02
03  inputs = CreateModelInput(
04      instance_type="ml.m5.large",
05      accelerator_type="ml.eia1.medium",
06  )
```

01행: 필요한 라이브러리를 불러옵니다(import).
03~06행: SageMaker Model을 생성하기 위한 매개변수를 담는 객체를 생성합니다. 매개변수로 사용되는 instance_type은 모델 배포 시 사용되는 EC2 인스턴스 타입을 나타냅니다. 그리고 accelerator_type은 추론 시 사용되는 GPU 지원 가속 타입입니다.[14]

3. 정의한 CreateModelInput 및 SageMaker 모델 인스턴스를 사용하여 CreateModelStep을 만듭니다.

```
01  from sagemaker.workflow.steps import CreateModelStep
02
03  step_create_model = CreateModelStep(
04      name="AbaloneCreateModel",
05      model=model,
06      inputs=inputs,
07  )
```

---

14 https://aws.amazon.com/ko/machine-learning/elastic-inference/

01행: 필요한 라이브러리를 불러옵니다(import).
03~07행: SageMaker Model 객체를 생성합니다.

5.5.8.7 [7단계] Batch 변환을 실행할 변환 스텝 정의

TransformStep 모델을 훈련한 후 데이터셋에 대해 배치변환을 실행합니다. 이 스텝은 조건 스텝으로 전달되며 조건 스텝이 true로 평가되는 경우에만 실행됩니다.

배치 변환을 실행하기 위해 변환 스텝을 정의하려면 다음 단계를 따릅니다.

1. 적절한 컴퓨팅 인스턴스 유형, 인스턴스 수 및 원하는 출력 AWS S3 버킷 URI를 사용하여 transformer 인스턴스를 생성합니다. CreateModel 스텝에서 생성한 step_create_model의 ModelName 속성을 전달합니다.

```
01  from sagemaker.transformer import Transformer
02
03  transformer = Transformer(
04      model_name=step_create_model.properties.ModelName,
05      instance_type="ml.m5.xlarge",
06      instance_count=1,
07      output_path=f"s3://{default_bucket}/AbaloneTransform"
08  )
```

01행: 필요한 라이브러리를 불러옵니다(import).
03~08행: transform job을 실행하기 위한 핸들러를 생성합니다.

2. 정의한 transformer 인스턴스와 batch_data 파이프라인 매개변수를 사용하여 TransformStep을 생성합니다.

```
01  from sagemaker.inputs import TransformInput
02  from sagemaker.workflow.steps import TransformStep
03
04  step_transform = TransformStep(
05      name="AbaloneTransform",
```

```
06      transformer=transformer,
07      inputs=TransformInput(data=batch_data)
08  )
```

01~02행: 필요한 라이브러리를 불러옵니다(import).

04~08행: TransformStep을 생성합니다.

5.5.8.8 [8단계] 모델 패키지를 생성하기 위한 RegisterModel 스텝 정의

여기서는 RegisterModel의 인스턴스를 구성하는 방법을 보여줍니다. 파이프라인에서 Register Model을 실행한 결과는 model package입니다. model package는 추론에 필요한 모든 요소를 패키징하는 재사용 가능한 모델 아티팩트 추상화입니다. 선택적으로 모델 가중치 위치와 함께 사용할 추론 이미지를 정의하는 추론 사양으로 구성됩니다.

model package group은 model pacakge의 모음입니다. SageMaker 파이프라인용 ModelPackage Group을 사용하여 모든 파이프라인 실행에 대해 그룹에 새 버전의 모델 패키지를 추가할 수 있습니다.

이 단계는 조건 스텝으로 전달되고 조건 스텝이 true로 평가되는 경우에만 실행됩니다. Register Model 스텝을 정의하여 모델 패키지를 생성하려면 다음 과정을 따라야 합니다.

1. training step에 사용한 estimator 인스턴스를 사용하여 RegisterModel Step을 구성합니다. step_train 학습 스텝에서 S3ModelArtifacts property를 전달하고 ModelPackageGroup을 지정합니다. SageMaker 파이프라인은 이 ModelPackageGroup을 생성합니다.

```
01  from sagemaker.model_metrics import MetricsSource, ModelMetrics
02  from sagemaker.workflow.step_collections import RegisterModel
03
04  model_metrics = ModelMetrics(
05      model_statistics=MetricsSource(
06          s3_uri="{}/evaluation.json".format(
07              step_eval.arguments["ProcessingOutputConfig"]["Outputs"][0]
    ["S3Output"]["S3Uri"]
08          ),
09          content_type="application/json"
10      )
11  )
```

```
12  step_register = RegisterModel(
13      name="AbaloneRegisterModel",
14      estimator=xgb_train,
15      model_data=step_train.properties.ModelArtifacts.S3ModelArtifacts,
16      content_types=["text/csv"],
17      response_types=["text/csv"],
18      inference_instances=["ml.t2.medium", "ml.m5.xlarge"],
19      transform_instances=["ml.m5.xlarge"],
20      model_package_group_name=model_package_group_name,
21      approval_status=model_approval_status,
22      model_metrics=model_metrics
23  )
```

코드 설명

01~02행: 필요한 라이브러리를 불러옵니다(import).
04~11행: json 파일로부터 Model의 테스트 데이터셋에 대한 metric을 담을 ModelMetrics를 생성합니다.
13행: RegisterModelStep의 name을 입력합니다.
14행: RegisterModelStep에서 사용할 estimator를 입력합니다.
15행: RegisterModelStep에서 사용할 모델 artifact를 입력합니다.
16행: RegisterModelStep의 입력데이터에 대한 포맷입니다.
17행: RegisterModelStep의 출력데이터에 대한 포맷입니다.
18행: 실시간 추론을 위해 사용될 경우에 필요한 인스턴스 타입입니다.
19행: 변환작업을 위해 사용될 경우에 필요한 인스턴스 타입입니다.
20행: Model Registry에 등록될 model package group name을 입력합니다.
21행: model package에 등록될 모델 승인 상태 값을 입력합니다.
22행: model package에 등록될 평가 metrics를 입력합니다.

5.5.8.9 [9단계] 모델 정확도 확인을 위한 ConditionStep 정의

ConditionStep을 사용하면 SageMaker 파이프라인가 step property들의 조건에 따라 파이프라인 DAG에서 조건부 실행을 지원할 수 있습니다. 이 경우 모델 평가 스텝에서 결정된 해당 모델의 정확도가 목표값보다 큰 경우에만 모델 패키지를 등록하려고 합니다. 정확도가 목표값을 초과하는 경우 파이프라인은 SageMaker 모델도 생성하고 데이터셋에서 일괄 변환을 실행합니다. 이 섹션에서는 ConditionStep을 정의하는 방법을 보여줍니다.

모델 정확도를 확인하기 위한 ConditionStep을 정의하려면 다음 과정을 따릅니다.

1. 모델 평가 처리 스텝인 step_eval의 출력에서 찾은 정확도 값을 사용하여 ConditionLessThanOrEqualTo 조건을 정의합니다. 처리 스텝에서 인덱싱한 속성 파일과 평균 제곱 오류 값 "mse"의 해당 json_path를 사용하여 이 출력을 가져옵니다.

```python
01  from sagemaker.workflow.conditions import ConditionLessThanOrEqualTo
02  from sagemaker.workflow.condition_step import ConditionStep
03  from sagemaker.workflow.functions import JsonGet
04
05  cond_lte = ConditionLessThanOrEqualTo(
06      left=JsonGet(
07          step_name=step_eval.name,
08          property_file=evaluation_report,
09          json_path="regression_metrics.mse.value"
10      ),
11      right=6.0
12  )
```

01~03행: 필요한 라이브러리를 불러옵니다(import).

05~12행: JsonGet을 이용해서 평가 결과에 대한 mse값을 가져와 left에 입력하고, right에 입력된 6.0과 비교하는 ConditionLessThanOrEqualTo 객체를 생성합니다.

2. ConditionStep을 구성해보겠습니다. ConditionEquals 조건을 전달하고 조건을 만족하는 경우 if_steps을 다음 스텝으로 설정하고, 그렇지 않은 경우 else_steps을 다음 스텝으로 설정합니다.

```python
01  step_cond = ConditionStep(
02      name="AbaloneMSECond",
03      conditions=[cond_lte],
04      if_steps=[step_register, step_create_model, step_transform],
05      else_steps=[],
06  )
```

01행: ConditionStep을 생성합니다.
02행: ConditionStep의 name을 입력합니다.
03행: 조건을 가지고 있는 객체를 입력합니다.
04행: 조건이 True일때 실행할 스텝들을 입력합니다.
05행: 조건이 False일때 실행할 스텝들을 입력합니다.

5.5.8.10 [10단계] 파이프라인 생성

이제 모든 스텝을 생성했으므로 파이프라인으로 결합합니다. 파이프라인으로 결합하려면 다음 과정을 따릅니다.

1. 파이프라인을 생성하려면 파이프라인에 대해 name, parameter 및 Steps를 정의합니다. 이름은 AWS 계정(Account)과 AWS 지역(Regious) 내에서 고유해야 합니다.

```
01  from sagemaker.workflow.pipeline import Pipeline
02
03  pipeline_name = f"AbalonePipeline"
04  pipeline = Pipeline(
05      name=pipeline_name,
06      parameters=[
07          processing_instance_type,
08          processing_instance_count,
09          training_instance_type,
10          model_approval_status,
11          input_data,
12          batch_data,
13      ],
14      steps=[step_process, step_train, step_eval, step_cond],
15  )
```

01행: 필요한 라이브러리를 불러옵니다(import).
04행: Pipeline 객체를 생성합니다.
05행: Pipeline 객체의 name을 입력합니다.
06~13행: Pipeline 객체에 입력되는 parameters를 입력합니다.
14행: Pipeline 객체에 입력되는 Steps들을 입력합니다.

2. JSON 파이프라인 정의를 검사하여 올바른 형식인지 확인합니다(선택 사항입니다).

```
01  import json
02
03  json.loads(pipeline.definition())
```

01행: 필요한 라이브러리를 불러옵니다(import).
03행: json 형식의 pipeline 정의를 출력합니다.

5.5.8.11 [11단계] 파이프라인 실행

이제 파이프라인을 실행할 차례입니다. 파이프라인을 실행하려면 다음의 과정을 따릅니다.

1. 파이프라인 실행에 필요한 role을 입력합니다.

```
pipeline.upsert(role_arn=role)
```

2. 파이프라인을 실행합니다.

```
01  execution = pipeline.start()
02  execution.describe()
03  execution.wait()
04  execution.list_steps()
```

5.6 요약과 정리하기

AI/ML Pipeline이란 무엇이고 왜 필요한지와 각 구성요소에는 무엇이 있는지 살펴보았습니다. AI/ML Pipeline이란 여러 개의 모델이 서비스되는 환경에서 유용하며, 각 스텝을 체계화하고 자동화해서 버그감지, 모니터링, 추적 등을 용이하게 합니다. 그러므로 데이터 사이언티스트의 본질적인 업무에 더 집중할 수 있도록 도와줍니다. 아울러 AI/ML Pipeline 도구로 AWS에서 제공하는 SageMaker 스튜디오를 학습해 보았습니다.

6장에서는 SageMaker 스튜디오를 사용하여, AI/ML Pipeline의 각 스텝들을 생성하고 테스트해보겠습니다.

6장

종합 프로젝트

 학습순서

1. 학습목표
2. 사전 준비하기
3. 사전지식 쌓기
4. 구현하기
5. 요약과 정리하기

6.1 학습목표

이 장에서는 지금까지 학습한 백엔드 서비스와 프런트엔드 서비스를 종합한 AI/ML Pipeline을 AWS 클라우드에 직접 작성하고 테스트해봅니다. AI서비스를 위해 처음 실험 레벨의 모델 개발이 끝나게 되면 서비스를 위한 파이프라인을 자동화하는 것이 무엇보다 중요합니다. AWS SageMaker 파이프라인에 AI모델이 나와서 서비스되기 전까지의 최대한 모든 것을 넣어두고, 발전시켜 나간다면, 초기에는 어느 정도 시간이 소비되더라도 나중을 감안한다면 여러분의 소중한 시간을 아껴줄 것입니다.

6.2 사전 준비하기

6.2.1 SageMaker 파이프라인 스텝 설계

5장에서 딥러닝 서비스를 위해 필요한 구성요소를 다루었습니다. 그러면서 데이터와 관련해 데이터 수집, 검증, 전처리를 실행하고 모델을 학습, 분석, 검증을 한 후 모델 배포와 모니터링을 진행한다고 설명했습니다. 각 구성요소는 유연하게 추가/순서 변경을 할 수 있지만, 5장에서 학습한 구성요소를 기준으로 Pipeline을 설계해 보겠습니다.

위와 같이 파이프라인을 다음 6개의 스텝으로 설계했습니다. 각 스텝에서 실행하는 작업은 다음과 같습니다.

- **CatBreedProcess**: 학습데이터를 Train, Test 데이터셋으로 나누어 사용합니다.
- **CatBreedTrain**: 모델을 학습합니다.
- **CatBreedEval**: Test 데이터셋을 이용하여 모델을 평가합니다.
- **CatBreedAccuracyCond**: Accuracy가 설정값 이상인 경우에만 다음 스텝을 진행합니다.
- **CatBreedRegistModel-RepackModel-CatBreedClassification**: 자동적으로 서빙 서버에 대한 소스파일 및 모델파일의 경로를 맞춰줍니다.

- CatBreedRegistModel-RegisterModel: 모델을 등록합니다.
- CatBreedDeploy: 모델을 배포합니다.

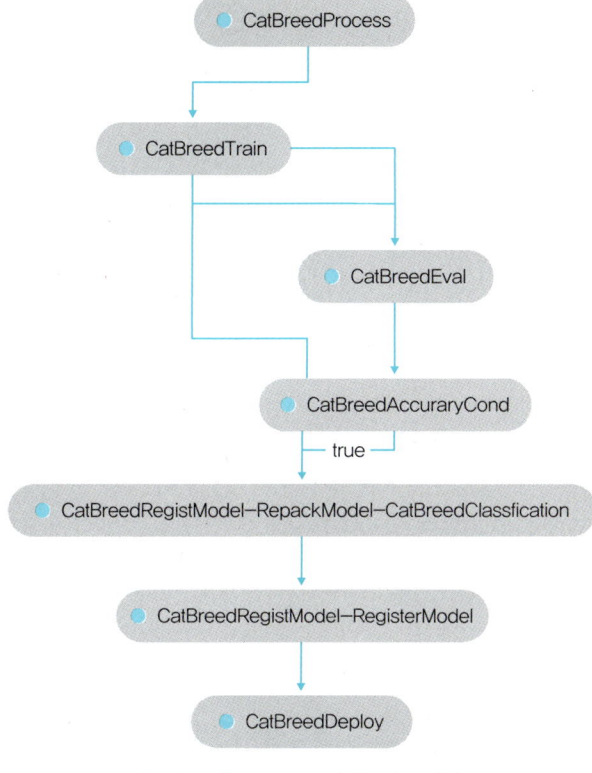

[그림 6-1] CatBreed 파이프라인 설계

6.2.2 소스코드 다운로드

먼저 필요한 데이터를 다운받습니다. 해당 압축파일을 로컬에 다운받습니다.

- 소스코드 경로: https://github.com/roadbookgit/DLService

> **여기서 잠깐**
>
> 2장, 3장, 4장과 동일한 소스코드이므로 이전 장에서 다운받았다면 다시 다운받을 필요는 없습니다.

브라우저에서 위 소스코드 경로의 페이지를 열어 [code] 버튼을 누르면 Download 항목을 통해 전체 소스코드를 다운받을 수 있습니다.

- 소스코드 경로: /chapter6
- 데이터셋 경로: /data

6.2.3 AWS S3에 데이터 구성

위 데이터셋에서 Case3 폴더를 본인이 4장에서 생성한 AWS S3 버킷에 업로드합니다. 아래 그림의 예시는 S3 버킷명이 dl-service입니다.

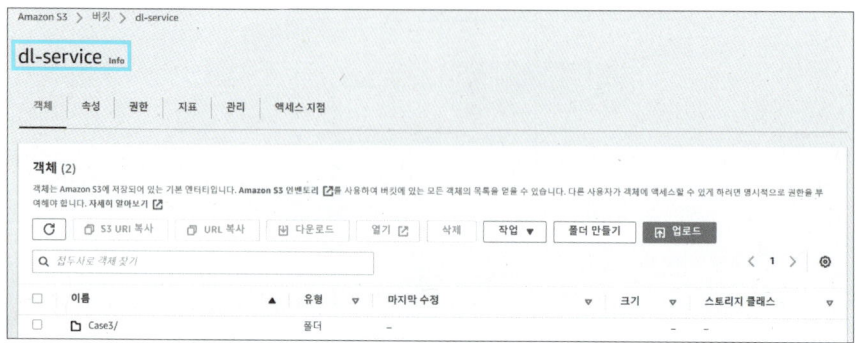

[그림 6-2] s3에 데이터셋 업로드

Case3 데이터에는 Bombay, Burmese 폴더가 있으며, 각 폴더별로 100장의 고양이 사진이 있습니다.

6.3 사전지식 쌓기

사전에 지식을 쌓을 내용은 다음과 같습니다.

6.3.1 ResNet18

ResNet18은 18개 층(layer)로 이루어진 resnet을 의미합니다. 좀더 구체적으로 알아보자면 resnet은 2015년도 ILSVRC(ImageNet Large Scale Visual Recognition Challenge)에서 우승한 딥러닝 네트워크입니다. 논문명은 〈Deep Residual Learning for Image Recognition〉이며, 마이크로소프트에서 개발한 알고리즘입니다.

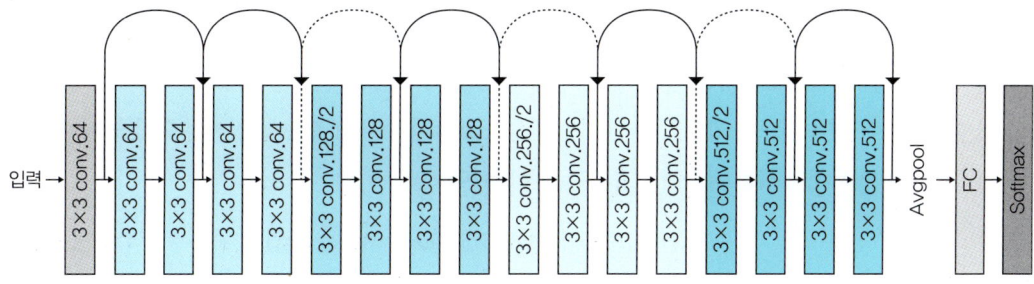

[그림 6-3] 18-layer ResNet with Skip/Shortcut Connection

18-layer Plain Network는 예측 성능을 높이기 위해 층을 계속 쌓아 올렸습니다. 이러한 Plain network는 층이 지나치게 깊으면 학습이 잘 되지 않고, 오히려 성능이 떨어지는 경우가 발생했습니다. 그 이유는 층이 점점 깊어질수록 기울기 소실[1]과 폭발 문제가 생기기 때문입니다. 기울기 소실 문제(vanishing gradient problem)는 신경망의 활성함수의 도함수값이 계속 곱해지다보니 가중치에 따른 결괏값의 기울기가 0이 되어서, 경사 하강법을 이용할 수 없게 되는 문제입니다. 반대로 기울기값이 계속 증폭될 경우 기울기 폭발 문제(exploding gradient problem)가 발생합니다. 이런 기울기 소실/폭발 문제를 해결하기 위해, 아래 그림과 같이 f(x) 함수 이후의 출력값에 skip/shortcut connection을 더해줍니다.

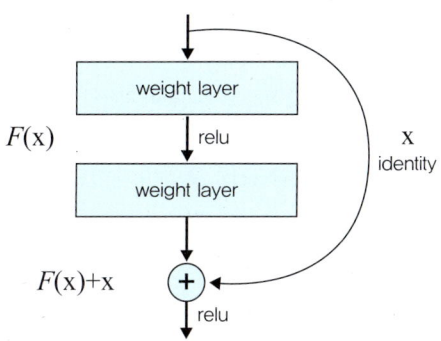

[그림 6-4] Residuadl 네트워크의 빌딩 블록

이 방법이 최적화도 쉽고, 미분을 했을 때 더해진 x가 1이 되어 기울기 소실 문제가 해결됩니다. 기울기 소실 문제가 해결되면 정확도가 감소되지 않고 신경망의 층을 깊게 쌓을 수 있어 더 나은 성능의 신경망을 구축할 수 있습니다.

---

1 https://en.wikipedia.org/wiki/Vanishing_gradient_problem

6.3.2 전이 학습

전이 학습(Transfer-learning)이란 많은 양의 데이터셋으로 사전 훈련된 모델(Pretrained Model)을 사용하여 새로운 모델을 만드는 방법입니다. 이는 학습을 빠르게 하고 예측을 더 높이는 역할을 합니다. 또한 보유한 데이터셋이 적은 경우에도 유용한 방법입니다.

아래 그림처럼 전이 학습 적용 이전의 전통적인 방식(Traditional ML)은 작업을 처음부터 학습했습니다. 사람의 학습에 비유하면 아무런 사전지식 없이 새로운 지식(Knowledge)을 배우는 것과 같습니다. 여기에서 지식이란 사전지식을 의미하며 많은 양의 데이터셋으로 사전훈련된 딥러닝 모델의 가중치 파일로 나타낼 수 있습니다.

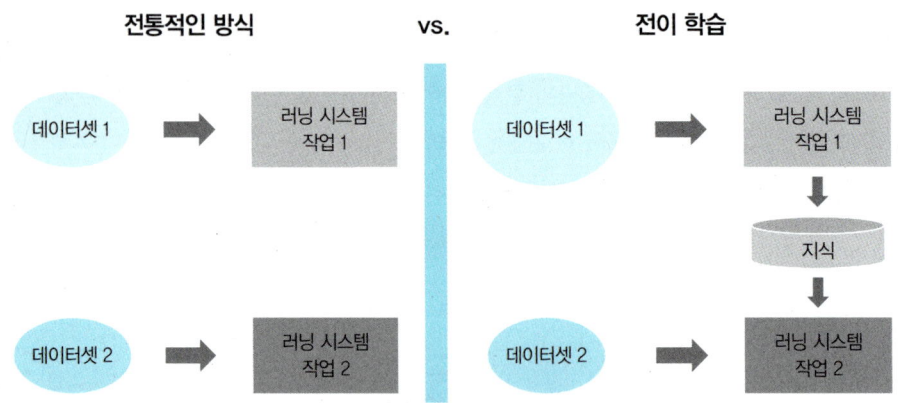

[그림 6-5] 전통적인 방식과 전이 학습의 차이

'6.4 구현하기'에서는 전이 학습 방법으로 ResNet18 모델을 재학습합니다.

6.3.3 온디맨드 인스턴스 및 요금(또는 제약사항)

인스턴스 사용에 대한 요금 정책은 다음과 같습니다(2023년 3월 기준).

- AWS SageMaker 요금: https://aws.amazon.com/ko/sagemaker/pricing/

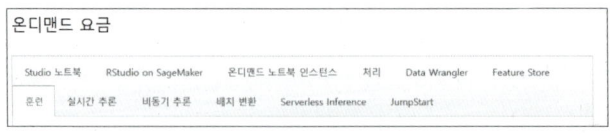

[그림 6-6] 온디맨드 요금

다음은 무료로 사용할 수 있는 인스턴스 타입과 사용량입니다

Amazon SageMaker 프리 티어

Amazon SageMaker는 무료로 사용해볼 수 있습니다. AWS 프리 티어를 사용하는 고객은 Amazon SageMaker를 무료로 시작할 수 있습니다. 프리 티어는 첫 번째 SageMaker 리소스를 생성하는 첫 달부터 시작됩니다. 아래 표에서 Amazon SageMaker 프리 티어에 대해 자세히 설명합니다.

Amazon SageMaker 기능	처음 2개월간 월별 프리 티어 사용량
Studio 노트북 및 노트북 인스턴스	Studio 노트북에서 ml.t3.medium 인스턴스 250시간 또는 노트북 인스턴스에서 ml.t2 medium 인스턴스 또는 ml.t3.medium 인스턴스 250시간
RStudio on SageMaker	RSession 앱에서 250시간의 ml.t3.medium 인스턴스 및 RStudioServerPro 앱용 무료 ml.t3.medium 인스턴스
Data Wrangler	ml.m5.4xlarge 인스턴스 25시간
Feature Store	1,000만 쓰기 단위, 1,000만 읽기 단위, 25GB 스토리지
훈련	m4.xlarge 또는 m5.xlarge 인스턴스 50시간
실시간 추론	m4.xlarge 또는 m5.xlarge 인스턴스 125시간
Serverless Inference	추론 지속 시간 150,000초
Canvas	세션 시간에 대해 750시간/월 및 최대 10개의 모델 생성 요청/월, 각각 최대 1백만 개의 셀/모델 생성 요청

[그림 6-7] AWS SageMaker 프리 티어

각 기능별로 지원하는 프리 티어 인스턴스 타입과 사용량이 다릅니다. 'Studio 노트북 및 온디맨드 노트북 인스턴스'의 경우는 ml.t3.medium 인스턴스이며, '훈련(train)'의 경우는 m4.xlarge 또는 m5.xlarge 인스턴스 50시간이지만, 실시간 추론의 경우는 125시간입니다. 프리 티어 사용시간을 초과하거나 다른 인스턴스를 사용해야 할 경우 온디맨드 요금을 참고합니다. 각 스텝별로 지원하는 인스턴스에 차이가 있으니, 반드시 '온디맨드 요금' 표를 참고하세요. 아래 그림은 '훈련(train)' 스텝을 지원하고, 지역이 아시아 태평양(서울)인 경우의 요금 정책의 일부입니다.

온디맨드 요금

Studio 노트북 | RStudio on SageMaker | 온디맨드 노트북 인스턴스 | 처리 | Data Wrangler | Feature Store
훈련 | 실시간 추론 | 비동기 추론 | 배치 변환 | Serverless Inference | JumpStart

Amazon SageMaker 훈련

Amazon SageMaker는 모델을 훈련, 튜닝 및 디버깅하는 데 필요한 모든 기능을 제공하여 기계 학습(ML) 모델을 쉽게 훈련할 수 있습니다. 선택하는 인스턴스 유형의 사용량에 대해 요금이 청구됩니다. Amazon SageMaker Debugger를 사용하여 훈련 중에 문제를 디버깅하고 리소스를 모니터링하는 경우 기본 제공 규칙을 사용하여 훈련 작업을 디버깅하거나 고유한 사용자 지정 규칙을 작성할 수 있습니다. 훈련 작업을 디버깅하기 위해 기본 제공 규칙을 사용하는 경우 요금은 청구되지 않습니다. 사용자 지정 규칙의 경우 사용한 시간에 따라 선택한 인스턴스에 대한 요금이 청구됩니다.

리전: 아시아 태평양(서울)

표준 인스턴스	vCPU	메모리	시간당 요금
ml.m5.large	2	8GiB	0.142 USD
ml.m5.xlarge	4	16GiB	0.283 USD
ml.m5.2xlarge	8	32GiB	0.566 USD
ml.m5.4xlarge	16	64GiB	1.133 USD

[그림 6-8] 온디맨드 요금 정책

다음 사이트에 접속하면 AWS 서비스 할당량(제한)에 대한 안내를 받을 수 있습니다.

〉 https://docs.aws.amazon.com/ko_kr/general/latest/gr/sagemaker.html

아래 그림은 SageMaker 교육(train) 시에 사용 가능한 인스턴스별 할당량 설명의 일부입니다.

[그림 6-9] SageMaker 교육(train) 인스턴스별 할당량

기본적으로 ml.c4.xlarge의 경우는 4개까지 사용할 수 있지만, ml.c5.18xlarge의 경우는 사용할 수 없음을 알 수 있습니다. 다만 간단하게 콘솔에서 제공하는 할당량 증가 요청을 통해 필요한 만큼의 인스턴스를 추가로 사용할 수 있습니다.

 6.4 구현하기

여기서 구현한 코드는 SageMaker 스튜디오 노트북에서 실행하게 됩니다. 사전 학습된(Pretrained) ResNet18 모델을 Bombay, Bermerse 데이터를 사용하여 전이 학습(Transfer-Learning)을 시켜보겠습니다.

전이 학습된 모델을 사용하여 Sagemaker 엔드포인트를 생성하여 백엔드 서버 역할을 하게 하고, streamlit에서 해당 엔드포인트를 호출하여 추론결과를 응답받는 딥러닝 서비스를 만들어보겠습니다.

```
01  !pip in1stall sagemaker==2.95.0
02  !pip install hvplot==0.7.3    # 데이터 시각화를 위한 라이브러리
```

01행: SageMaker 파이프라인 실행을 위해서 특정 버전의 Sagemaker 라이브러리를 설치합니다.
02행: hvplot은 데이터 검증 과정에서 시각화를 위해 설치합니다.

```
01  import os
02  import boto3
03  import time
04  from glob import glob
05  from pathlib import Path
06
07  import numpy as np
08  import pandas as pd
09  import matplotlib.pyplot as plt
10  %matplotlib inline   # Jupyter notebook에서 셀 내 matplotlib 출력을 위해 사용
11  import hvplot.pandas
12  from PIL import Image
13
14  import sagemaker
15  from sagemaker.workflow.pipeline_context import PipelineSession
16
17  sagemaker_session = sagemaker.session.Session()
18  role = sagemaker.get_execution_role()
19  default_bucket = sagemaker_session.default_bucket()
20  model_package_group_name = f"CatBreedModelPackage"
21
22  os.environ["default_bucket"]=default_bucket
```

01~15행: 필요한 라이브러리를 불러옵니다(import).
17행: Pipeline을 실행하기 위한 sagemaker_session 객체를 생성합니다.
18행: Pipeline에서 사용할 AWS lam Role을 가져옵니다.
19행: default bucket 이름을 가져옵니다.
20행: RegisterModel step에서 사용할 Model package group name을 지정합니다.
22행: 환경변수 default_bucket에 default bucket명을 저장합니다.

6.4.1 데이터 수집

AWS S3에 데이터 수집이 되어 있다는 가정을 하고 다음 작업을 실행합니다.

❶ S3에 수집된 데이터를 검증하기 위해 작업하고 있는 SageMaker 스튜디오 환경으로 복사해옵니다.
❷ 복사가 완료되면 이후 작업을 위해 SageMaker 파이프라인의 default 버킷으로 다시 복사해둡니다.
❸ 예시에서는 S3 버킷명이 dl-service로 되어 있습니다. 버킷명은 AWS 전체에서 유일한(unique) 값을 가져야 함으로, 각자가 구성한 S3 버킷명으로 변경합니다.

```
01  !mkdir -p data
02  !aws s3 cp s3://<dl-service>/Case3/ data/ --recursive
03  !aws s3 cp data/ s3://$default_bucket/cat-breed --recursive
```

코드 설명

01행: data 폴더를 생성합니다.
02행: data 폴더에 CatBreed 데이터셋을 S3로부터 복사합니다. 〈dl-service〉 표기에는 각자가 구성한 s3 버킷명으로 변경하여 수행합니다.
03행: data 폴더를 Pipeline에서 사용하게 될 S3로 복사합니다.

6.4.2 데이터 검증

데이터를 이해하고, 검증할 수 있는 여러 방법이 있습니다. 이번 예시에서는 간단한 시각화를 진행해 봅니다. 수집된 이미지들의 width 및 height 분포, 클래스별 분포, 샘플 이미지를 확인해보겠습니다.

```
01  # Sagemaker 로컬 노트북에 저장된 데이터 시각화를 위한 전처리
02
03  im_list = glob('data/*/*.jpg')
04  im_list.sort()
05
06  image_ids   = []
07  label_names = []
08  imgs        = []
09  heights     = []
10  widths      = []
11  for im_path in im_list:
12      image_ids.append(os.path.splitext(im_path)[0].split("/")[-1])
13      label_names.append(os.path.splitext(im_path)[0].split("/")[-2])
```

```
14      img = cv2.imread(im_path)
15      imgs.append(img)
16      heights.append(img.shape[0])
17      widths.append(img.shape[1])
18
19  df = pd.DataFrame({'ImageID':image_ids, 'LabelName':label_names,
    'Height':heights, 'Width':widths})
```

실행결과

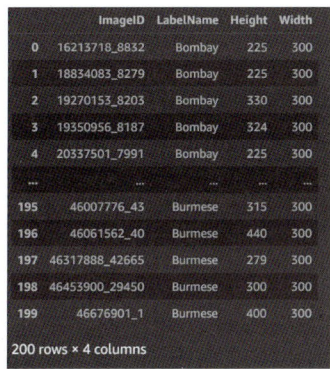

[그림 6-10] 전처리 실행결과

 **코드 설명**

03~04행: SageMaker 스튜디오 노트북의 환경에 다운받은 이미지 데이터셋을 로딩하고 정렬합니다.
06~17행: 리스트 변수들 초기화한 후 각 리스트에 요소들을 추가합니다.
19행: 데이터 검증을 위한 Pandas Dataframe 객체를 생성합니다.

6.4.2.1 이미지 크기 확인

hvplot 라이브러리로 이미지의 크기를 한눈에 볼 수 있는 scatter chart를 출력해봅시다.

```
01  # 집계를 위한 이미지 width, height 크기 및 그루핑 카운트
02
03  sizes = df[['Width', 'Height']]
04  counts = sizes.groupby(['Width', 'Height']).agg(count=('Width', 'size')) \
05              .reset_index()
06
07  # hvplot으로 이미지 width, height 크기 및 그루핑 카운트 시각화
```

```
08
09  plot_opts = dict(
10                  grid=True,
11                  height=500,
12                  width=550
13                  )
14
15  style_opts = dict(scaling_factor=0.2,
16                    line_alpha=1,
17                    fill_alpha=0.1
18                    )
19
20  counts.hvplot.scatter(x='Width', y='Height', size='count', **plot_opts, scale=8) \
21          .options(**style_opts)
```

실행결과

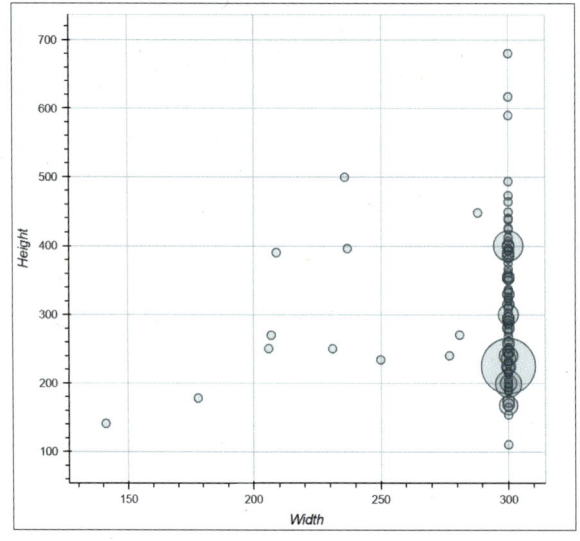

[그림 6-11] hvplot으로 이미지 width, height 크기 및 그루핑 카운트 시각화 결과

 **코드 설명**

03~05행: 이미지 너비(Width), 높이(Height), 쌍(pair)에 대해 group by 집합연산을 합니다.

09~13행: hvplot에 입력으로 사용할 plot option 값을 설정합니다.

15~18행: hvplot에 입력으로 사용할 style option 값을 설정합니다.

20~21행: 03~06행에서 집합 연산한 결과인 counts를 hvplot의 scatter 형식으로 출력합니다.

대체로 width가 300인 이미지가 많지만, 이미지별 크기가 동일하지 않습니다. 학습 시 데이터를 정해진 크기로 변경하는 작업이 필요해 보입니다.

6.4.2.2 클래스 분포 확인

```
01  # hvplot으로 레이블명(Bombay, Burmese) 카운트 시각화
02
03  train_labels = df[['ImageID', 'LabelName']]
04  train_labels.LabelName.value_counts() \
05          .hvplot.bar(width=400, height=350, rot=60, line_alpha=0,
06                      title='Label Frequencies',
07                      ylabel='fraction of all objects')
```

실행결과

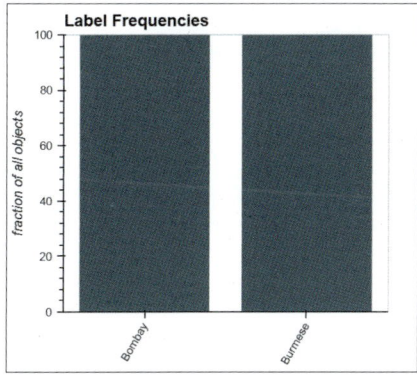

[그림 6-12] hvplot으로 레이블명(Bombay, Burmese) 카운트 시각화 실행결과

 코드 설명

03행: Pandas Dataframe df 객체의 ImageID와 LabelName 항목만을 뽑아서 새로운 train_labels 객체로 만들어줍니다.
04~07행: train_labels 객체의 LabelName 항목별 카운팅을 하여 hvplot의 bar chart 형태로 아래와 같이 출력합니다.

Bombay, Burmese, 두 개의 클래스가 존재하며, 각각 100장의 이미지가 있습니다. 데이터의 클래스 간 균형가 잘 맞는 상태입니다. 클래스별 데이터 균형에 대한 전처리는 필요없습니다.

6.4.2.3 이미지 샘플 확인

```
01  # 이미지 샘플 출력
02  cols, rows = 2, 5
03  fig = plt.figure(figsize=(20,6))
04
05  for idx, (img, label_name) in enumerate(zip(imgs[:5]+imgs[-5:],
06      label_names[:5]+label_names[-5:])):
07      fig.add_subplot(cols, rows, idx+1)
08      plt.title(label_name)
09      plt.imshow(img)
```

실행결과

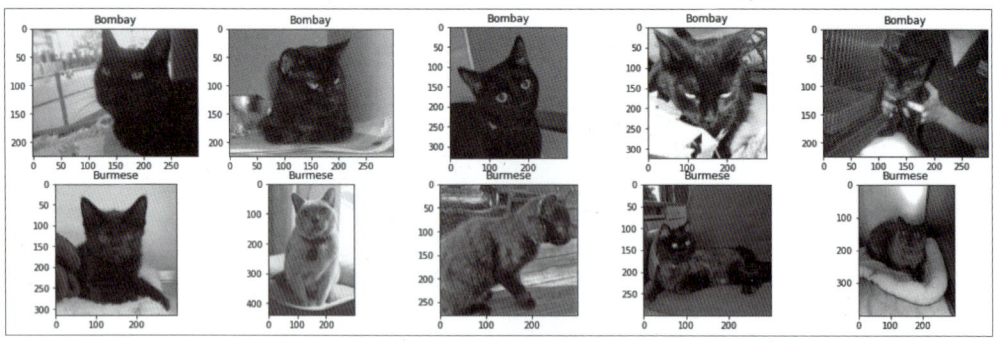

[그림 6-13] 이미지 샘플 출력 결과

02~03행: 이미지들의 출력 포맷 지정을 위한 option값들을 설정합니다.

05~09행: 각 클래스별 이미지 5개씩을 뽑아서 matplotlib 라이브러리로 출력합니다.

Bombay 5장, Burmese 5장을 출력해보았습니다. 둘이 비슷하게 생겼네요. 딥러닝 모델이 잘 구분할 수 있을지 기대됩니다.

6.4.3 SageMaker 파이프라인 정의

'6.2.1 SageMaker 파이프라인 스텝 설계'에서 각 스텝을 정의했습니다. 정의한 스텝을 구현하고, pipeline 작업을 진행합니다. 다음의 소스코드를 통해 Pipeline 매개변수 및 스크립트를 관리할 폴더를 설정합니다.

```
01  # Pipeline 매개변수 및 스크립트를 관리할 폴더를 설정
02
03  input_data_uri = f"s3://{default_bucket}/cat-breed/"
04  print(input_data_uri)
05  os.makedirs("cat-breed", exist_ok=True)
```

코드 설명

03행: ProcessingStep에서 input으로 사용할 데이터의 S3 uri값을 설정합니다.
04행: 확인을 위해 설정한 S3 uri값을 출력합니다.
05행: Pipeline에 사용되는 파이썬 스크립트들을 관리할 목적으로 현재 작업하고 있는 경로 하위에 cat-breed 폴더를 생성합니다.

다음으로 Pipeline에서 사용할 매개변수를 설정합니다.

```
01  import sagemaker
02  import sagemaker.workflow as workflow
03
04  from sagemaker.workflow.parameters import (
05      ParameterInteger,
06      ParameterString,
07  )
08  from sagemaker.workflow.steps import CacheConfig
09
10  # SageMaker Pipeline의 입력 변수로 아래와 같이
       sagemaker.workflow.parameters에 속하는 변수타입으로 선언해야 할 경우가 있음
11  input_data = ParameterString(
12      name="InputData",
13      default_value=input_data_uri,
14  )
15
16  processing_instance_count = ParameterInteger(
17      name="ProcessingInstanceCount",
```

```
18        default_value=1
19    )
20    processing_instance_type = "ml.m5.large"
21
22    training_instance_type = "ml.m5.large"
23    training_instance_count = 1
24
25    inference_instance_type = "ml.m5.large"
26
27    model_approval_status = ParameterString(
28        name="ModelApprovalStatus",
29        default_value="Approved"
30    )
31
32    # Step caching은 다음 Step 유형에 적용할 수 있습니다: Training, Processing, Transform
33    cache_config = CacheConfig(enable_caching=True, expire_after="30d")
```

01~08행: 필요한 라이브러리를 불러옵니다(import).

11~19행: ProcessingStep의 매개변수들로 입력데이터의 경로나 인스턴스 수 그리고 인스턴스 타입 등을 정의합니다.

22~23행: TrainingStep의 매개변수들로 인스턴스 타입이나 인스턴스 수 등을 정의합니다.

25행: ModelStep에서 컨테이너 이미지 검색에 사용되는 인스턴스 타입을 정의합니다.

27~30행: RegisterModelStep의 승인상태(approve status)를 정의합니다.

33행: TrainingStep, ProcessingStep 등에 cache 적용을 위해 넘겨줄 cache_config[2] 변수를 선언합니다.

6.4.3.1 CatBreedProcess Step

Processing Step에서 실행할 소스코드를 생성합니다.

[cat-breed/preprocessing.py 파일 정의]

```
01    %%writefile cat-breed/preprocessing.py
02    import argparse
03    import os
04    import requests
05    import tempfile
06    import shutil
07    from glob import glob
```

---

2 https://docs.aws.amazon.com/sagemaker/latest/dg/pipelines-caching.html

```
08
09  from sklearn.model_selection import train_test_split
10
11
12  if __name__ == "__main__":
13      base_dir = "/opt/ml/processing"
14
15      # imgs 가져오기
16      img_paths  = glob(f"{base_dir}/input/*/*.jpg")
17      img_labels = [os.path.splitext(label)[0].split("/")[-2] for label in img_paths]
18
19      # train / test 데이터셋 나누기
           (trainingStep에서 train 폴더에 있는 데이터셋을 일정 크기만큼 나누어 valid 데이터셋 생성)
20      TEST_SPLIT = 0.1
21      X_train, X_test, Y_train, Y_test = train_test_split(
22          img_paths, img_labels, test_size=TEST_SPLIT, random_state=42)
23
24      # output path 설정
25      train_path = f"{base_dir}/train/"
26      test_path  = f"{base_dir}/test/"
27      os.makedirs(train_path, exist_ok=True)
28      os.makedirs(test_path, exist_ok=True)
29
30      uniq_labels = list(set(img_labels))
31      for uniq_label in uniq_labels:
32          os.makedirs(os.path.join(train_path, uniq_label), exist_ok=True)
33          os.makedirs(os.path.join(test_path, uniq_label), exist_ok=True)
34
35      for path, label in zip(X_train, Y_train):
36          shutil.copy(path, os.path.join(train_path, label, ""))
37
38      for path, label in zip(X_test, Y_test):
39          shutil.copy(path, os.path.join(test_path, label, ""))
```

코드 설명

01행: Jupyter magic command인 %%writefile <파일경로명>을 실행하여 해당 셀 전체의 파이썬 스크립트를 파일로 저장합니다.

02~07행: 사용할 라이브러리를 불러옵니다(import).

13행: ProcessingStep 입력 데이터의 base 위치를 입력합니다(아래 ProcessingStep을 정의할 때 입력하는 inputs의 source/base 위치입니다).

16~17행: 이미지 경로와 레이블 경로를 각각 가져옵니다.

20~22행: sklearn.model_selection.train_test_split 함수를 통해 입력된 데이터를 학습에 사용할 데이터셋과 테스트에 사용할 데이터셋으로 나눕니다.

25~33행: 전처리 결과가 저장될 폴더를 생성합니다.

35~39행: 학습/테스트 데이터를 정해진 위치로 복사합니다.

[Processing Step 정의]

```
01  from sagemaker.sklearn.processing import SKLearnProcessor
02  from sagemaker.processing import ProcessingInput, ProcessingOutput
03  from sagemaker.workflow.steps import ProcessingStep
04
05  framework_version = "0.23-1"
06
07  sklearn_processor = SKLearnProcessor(
08      framework_version=framework_version,
09      instance_type=processing_instance_type,
10      instance_count=processing_instance_count,
11      base_job_name="sklearn-cat-breed-process",
12      role=role,
13  )
14
15  step_process = ProcessingStep(
16      name="CatBreedProcess",
17      processor=sklearn_processor,
18      inputs=[
19          ProcessingInput(source=input_data, destination="/opt/ml/processing/input"),
20      ],
21      outputs=[
22          ProcessingOutput(output_name="train", source="/opt/ml/processing/train"),
23          ProcessingOutput(output_name="test", source="/opt/ml/processing/test")
24      ],
25      code="cat-breed/preprocessing.py",
26      cache_config=cache_config
27  )
```

01~03행: 필요한 라이브러리를 불러옵니다(import).

07~13행: scikit-learn을 사용하여 Sagemaker Processor를 생성합니다.
- framework_version에 scikit-learn의 버전을 설정했습니다.
- instance_type, instance_count: 해당 Processor의 인스턴스 사양과 개수를 설정했습니다.

15~27행: ProcessingStep의 입력, 출력, 프로세싱을 설정합니다.
- processor: 07행에서 생성한 sklearn_processor로 설정합니다.
- input: `ProcessingInput()`을 통해 원본 데이터가 있는 source 경로를 설정합니다.
- output: `ProcessingOutput()`으로 output을 설정합니다. 두 개의 output이 있으며, input 데이터를 train, test로 split한 결과를 설정합니다.
- code: 작업을 실행할 소스파일입니다.
- cache_config: 캐싱 옵션값을 해당 Step에 입력합니다.

6.4.3.2 CatBreedTrain Step

[Pretrained ResNet18 모델의 uri 검색]

```
01  from sagemaker import image_uris, model_uris, script_uris
02
03  model_id, model_version = "pytorch-ic-ResNet18", "2.0.0"
04
05  # JumpStart용 기본 모델의 S3 URI 검색
06  base_model_uri = model_uris.retrieve(
07      model_id=model_id, model_version=model_version, model_scope="training"
08  )
09
10  # 학습 스크립트 검색
11  training_script_uri = script_uris.retrieve(
12      model_id=model_id, model_version=model_version, script_scope="training"
13  )
14
15  # 학습 Docker 이미지 검색
16  model_image_uri = image_uris.retrieve(
17      region=None,
18      framework=None,
19      image_scope="training",
20      model_id=model_id,
21      model_version=model_version,
22      instance_type=training_instance_type,
23  )
```

01행: 필요한 라이브러리를 불러옵니다(import).
03행: model_id, model_version을 정의합니다.
06~08행: JumpStart[3]의 model_uris를 불러옵니다.
11~13행: JumpStart에서 사용하는 model script 파일을 불러옵니다.
16~23행: 모델 학습을 위한 image_uri를 불러옵니다.

[Estimator 생성]

```python
01  model_path = f"s3://{default_bucket}/CatBreedTrain"
02
03  from sagemaker.estimator import Estimator
04  from sagemaker import hyperparameters
05
06  # JumpStart용 defualt 초매개변수 가져오기
07  default_hyperparameters = hyperparameters.retrieve_default(
08      model_id=model_id,
09      model_version=model_version,
10  )
11  # [선택 사항] 사용자 지정 값으로 default 초매개변수 재정의
12  default_hyperparameters["epochs"] = "3"
13  default_hyperparameters["batch-size"] = "4"
14  default_hyperparameters["adam-learning-rate"] = "0.05"
15  default_hyperparameters["reinitialize-top-layer"] = "auto"
16  default_hyperparameters["train-only-top-layer"] = "True"
17
18  # SageMaker Estimator 인스턴스 생성
19  estimator = Estimator(
20      image_uri=model_image_uri,
21      source_dir=training_script_uri,
22      model_uri=base_model_uri,
23      entry_point="transfer_learning.py",
24      role=pipeline_session.get_caller_identity_arn(),
25      hyperparameters=default_hyperparameters,
26      instance_count=training_instance_count,
27      instance_type=training_instance_type,
28      enable_network_isolation=True,
29      output_path=model_path,
```

---

3 Sagemaker Jumpstart: 손쉽게 모델을 배포하기 위해, AWS에서 미리 학습한 모델이나 fine-tuning을 할 수 있도록 제공하는 서비스입니다.

```
30        disable_profiler=True,
31        metric_definitions=[{'Name': 'train:Loss', 'Regex': 'train Loss: (\S+)'},
32                    {'Name': 'train:Acc', 'Regex': 'train Loss: \S+ Acc: (\S+)'},
33                    {'Name': 'val:Loss', 'Regex': 'val Loss: (\S+)'},
34                    {'Name': 'val:Acc', 'Regex': 'val Loss: \S+ Acc: (\S+)'}
35                    ],
36        cache_config=cache_config
37   )
```

코드 설명

01행: 학습 후 모델이 저장될 base 위치를 지정합니다.
03~04행: 필요한 라이브러리를 불러옵니다(import).
07~10행: 모델 학습에 사용할 기본 초매개변수를 불러옵니다.
12~16행: 모델 학습에 사용할 사용자 정의 초매개변수를 지정합니다.
19~37행: 위에서 불러온 각 옵션들을 인자로 입력하여 Sagemaker Estimator 객체를 생성합니다.

[Training Step 정의]

```
01  from sagemaker.inputs import TrainingInput
02  from sagemaker.workflow.steps import TrainingStep
03
04  step_train = TrainingStep(
05      name="CatBreedTrain",
06      estimator=estimator,
07      inputs={
08          "training": TrainingInput(
09              s3_data=step_process.properties.ProcessingOutputConfig.Outputs["train"].S3Output.S3Uri,
10              content_type="application/x-image"
11
12          )
13      }
```

코드 설명

01~02행: 필요한 라이브러리를 불러옵니다(import).
04~13행: TrainingStep을 생성하는 데 필요한 스텝의 name, estimator, inputs 매개변수에 인자를 입력합니다. TrainingInput에 입력되는 S3값은 실제 Pipeline 실행시간에 알 수 있는 값입니다.

6.4.3.3 CatBreedEval Step

[cat-breed/evaluation.py 파일 정의]

```
01  %%writefile cat-breed/evaluation.py
02  import os
03  import json
04  import pathlib
05  import pickle
06  import tarfile
07  import joblib
08  import numpy as np
09  import pandas as pd
10  import tarfile
11  import torch
12  from torchvision import datasets
13  from torchvision import transforms
14
15
16  if __name__ == "__main__":
17
18      model_path = f"/opt/ml/processing/model/model.tar.gz"
19      with tarfile.open(model_path) as saved_model_tar:
20          saved_model_tar.extractall(".")
21      model_file_path = next(pathlib.Path(".").glob("model.pth")).stem + ".pth"
22      model = torch.load(model_file_path)
23
24      for param in model.parameters():
25          param.requires_grad = False
26
27      if torch.cuda.is_available():
28          model.to(device)
29      model.eval()
30
31      test_path = "/opt/ml/processing/test/"
32
33      test_dataset = datasets.ImageFolder(os.path.join(test_path))
34
35      test_dataset.transform = transforms.Compose(
36          [
37              transforms.Resize(224),
38              transforms.CenterCrop(224),
```

```
39                transforms.ToTensor(),
40                transforms.Normalize([0.485, 0.456, 0.406],
    [0.229, 0.224, 0.225]),
41            ]
42        )
43
44
45    test_dataloader = torch.utils.data.DataLoader(
46            test_dataset, batch_size=1, shuffle=True, num_workers=4
47        )
48
49    correct = 0
50    for i, l in test_dataloader:
51        output = model(i)
52        output = np.argmax(output)
53        correct += (output == l).int().sum()
54
55    accuracy = 100 * correct / len(test_dataloader)
56
57    report_dict = {
58        "classficifaction_metrics": {
59            "accuracy": {
60                "value": float(accuracy.numpy())
61            },
62        },
63    }
64
65    output_dir = "/opt/ml/processing/evaluation"
66    pathlib.Path(output_dir).mkdir(parents=True, exist_ok=True)
67
68    evaluation_path = f"{output_dir}/evaluation.json"
69    with open(evaluation_path, "w") as f:
70        f.write(json.dumps(report_dict))
```

코드 설명

01행: 해당 셀 전체 내용을 cat-breed 폴더 아래에 evaluation.py 파일로 저장합니다.

02~13행: 필요한 라이브러리를 불러옵니다(import).

18~21행: 해당 스텝에서 입력받은 model.tar.gz 파일을 압축 해제하여 model.pth 경로를 가져옵니다.

22행: 모델 파일을 로드합니다.

24~25행: 인퍼런스를 위해 모델의 gradient가 업데이트되는 것을 방지합니다.

27~28행: 현재 gpu 디바이스가 사용 가능한지 체크하여, model이 실행될 디바이스를 결정합니다.
29행: 인퍼런스를 위해 모델 객체를 설정합니다.
31행: 테스트 데이터 경로를 설정합니다.
33행: torchvision 라이브러리를 사용하여 test_dataset 변수를 선언합니다.
35~42행: torchvision transforms 객체를 생성하여 test_dataset 변수의 transforms 속성으로 넘겨줍니다.
45~47행: torch 라이브러리의 dataloader 객체를 생성합니다.
49~55행: 불러온 테스트 데이터를 학습한 모델로 추론하여 정확도를 체크합니다.
57~70행: 검증 결과를 json 포맷으로 설정한 후 파일로 출력합니다.

[Evaluation을 위한 Processing Step 생성]

```
01  from sagemaker.processing import ScriptProcessor
02  from sagemaker.workflow.properties import PropertyFile
03
04  script_eval = ScriptProcessor(
05      image_uri=model_image_uri,
06      command=["python3"],
07      instance_type=processing_instance_type,
08      instance_count=1,
09      base_job_name="script-cat-breed-eval",
10      role=role,
11  )
12
13  evaluation_report = PropertyFile(
14      name="EvaluationReport",
15      output_name="evaluation",
16      path="evaluation.json"
17  )
18  step_eval = ProcessingStep(
19      name="CatBreedEval",
20      processor=script_eval,
21      inputs=[
22          ProcessingInput(
23              source=step_train.properties.ModelArtifacts.S3ModelArtifacts,
24              destination="/opt/ml/processing/model"
25          ),
26          ProcessingInput(
27              source=step_process.properties.ProcessingOutputConfig.Outputs[
28                  "test"
29              ].S3Output.S3Uri,
30              destination="/opt/ml/processing/test"
```

```
31              )
32          ],
33          outputs=[
34              ProcessingOutput(output_name="evaluation",
        source="/opt/ml/processing/evaluation"),
35          ],
36          code="cat-breed/evaluation.py",
37          property_files=[evaluation_report],
38          cache_config=cache_config
39      )
```

코드 설명

01~02행: 필요한 라이브러리를 불러옵니다(import).

04~11행: script_eval이라는 변수명으로 Sagemaker 라이브러리의 ScriptProcessor 객체를 생성합니다.

13~17행: evaluation_report라는 변수명으로 Sagemaker 라이브러리의 ProfileFile 객체를 생성합니다.

18~39행: step_eval이라는 변수명으로 ProcessingStep 객체를 생성합니다.
- processor: 04~11행에서 생성한 script_eval로 설정합니다.
- input: `ProcessingInput()`을 통해 원본 데이터가 있는 model 및 test dataset 경로를 설정합니다.
- output: `ProcessingOutput()`으로 output을 설정합니다. 한 개의 output이 있으며, test dataset을 불러온 model을 사용하여 evaluation한 결과를 설정합니다.
- code: 작업을 실행할 소스파일입니다.
- property_files: Processing output 폴더에 저장할 속성 파일 목록입니다.
- cache_config: 캐싱 옵션값을 해당 스텝에 입력합니다.

6.4.3.4 CatBreedRegisterModel Step

[추론용 Docker 이미지 url 및 스크립트 uri 검색과 모델 객체 생성]

```
01  import logging
02  from sagemaker.model import Model
03  from sagemaker.pytorch import PyTorchModel
04
05  inference_image_url = image_uris.retrieve(
06      framework='pytorch',
07      region='ap-northeast-2',
08      version='1.10.2',
09      py_version='py38',
10      image_scope='inference',
11      instance_type=inference_instance_type
12  )
13
```

```
14  print(f"inference_image_url: {inference_image_url}")
15
16  # 추론용 스크립트 uri 검색
17  deploy_source_uri = script_uris.retrieve(
18      model_id=model_id, model_version=model_version, script_scope="inference"
19  )
20  print(f"deploy_source_uri: {deploy_source_uri}")
21
22  model_name = 'CatBreedClassification'
23  model = Model(
24      name=model_name,
25      image_uri=inference_image_url,
26      model_data=step_train.properties.ModelArtifacts.S3ModelArtifacts,
27      source_dir='inference_script1',
28      entry_point='inference.py',
29      sagemaker_session=pipeline_session,
30      role=role
31  )
```

코드 설명

01~03행: 필요한 라이브러리를 불러옵니다(import).
05~12행: Sagemaker에서 제공하는 model_uris를 검색하여 불러옵니다.
17~19행: Sagemaker에서 제공하는 추론용 script 파일을 불러옵니다.
23~31행: Model 객체를 만듭니다.

[모델 등록을 위한 ModelStep 생성]

```
01  from sagemaker.workflow.model_step import ModelStep
02
03  register_model_step_args = model.register(
04      content_types=["application/x-image"],
05      response_types=["application/json"],
06      inference_instances=["ml.m5.large"],
07      transform_instances=["ml.m5.large"],
08      model_package_group_name=model_package_group_name,
09      approval_status=model_approval_status
10  )
11
```

```
12  step_register = ModelStep(
13      name="CatBreedRegistModel",
14      step_args=register_model_step_args,
15  )
```

01행: 필요한 라이브러리를 불러옵니다(import).

03~10행: model 객체를 등록하기 위한 인자들을 설정합니다.

12~15행: ModelStep을 통해 ModelRegistry에 모델을 등록합니다.

6.4.3.5 CatBreedDeploy Step

[Lambda handler 정의]

```
01  %%writefile cat-breed/lambda_deployer.py
02
03  import json
04  import boto3
05  import time
06
07
08  def lambda_handler(event, context):
09
10      sm_client = boto3.client("sagemaker")
11
12      current_time = time.strftime("%m-%d-%H-%M-%S", time.localtime())
13      model_name = event["model_name"]+current_time
14      model_package_arn = event["model_package_arn"]
15      endpoint_config_name = event["endpoint_config_name"]+current_time
16      endpoint_name = event["endpoint_name"]
17      role = event["role"]
18
19      container = {"ModelPackageName": model_package_arn}
20
21      create_model_respose = sm_client.create_model(ModelName=model_name,
22                                                    ExecutionRoleArn=role,
23                                                    PrimaryContainer=container)
24
```

```
25      create_endpoint_config_response = sm_client.create_endpoint_config(
26          EndpointConfigName=endpoint_config_name,
27          ProductionVariants=[
28              {
29                  "InstanceType": "ml.m5.large",
30                  "InitialVariantWeight": 1,
31                  "InitialInstanceCount": 1,
32                  "ModelName": model_name,
33                  "VariantName": "AllTraffic",
34              }
35          ]
36      )
37
38      try:
39          create_endpoint_response = sm_client.create_endpoint(EndpointName=endpoint_name, EndpointConfigName=endpoint_config_name)
40      except Exception as e:
41          print(e)
42          print("update endpoint!!")
43
44          sm_client.update_endpoint(EndpointName=endpoint_name, EndpointConfigName=endpoint_config_name)
45
46      return {
47          "statusCode": 200,
48          "body": json.dumps("Created Endpoint!")
49      }
```

코드 설명

01행: Jupyter magic command인 **%%writefile <파일경로명>**을 실행하여 해당 셀 전체의 파이썬 스크립트를 로컬 경로에 파일로 저장합니다.

03~05행: 필요한 라이브러리를 불러옵니다(import).

08~49행: lambda_handler() 함수를 정의합니다.
- 21~23행에서 sm_client.create_model()을 호출하여, 배포할 모델을 생성합니다.
- 25~36행에서 sm_client.create_endpoint_config()을 호출하여, sagemaker endpoint의 구성을 생성합니다.
- 38~44행에서 요청의 구성에 따라 SageMaker Endpoint를 생성 또는 갱신합니다. endpoint가 생성되면 클라이언트 응용 프로그램에서 추론결과를 얻기 위한 요청을 보낼 수 있습니다. 이미 동일한 이름으로 sagemaker endpoint가 생성되어 있다면, sm_client.update_endpoint()가 호출되어 갱신되는 방식입니다.
- 46~49행에서 Sagemaker endpoint 생성 결과를 return합니다.

[Lambda Role 생성 함수 정의]

```python
%%writefile iam_helper.py

import boto3
import json

iam = boto3.client('iam')

def create_lambda_role(role_name):
    try:
        response = iam.create_role(
            RoleName = role_name,
            AssumeRolePolicyDocument = json.dumps({
                "Version": "2012-10-17",
                "Statement": [
                    {
                        "Effect": "Allow",
                        "Principal": {
                            "Service": "lambda.amazonaws.com"
                        },
                        "Action": "sts:AssumeRole"
                    }
                ]
            }),
            Description='Role for Lambda to create Sagemaker Model, ModelConfig and Endpoint'
        )

        role_arn = response['Role']['Arn']

        response = iam.attach_role_policy(
            RoleName=role_name,
            PolicyArn='arn:aws:iam::aws:policy/service-role/AWSLambdaBasicExecutionRole'
        )

        response = iam.attach_role_policy(
            PolicyArn='arn:aws:iam::aws:policy/AmazonSageMakerFullAccess',
            RoleName=role_name
        )
```

```
39          return role_arn
40
41     except iam.exceptions.EntityAlreadyExistsException:
42          print(f'Using ARN from existing role: {role_name}')
43          response = iam.get_role(RoleName=role_name)
44          return response['Role']['Arn']
```

코드 설명

01행: Jupyter magic command인 %%writefile <파일경로명>을 실행하여 해당 셀 전체의 파이썬 스크립트를 파일로 저장합니다.

03~04행: 필요한 라이브러리를 불러옵니다(import).

06행: boto3.client()를 통해 iam 서비스를 지정합니다.

08~44행: create_lambda_role() 함수를 정의합니다.
- 10~25행에서 iam.create_role()을 호출하여 새로운 역할(role)을 생성합니다. 여기서는 lambda 서비스에 대한 역할을 생성합니다.
- 29~37행에서 생성된 새로운 역할에 기존 정책을 추가합니다.

[Lambda 생성][4]

```
01  from iam_helper import create_lambda_role
02  import time
03  from sagemaker.workflow.lambda_step import (
04      LambdaStep,
05      LambdaOutput,
06      LambdaOutputTypeEnum,
07  )
08  from sagemaker.lambda_helper import Lambda
09
10  lambda_role = create_lambda_role("lambda-deployment-role")
11
12  # 현재 시간을 사용하여 생성된 리소스에 대한 고유한 이름 정의
13  current_time = time.strftime("%m-%d-%H-%M-%S", time.localtime())
14  deploy_model_name_prefix = model_name
15  endpoint_config_name_prefix = "cat-breed-ep-config"
16  endpoint_name = "cat-breed-ep-sync"
17  function_name = "sagemaker-cat-breed-lambda-step" + current_time
18  s3_prefix = "CatBreedPred"
```

---

[4] https://aws.amazon.com/ko/blogs/machine-learning/use-a-sagemaker-pipeline-lambda-step-for-lightweight-model-deployments/

```
19
20  # Lambda helper 클래스를 사용하여 Lambda 함수 생성
21  func = Lambda(
22      function_name=function_name,
23      execution_role_arn=lambda_role,
24      script="cat-breed/lambda_deployer.py",
25      handler="lambda_deployer.lambda_handler",
26      timeout=600,
27      memory_size=3008,
28  )
29
30  lambda_create_res = func.create()
31
32  func_from_exist_lambda = Lambda(
33      function_arn=lambda_create_res['FunctionArn']
34  )
```

코드 설명

01~08행: 필요한 라이브러리를 불러옵니다(import).

10행: lambda-deployment-role이라는 이름으로 lambda에서 사용할 IAM 역할을 생성합니다.

21~28행: lambda 생성을 위한 구성정보를 설정합니다. lambda가 실행할 script 및 handler를 구성합니다.

30행: lambda를 생성합니다.

32~34행: arn을 이용해서 생성된 람다 함수를 확인합니다.

[Lambda Step 생성]

```
01  # Lambda 함수에 의해 반환된 사전은 LambdaOutput에 의해 캡처되며
        사전의 각 키는 LambdaOutput에 해당합니다.
02  output_param_1 = LambdaOutput(output_name="statusCode",
    output_type=LambdaOutputTypeEnum.String)
03  output_param_2 = LambdaOutput(output_name="body",
    output_type=LambdaOutputTypeEnum.String)
04
05  # Lambda 함수에 제공된 입력은 Lambda의 'lambda_handler' 함수 내
        'event' 객체를 통해 검색할 수 있습니다.
06  step_deploy_lambda = LambdaStep(
07      name="CatBreedDeploy",
08      lambda_func=func_from_exist_lambda,
09      inputs={
```

```
10            "model_name": deploy_model_name_prefix,
11            "endpoint_config_name": endpoint_config_name_prefix,
12            "endpoint_name": endpoint_name,
13            "model_package_arn": step_register.steps[-1].properties.ModelPackageArn,
14            "role": role,
15        },
16     outputs=[output_param_1, output_param_2] )
```

02~03행: lambda의 output값을 정의합니다. 하나는 string type의 statusCode이며, 다른 하나는 string type의 body입니다.

06~16행: lambda step을 정의합니다.

6.4.3.6 CatBreedAccuracyCond Step

[Conditions 정의]

```
01 from sagemaker.workflow.conditions import ConditionGreaterThanOrEqualTo
02 from sagemaker.workflow.condition_step import ConditionStep
03 from sagemaker.workflow.functions import JsonGet
04
05
06 cond_gte = ConditionGreaterThanOrEqualTo(
07     left=JsonGet(
08         step_name=step_eval.name,
09         property_file=evaluation_report,
10         json_path="classficifaction_metrics.accuracy.value"
11     ),
12     right=0.5
13 )
```

01~03행: 필요한 라이브러리를 불러옵니다(import).

06~13행: 조건(condition)을 정의합니다. 모델 평가 처리 스텝인 step_eval의 출력에 있는 정확도 값을 사용하는 right에 설정된 값보다 크거나 같으면(GreaterThanOrEqualTo) 조건이 참이 됩니다.

[Conditions Step 생성]

```
01  step_cond = ConditionStep(
02      name="CatBreedAccuracyCond",
03      conditions=[cond_gte],
04      if_steps=[step_register, step_deploy_lambda],
05      else_steps=[],
06  )
```

 코드 설명

01~06행: Condition Step을 구성합니다. ConditionGreaterThanOrEqualTo 조건이 참이라면, if_steps에 나열된 스텝(여기서는 step_register, step_deploy_lambda)을 다음 스텝으로 설정합니다. ConditionGreaterThanOrEqualTo 조건이 참이 아니라면, else_steps에 나열된 스텝(여기서는 없음)을 다음 스텝으로 설정하게 됩니다.

6.4.3.7 Pipeline

이제 모든 스텝을 생성했으므로 이를 파이프라인으로 결합합니다.

[Pipeline 생성]

```
01  from sagemaker.workflow.pipeline import Pipeline
02  
03  pipeline_name = f"CatBreedClsPipeline"
04  pipeline = Pipeline(
05      name=pipeline_name,
06      parameters=[
07          processing_instance_type,
08          processing_instance_count,
09          training_instance_type,
10          model_approval_status,
11          input_data
12      ],
13      steps=[step_process, step_train, step_eval, step_cond],
14  )
```

01행: 필요한 라이브러리를 불러옵니다(import).

03행: 생성할 pipeline 이름을 pipeline_name 변수에 설정합니다.

04~14행: 파이프라인에 대해 name, parmeters 및 steps를 정의합니다. name은 (account, region) 쌍 내에서 고유해야 합니다. 13행에서는 이전에 생성해둔 스텝들을 리스트 형태로 나열하여 파이프라인으로 결합하게 합니다.

[Pipeline 정의 확인]

```
01  import json
02
03  json.loads(pipeline.definition())
```

01행: 필요한 라이브러리를 불러옵니다(import).

03행: pipeline 정의를 출력합니다.

pipeline이 잘 정의되었는지 확인해봅시다.

[Pipeline 실행]5

```
01  pipeline.upsert(role_arn=role)
02  execution = pipeline.start()
03  execution.describe()
04  execution.wait()
05  execution.list_steps()
```

01행: 파이프라인 정의를 SageMaker 파이프라인 서비스에 제출하여 파이프라인이 없으면 만들고 파이프라인이 있으면 업데이트합니다. 전달된 역할은 SageMaker 파이프라인에서 Step들에 정의된 모든 작업을 생성하는 데 사용됩니다.

02행: 파이프라인을 실행합니다.

03행: 파이프라인 실행 상태를 설명하여 파이프라인이 성공적으로 생성되고 실행되었는지 확인합니다.

04행: 실행이 완료될 때까지 기다립니다.

05행: 실행 스텝들과 상태를 나열합니다.

---

5 https://docs.aws.amazon.com/sagemaker/latest/dg/run-pipeline.html

6.4.4 API 테스트

```python
filename = "data/Bombay/16213718_8832.jpg"
with open(filename, "rb") as f:
    img_bytes = f.read()

endpoint_name = "cat-breed-ep-sync"

import json
import boto3
from IPython.core.display import HTML

def query_endpoint(img, endpoint_name):
    client = boto3.client('runtime.sagemaker')
    response = client.invoke_endpoint(EndpointName=endpoint_name, ContentType='application/x-image', Body=img, Accept='application/json;verbose')
    return response


def parse_prediction(query_response):
    model_predictions = json.loads(query_response['Body'].read())
    predicted_label = model_predictions['predicted_label']
    labels = model_predictions['labels']
    probabilities = model_predictions['probabilities']
    return predicted_label, probabilities, labels


query_response = query_endpoint(img_bytes, endpoint_name)
predicted_label, probabilities, labels = parse_prediction(query_response)
display(HTML(f'<img src={filename} alt={filename} align="left" style="width: 250px;"/>'
             f'<figcaption>Predicted Label is : {predicted_label}</figcaption>'))
```

> **코드 설명**
>
> 01행: API테스트할 이미지 파일명을 filename 변수에 설정합니다.
> 02~03행: 파일을 열고, 읽습니다.
> 05행: sagemaker endpoint명을 endpoint_name 변수에 설정합니다.
> 07~09행: 필요한 라이브러리를 불러옵니다(import).

- **11~14행**: query_endpoint 함수를 정의합니다.
  - 12행에 boto3.client()를 통해 runtime.sagemaker 서비스를 지정합니다.
  - 13~14행에서 sagemaker endpoint를 호출하고, 그 결과를 return합니다.
- **17~22행**: parse_prediction 함수를 정의합니다.
  - 18행에서 parse_prediction 함수의 매개변수로 전달받은 query_response['Body']값을 읽어 model_predictions 변수를 설정합니다.
  - 19행에서 model_predictions['predicted_label']은 추론한 결괏값을 의미하며, predicted_label 변수를 설정합니다.
  - 21행에서 model_predictions['probabilities']은 추론한 확률값을 의미하며, probabilities 변수를 설정합니다.
  - 22행에서 설정한 세 가지 변수를 return합니다.
- **25행**: query_endpoint 함수를 호출합니다.
- **26행**: parse_prediction 함수를 호출합니다.
- **27~28행**: 결과를 출력합니다.

6.4.5 서빙 서버 모니터링

파이프라인을 실행하면 "cat-breed-ep-sync"라는 이름으로 Serving server(Sagemaker endpoint)가 생성됩니다.

1. AWS 콘솔의 AWS SageMaker 왼쪽 메뉴의 Interface → Endpoints를 클릭하면 다음과 같은 화면이 나옵니다.

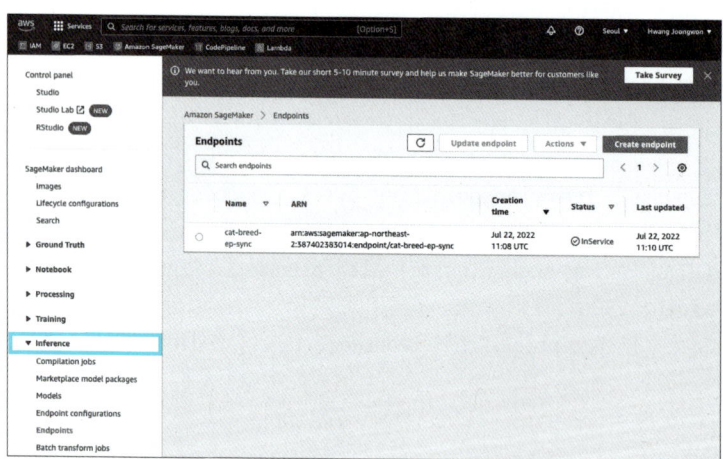

[그림 6-14] Sagemaker endpoint

2. 위 화면에서 Endpoint 이름인 "cat-breed-ep-sync"를 클릭하여 상세페이지로 들어가서 Monitor 항목을 확인합니다.

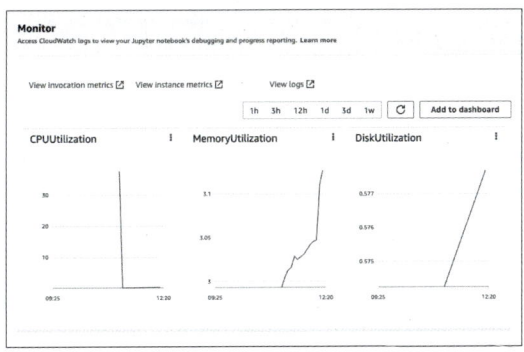

[그림 6-15] Sagemaker endpoint 모니터

위 Monitor 각 항목에 대한 설명은 다음과 같습니다.

Metirc	Description
CPUUtilization	각 개별 CPU 코어의 사용률 합계입니다. 각 코어 범위의 CPU 사용률은 0-100입니다. 예를 들어 4개의 CPU가 있는 경우 CPUUtilization 범위는 0%-400%입니다.
MemoryUtilization	인스턴스의 컨테이너에서 사용하는 메모리의 백분율입니다. 이 값 범위는 0%-100%입니다.
DiskUtilization	인스턴스의 컨테이너가 사용하는 디스크 공간의 백분율입니다. 이 값 범위는 0%-100%입니다.

3. Monitor 항목의 링크 중 "view logs"를 클릭하면, AWS CloudWatch 서비스의 [Logs] → [log groups] 항목으로 이동할 수 있습니다. 해당하는 Log stream(예시 그림에서는 AllTraffic/i-0f7c6d3fbabc707dd)을 클릭합니다.

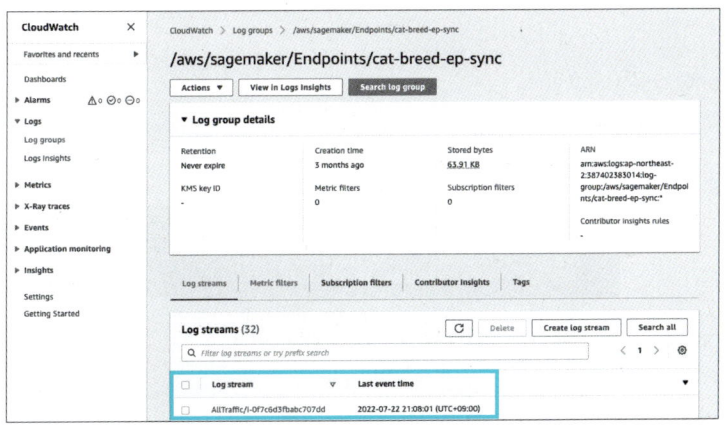

[그림 6-16] CloudWatch Log groups의 logstreams

6장. 종합 프로젝트 **239**

4. Log events 페이지에서 서빙 서버에 대한 애플리케이션단 로그를 볼 수 있습니다.

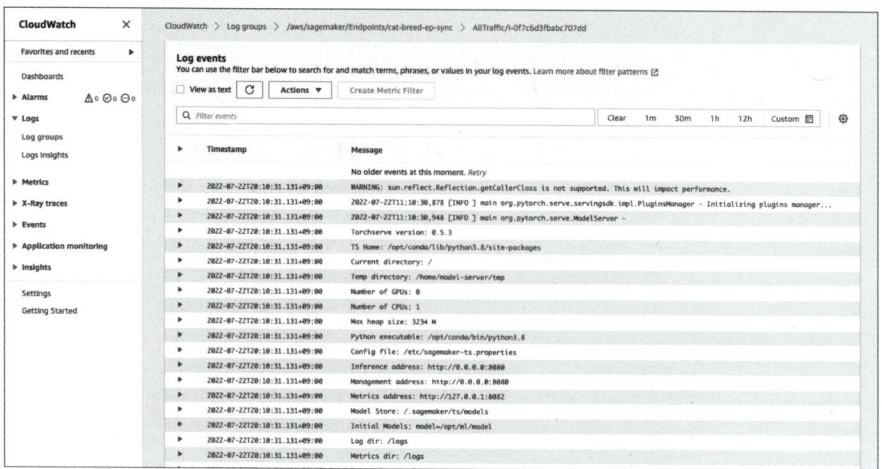

[그림 6-17] CloudWatch Log groups의 Log events

5. 이제 서빙 서버 모니터링을 위해 발생하는 로그들을 확인할 수 있습니다.

6.4.6 서비스 사용을 위한 프런트엔드 애플리케이션과의 연동(interface)

4장 '4.4 구현하기'에서 설정한 프런트엔드 Streamlit을 통해 서비스를 시작해봅시다.

1. 4.4의 [2단계] 내용대로 EC2 인스턴스에 접속하기 위해 '4.3.1.3 인스턴스 생성 방법'의 내용을 참고하여 명령 창을 엽니다.

2. 다시 프런트엔드 서버를 실행하기 위해 chapter6/src/frontend/ 폴더로 이동하여 fe_main.py를 사용하여 다음 명령어로 Streamlit 애플리케이션을 실행합니다.

```
$ cd chapter6/src/frontend
$ streamlit run fe_main.py
```

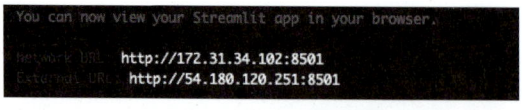

[그림 6-18] 애플리케이션 실행

> **여기서 잠깐**
>
> 생성한 Sagemaker endpoint 이름이 "cat-breed-ep-sync"가 아닐 경우 fe_main.py 스크립트 내(18행)의 endpoint_name 변숫값을 생성한 endpoint 이름으로 수정해야 합니다.

3. 다음과 같이 External URL을 통해 Streamlit 프런트엔드 애플리케이션에 접근합니다.

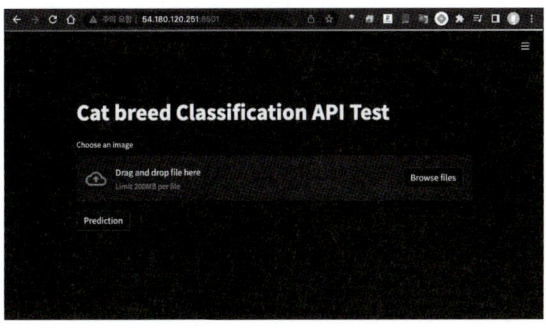

[그림 6-19] Streamlit front application에 접속

4. [Browse files] 버튼을 눌러 로컬의 고양이 이미지를 업로드한 후 [Prediction] 버튼을 누르게 되면 Sagemaker endpoint "cat-breed-ep-sync"로 추론요청을 보내게 되고 그 결과를 화면에 출력하게 됩니다.

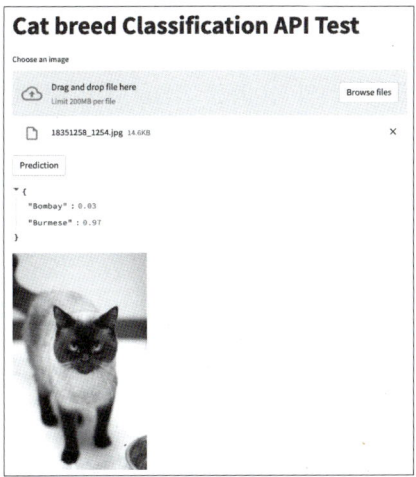

[그림 6-20] 추론결과 화면

6.5 요약과 정리하기

SageMaker 스튜디오를 사용하여, AI/ML Pipeline의 각 스텝들을 생성하고 간략하게 테스트해보았습니다. 5장에서 언급한 딥러닝 서비스를 위한 AI/ML Pipeline의 각 단계는 다음과 같습니다.

> 데이터 수집 → 데이터 검증 → 데이터 전처리 → 모델 학습 → 모델 분석 및 검증 → 모델 배포 → 모니터링

1. 데이터 수집과 데이터 검증을 SageMaker 스튜디오 노트북에서 진행했습니다.
2. 데이터 전처리는 CatBreedProcessingStep에서 파이썬 스크립트로 이미지 데이터를 처리하여 학습데이터와 테스트데이터를 생성하여 S3 저장소에 저장했습니다.
3. 모델 학습은 저장된 학습데이터를 불러와서 CatBreedTrainStep으로 모델을 학습시킨 다음 모델 파일을 S3 저장소에 저장했습니다.
4. 모델 분석 및 검증을 CatBreedEvalStep에서 파이썬 스크립트로 저장된 모델 파일과 테스트 데이터를 불러와 검증 결과를 json 형식으로 property file 인스턴스에 저장합니다.
5. 모델 배포는 CatBreedDeployStep에서 model 인스턴스를 만들어 SageMaker 스튜디오 ModelRegistry에 등록한 후 LambdaStep을 이용해 Sagemaker Endpoint에 자동으로 배포하는 로직을 구성하고, CatBreedAccuracyCondStep에서 property file 인스턴스의 정확도(Accuracy) 허용치 이상일 경우 실제 배포하게 됩니다.
6. 모니터링은 Sagemaker Endpoint의 모니터링 기능을 통해 실행하게 됩니다. 마지막으로 EC2 인스턴스에 실행한 프런트엔드 애플리케이션을 서비스에 이용할 수 있습니다.

이것으로 CatBreed 딥러닝 서비스를 완성했습니다. 각 장에서 학습한 내용을 요약하면 다음과 같습니다.

- 1장: Amazon에서 제공하는 Open API를 사용한 딥러닝 서비스
- 2장: Teachable Machine을 사용하여 커스텀 모델 학습
- 3장: FastAPI와 Streamlit을 사용하여 로컬 환경에서 딥러닝 서비스 구축
- 4장: AWS EC2, S3를 사용하여 클라우드 환경에서 딥러닝 서비스 구축
- 5장: AI/ML Pipeline 학습
- 6장: 종합 프로젝트 진행

이상 AWS 클라우드에 AI/ML Pipeline을 직접 작성하고, AI 서비스를 테스트해보았습니다. 오랫동안 수고했습니다.

부록
A

Anaconda의 설치 및 실행 방법

A.1 윈도우즈 버전

1. 아래 사이트에서 윈도우즈용 Anaconda Installer를 다운받습니다. 다음은 python 3.9를 설치하는 과정입니다.

   > https://www.anaconda.com/products/individual#windows

   [그림 A-1] Anaconda Installer 다운로드

2. (진행을 추천하지만 설치와 직접 연관되지 않은 과정입니다.) 다운받은 파일이 올바른 파일인지 검증합니다. PowerShell 콘솔을 열고 다음 명령어를 입력하여 파일의 hash값을 출력합니다.

   `Get-FileHash filename -Algorithm SHA256`

3. 다운받은 exe 파일을 더블 클릭하여 설치를 시작합니다.

   `Anaconda3-2021.11-Windows-x86_64.exe`

4. [Next] 버튼을 클릭합니다.

5. licensing terms를 읽고 [I Agree] 버튼을 클릭합니다.

6. 상황에 맞게 'Just Me'를 선택하거나 모든 사용자를 위해 인스톨하는 옵션을 선택하고 [Next] 버튼을 클릭합니다.

7. 설치 경로를 지정하고 [Next] 버튼을 클릭합니다(경로를 설정할 때 유니코드나 한글, 공백 등을 넣지 않도록 주의합니다).

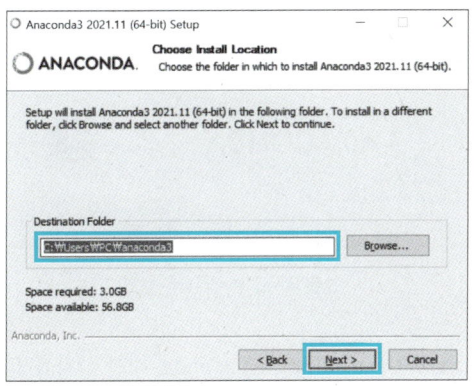

[그림 A-2] 설치 경로 지정

8. Anaconda를 PATH 환경변수에 넣지 않을 것을 권장합니다.

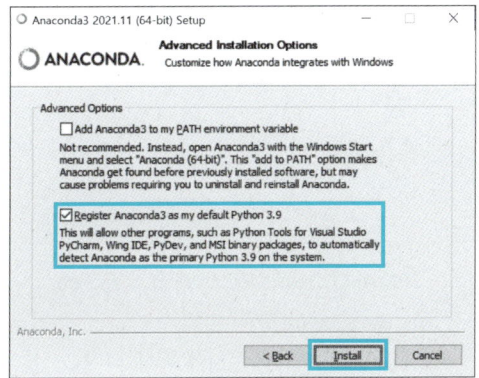

[그림 A-3] 환경변수 설정

9. 다중의 파이썬 버전을 사용하고 있는 것이 아니라면 위 예시와 같이 'Register Anaconda3 as my default Python 3.7'이라는 기본 옵션을 그대로 둡니다.

10. [Install] 버튼을 클릭합니다. 상세 설치 과정을 보고 싶다면 [Show Details] 버튼을 클릭합니다.

11. [Next]를 클릭합니다.

12. (옵션으로) PyCharm을 설치할 수 있습니다.

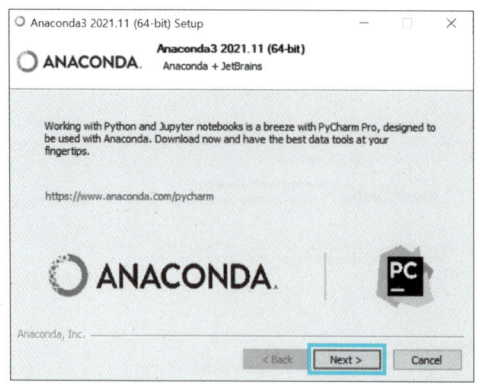

[그림 A-4] PyCharm 설치

13. 설치가 끝난 후에는 'Thanks for installing Anaconda' 대화 상자를 볼 수 있습니다.

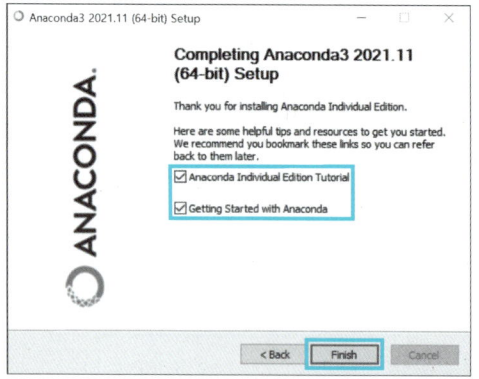

[그림 A-5] Thanks for installing Anaconda

14. Anaconda.org나 어떻게 Anaconda를 사용하는지에 대해 더 읽고 싶다면, 'Anaconda Indivisual Edition Tutorial'과 'Learn more about Anaconda' 체크박스를 클릭하고 [Finish] 버튼을 클릭합니다.

15. 마지막으로 설치가 잘되었는지 확인합니다.

- Anaconda의 설치 확인은 Anaconda Navigator와 Conda를 실행함으로 확인할 수 있습니다.
- Anaconda Navigator는 GUI 형태로 Anaconda를 설치하게 되면 함께 설치됩니다. 정상적으로 설치가 완료되었다면 Navigator 화면이 실행됩니다.
- 윈도우즈의 시작 메뉴에서 검색하거나 찾아서 Navigator를 실행할 수도 있습니다.

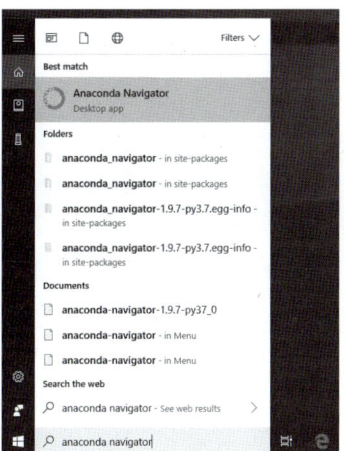

[그림 A-6] Anaconda 설치 확인

- 만약 CLI(Command Line Interface)를 선호한다면, 윈도우즈의 시작 메뉴에서 Anaconda Prompt를 찾아 실행하면 됩니다.

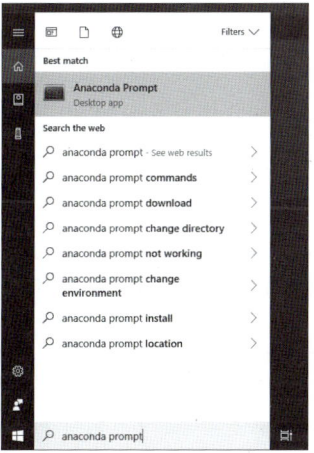

[그림 A-7] Anaconda Prompt 실행

[그림 A-8] Anaconda Prompt 실행 화면

 MacOS 버전

1. 다음 주소의 웹 페이지에서 MacOS installer를 다운받아 Anaconda를 설치합니다.

   〉https://www.anaconda.com/downloads#macos

2. [계속] 버튼을 눌러 중요정보 확인 및 소프트웨어 사용권 계약 약관에 동의합니다.

3. 대상 디스크 선택에서 "특정 디스크에 설치…" 항목을 선택하여 사용자 폴더 밑에 "opt" 폴더를 생성하여 설치합니다.

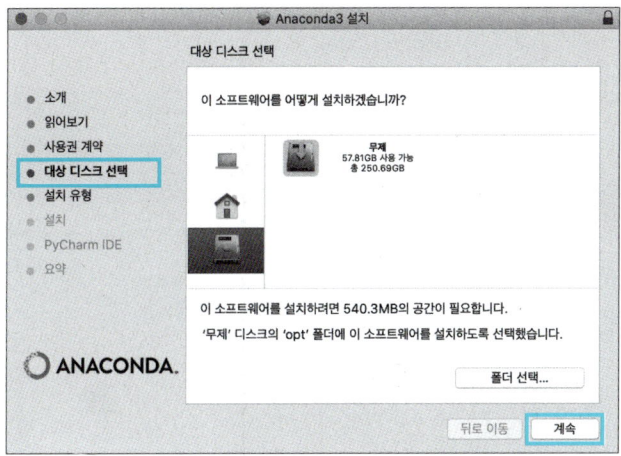

[그림 A-9] Anaconda 설치

4. [계속] 버튼을 누르면 다음과 같이 설치가 진행됩니다.

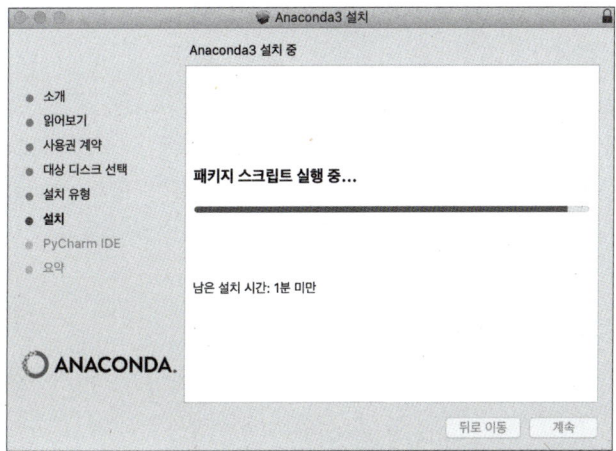

[그림 A-10] 설치 진행

5. 'Anaconda + JetBrains' 항목은 옵션사항으로 [계속] 버튼을 눌러줍니다.

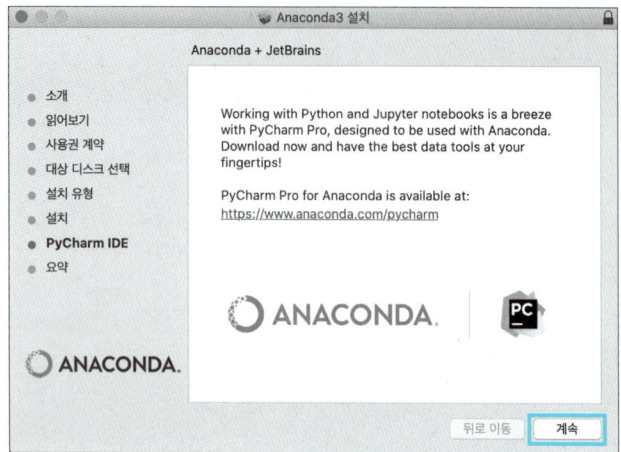

[그림 A-11] 옵션 설치

6. [닫기] 버튼을 클릭하여 설치를 종료합니다.

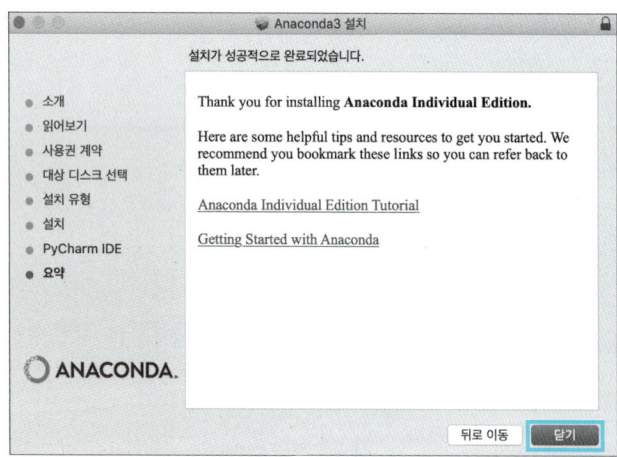

[그림 A-12] 설치 종료

7. CLI(Command Line Interface) 모드를 사용하여 터미널에서 실행환경을 설치할 수 있습니다.

```
$ conda create -n <환경명> python=3.9
```

초보자가 만들며 배우는

딥러닝 서비스

FastAPI, Streamlit, Open API 기반의
AWS 클라우드 머신러닝 파이프라인 서비스